Prépabac

1re GÉNÉRALE

Français

ÉCRIT & ORAL

Réussir l'examen

▶ **Hélène Bernard**
Agrégée de Lettres modernes
Lycée Albert Camus (Bois-Colombes)

▶ **Ronan Guellec**
Agrégé de Lettres modernes
Lycée Chevrollier (Angers)

▶ **Denise Maréchal**
Agrégée de Lettres modernes
Lycée Le likès - La Salle (Quimpert)
Chargée de cours en LEA Techniques de communication
à l'université de Bretagne Occidentale

▶ **Sophie Saulnier**
Agrégée de Lettres modernes

▶ **Swann Spies**
Agrégé de Lettres modernes
Lycée François Truffaut (Beauvais)

▶ **Bérangère Touet**
Agrégée de Lettres modernes
Lycée Félix Faure (Beauvais)

Avec la collaboration de Florian Pennanech

ISBN : 978-2-401-10583-6

Hatier

Mode d'emploi

Comment utiliser votre Prépabac tout au long de l'année ?

- Commencez par évaluer votre niveau de connaissance grâce au TEST en début de chaque chapitre.
- Dans les chapitres qui se rapportent aux œuvres au programme et aux épreuves, votre score vous permet d'établir **votre parcours de révision** dans le chapitre.

TEST

moins de 50 % du score total :

PARCOURS PAS À PAS

FICHES DE COURS

SUJETS GUIDÉS & CORRIGÉS – OBJECTIF BAC

50 % ou plus du score total :

PARCOURS EXPRESS

MÉMO VISUEL & VIDÉOS

SUJETS GUIDÉS & CORRIGÉS – OBJECTIF MENTION

Comment vous organiser dans la dernière ligne droite ?

- Ciblez vos révisions et exercez-vous en priorité avec les **sujets** **OBJECTIF BAC** que vous n'avez pas encore traités.
- Pour être au point sur la méthode et les œuvres au programme, visionnez les **vidéos** associées à l'ouvrage > p. 10-11.

Il ne vous reste plus qu'à vous lancer !

SOMMAIRE

La poésie, du XIXe au XXIe siècle

1 La poésie : histoire littéraire et outils d'analyse

TEST Pour vous situer et identifier les fiches à réviser 16

FICHES DE COURS

1 Le genre poétique 18
2 La poésie au XIXe siècle 20
3 La poésie aux XXe et XXIe siècles 22
4 La versification 24
5 Analyser un poème 26

MÉMO VISUEL 28

EXERCICES & CORRIGÉS 30

2 Les recueils de poésie au programme

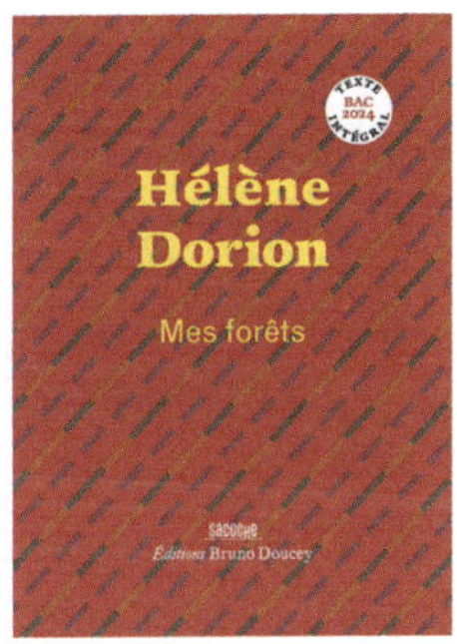

TEST Pour vous situer et établir votre parcours de révision 38

FICHES DE COURS

6 Arthur Rimbaud, *Cahiers de Douai* 40
7 Émancipations créatrices 42
8 Francis Ponge, *La rage de l'expression* 44
9 Dans l'atelier du poète 46
10 Hélène Dorion, *Mes forêts* 48
11 La poésie, la nature, l'intime 50

MÉMO VISUEL 52

SUJETS GUIDÉS & CORRIGÉS 54

La littérature d'idées, du XVIe au XVIIIe siècle

3 La littérature d'idées : histoire littéraire et outils d'analyse

TEST Pour vous situer et identifier les fiches à réviser 66

FICHES DE COURS

12 Qu'est-ce que la littérature d'idées ? 68
13 La littérature d'idées aux XVIe et XVIIe siècles 70
14 La littérature d'idées au XVIIIe siècle 72
15 Les stratégies argumentatives 74
16 Analyser un texte d'idées 76

MÉMO VISUEL 78

EXERCICES & CORRIGÉS 80

4 Les œuvres de littérature d'idées au programme

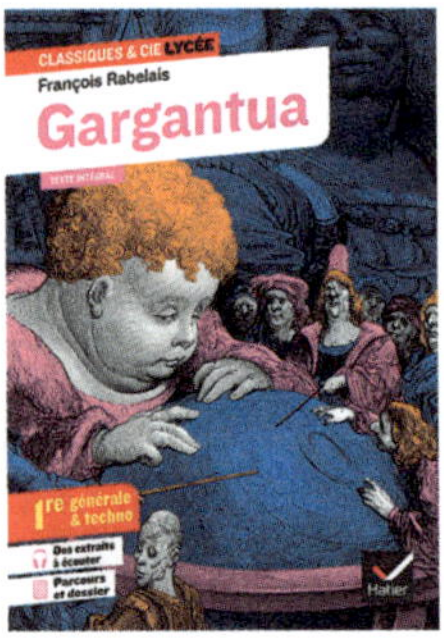

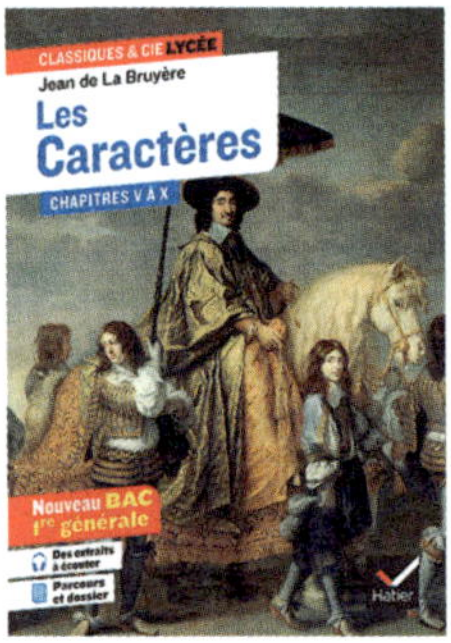

TEST Pour vous situer et établir votre parcours de révision 88

FICHES DE COURS

17 Rabelais, *Gargantua*
Parcours : « Rire et savoir » 90
18 La Bruyère, *Les Caractères* (livres V à X)
Parcours : « La comédie sociale » 92
19 Olympe de Gouges, *Déclaration des droits de la femme et de la citoyenne*
Parcours : « Écrire et combattre pour l'égalité » 94

MÉMO VISUEL 96

SUJETS GUIDÉS & CORRIGÉS 98

Le roman et le récit, du Moyen Âge au XXIe siècle

5 Le récit : histoire littéraire et outils d'analyse

TEST Pour vous situer et identifier les fiches à réviser 110

FICHES DE COURS

20 Les écritures narratives 112
21 Le récit, du Moyen Âge au XVIIIe siècle 114
22 Le récit au XIXe siècle 116
23 Le récit depuis le XXe siècle 118
24 Analyser un extrait de récit 120

MÉMO VISUEL 122

EXERCICES & CORRIGÉS 124

6 Les romans et récits au programme

TEST Pour vous situer et établir votre parcours de révision 132

FICHES DE COURS

25 Abbé Prévost, *Manon Lescaut* 134
26 Personnages en marge, plaisirs du romanesque 136
27 Balzac, *La Peau de chagrin* 138
28 Les romans de l'énergie : création et destruction 140
29 Colette, *Sido* suivi de *Les Vrilles de la vigne* 142
30 La célébration du monde 144

MÉMO VISUEL 146

SUJETS GUIDÉS & CORRIGÉS 148

Le théâtre, du XVIIe siècle à nos jours

7 Le théâtre : histoire littéraire et outils d'analyse

TEST Pour vous situer et identifier les fiches à réviser 160

FICHES DE COURS

31 Le genre théâtral 162
32 Le théâtre au XVIIe siècle 164
33 Le théâtre aux XVIIIe et XIXe siècles 166
34 Le théâtre aux XXe et XXIe siècles 168
35 Analyser un extrait de théâtre 170

MÉMO VISUEL 172

EXERCICES & CORRIGÉS 174

8 Les pièces de théâtre au programme

TEST Pour vous situer et établir votre parcours de révision 182

FICHES DE COURS

36 Corneille, *Le Menteur* 184
37 Mensonge et comédie 186
38 Musset, *On ne badine pas avec l'amour* 188
39 Les jeux du cœur et de la parole 190
40 Sarraute, *Pour un oui ou pour un non* 192
41 Théâtre et dispute 194

MÉMO VISUEL 196

SUJETS GUIDÉS & CORRIGÉS 198

Réussir l'épreuve écrite

9 Maîtriser les outils de l'analyse littéraire

TEST Pour vous situer et identifier les fiches à réviser 210

FICHES DE COURS

42 Analyser le lexique 212
43 Analyser les phrases 214
44 Étudier l'énonciation 216
45 Identifier la tonalité d'un texte 218

MÉMO VISUEL 220

EXERCICES & CORRIGÉS 222

10 Construire un commentaire de texte

TEST Pour vous situer et établir votre parcours de révision 228

FICHES DE COURS

46 Analyser le texte à commenter 230
47 Élaborer le plan et l'introduction d'un commentaire 232
48 Rédiger un commentaire de texte 234

MÉMO VISUEL 236

SUJETS GUIDÉS & CORRIGÉS 238

11 Construire une dissertation

TEST Pour vous situer et établir votre parcours de révision 248

FICHES DE COURS

49 Analyser un sujet de dissertation 250
50 Construire le plan d'une dissertation 252
51 Rédiger une dissertation 254

MÉMO VISUEL 256

SUJETS GUIDÉS & CORRIGÉS 258

12 Améliorer ses écrits

TEST Pour vous situer et identifier les fiches à réviser 268

FICHES DE COURS

52 Bien construire ses phrases 270

53 Exprimer une relation logique 272

54 Éviter les répétitions 274

55 Écrire sans fautes 276

MÉMO VISUEL 278

EXERCICES & CORRIGÉS 280

Réussir l'épreuve orale

13 Préparer et passer l'épreuve

TEST Pour vous situer et établir votre parcours de révision 288

FICHES DE COURS

56 Préparer l'épreuve orale 290

57 Réussir la première partie de l'oral 292

58 Présenter une œuvre à l'oral 294

59 Dialoguer avec l'examinateur 296

MÉMO VISUEL 298

SUJETS GUIDÉS & CORRIGÉS 300

14 Répondre à la question de grammaire

TEST Pour vous situer et identifier les fiches à réviser ... 310

FICHES DE COURS

60 Le verbe : formes et valeurs ... 312
61 Les relations au sein de la phrase complexe ... 314
62 La syntaxe des subordonnées relatives ... 316
63 La syntaxe des subordonnées conjonctives ... 318
64 L'interrogation ... 320
65 L'expression de la négation ... 322

EXERCICES & CORRIGÉS ... 324

15 Être à l'aise à l'oral

TEST Pour vous situer et identifier les fiches à réviser ... 330

FICHES DE COURS

66 Se présenter devant un public ... 332
67 Retenir l'attention du jury ... 334
68 S'exprimer efficacement ... 336

MÉMO VISUEL ... 338

EXERCICES & CORRIGÉS ... 340

ANNEXES

- Corrigés des tests ... 346
- Tableaux de grammaire ... 348

Maquette de principe : Frédéric Jély
Mise en pages : STDI
Coordination éditoriale : Lisa Roche, Anne-Lise Barbanès, Anaïs Goin
Édition : Charlotte Davreu, Sophie Lovera
Iconographie : Nadine Gudimard, Hatier Illustration
Illustrations : Juliette Baily, Mathieu de Muizon

PAPIER À BASE DE FIBRES CERTIFIÉES

Hatier s'engage pour l'environnement en réduisant l'empreinte carbone de ses livres. Celle de cet exemplaire est de : 850 g éq. CO_2 Rendez-vous sur www.hatier-durable.fr

Achevé d'imprimer en Italie par L.E.G.O. S.p.A. - Lavis (TN)
Dépôt légal n° 10583-6/01 - juillet 2024

Prépare ton bac en vidéo !

Retrouve l'ensemble de ces vidéos
sur la chaîne YouTube **annabac**

Des vidéos de méthode avec MediaClasse

Pour maîtriser les exercices
des épreuves écrite et orale

- **La dissertation** hatier-clic.fr/24fra1g01
- **Le commentaire** hatier-clic.fr/24fra1g02
- **L'explication orale** hatier-clic.fr/24fra1g03

Une épreuve orale en *live*

Pour t'aider à te projeter
dans les conditions de l'examen

- **Le déroulement de l'épreuve** hatier-clic.fr/24fra1g04
- **5 conseils pour performer** hatier-clic.fr/24fra1g05

Des vidéos sur le programme du BAC 2025

Pour maîtriser les œuvres au programme et les parcours associés

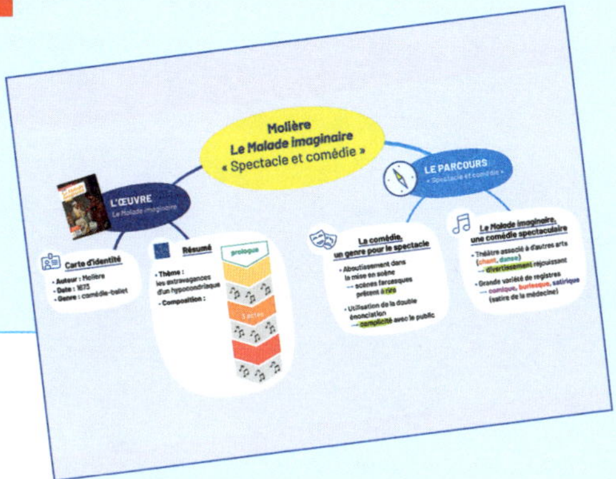

- *Cahiers de Douai*, de Rimbaud
  hatier-clic.fr/24fra1g06

- *Gargantua*, de Rabelais
  hatier-clic.fr/24fra1g07

- *La Déclaration*, d'Olympe de Gouges
  hatier-clic.fr/24fra1g08

- *Manon Lescaut*, de l'Abbé Prévost
  hatier-clic.fr/24fra1g09

- *La Peau de chagrin*, de Balzac
  hatier-clic.fr/24fra1g10

- *On ne badine pas avec l'amour*, de Musset
  hatier-clic.fr/24fra1g11

- *Pour un oui ou pour un non*, de Sarraute
  hatier-clic.fr/24fra1g12

La poésie, du XIXe au XXIe siècle

1 La poésie : histoire littéraire et outils d'analyse

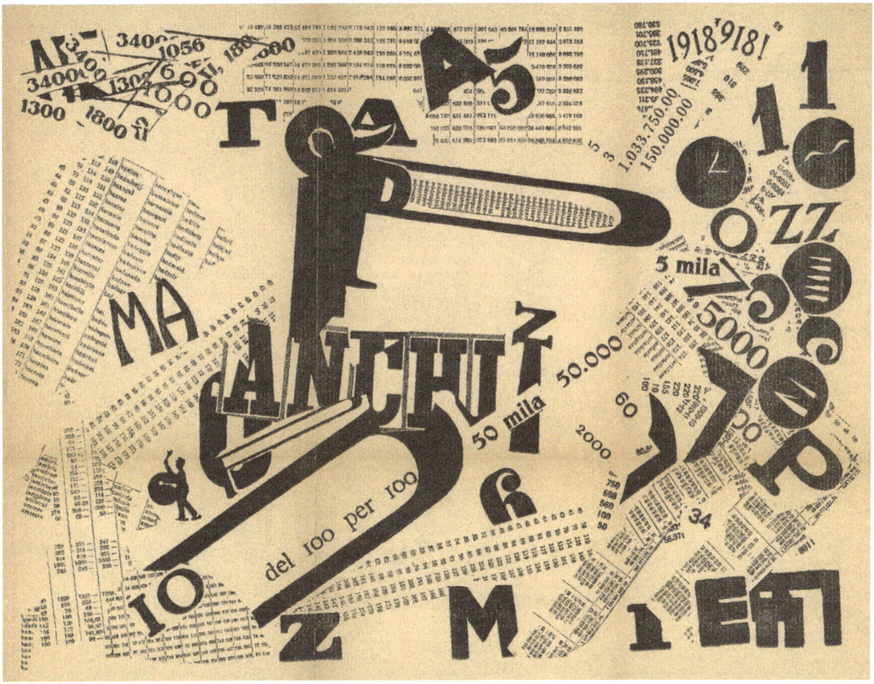

TEST

Pour vous situer et identifier les fiches à réviser 16

FICHES DE COURS

1 Le genre poétique 18
2 La poésie au XIXe siècle 20
3 La poésie aux XXe et XXIe siècles 22
4 La versification 24
5 Analyser un poème 26
MÉMO VISUEL 28

EXERCICES & CORRIGÉS

- *Méditations poétiques*, Alphonse de Lamartine (1820) 30
- *Les Fleurs du mal*, Charles Baudelaire (1857-1861) 32
- *Les Amours jaunes*, Tristan Corbière (1873) 33

TESTEZ-VOUS

→ CORRIGÉS P. 346

Faites le point sur vos connaissances puis établissez votre **parcours de révision** en fonction de votre score.

1 Maîtriser les caractéristiques de la poésie

→ FICHE 1

1. Quelles sont les caractéristiques de la poésie ?

☐ a. Elle crée un monde.

☐ b. Elle dissocie forme et sens.

☐ c. Elle a son propre usage de la langue.

☐ d. Elle utilise toujours le vers.

2. Vrai ou faux ?

	VRAI	FAUX
a. Les contraintes de la versification sont un obstacle à la créativité poétique.	☐	☐
b. La poésie est un art de la suggestion.	☐	☐
c. Le poète est un voyant.	☐	☐
d. L'« art poétique » désigne l'habilité d'un poète à manier la versification.	☐	☐

…/2

2 La poésie du XIXe siècle au XXIe siècle

→ FICHES 2 et 3

1. Reliez chaque poète au courant auquel il appartient.

Théophile Gautier •	
Alphonse de Lamartine •	• romantisme
Victor Hugo •	• Parnasse
Paul Verlaine •	• symbolisme
Charles Baudelaire •	

2. Lesquels de ces recueils n'ont pas été écrits au XIXe siècle ?

☐ a. *Les Fleurs du mal* (Ch. Baudelaire)

☐ b. *Romances sans paroles* (P. Verlaine)

☐ c. *Les Regrets* (J. Du Bellay)

☐ d. *Alcools* (G. Apollinaire)

3. Quelles sont les caractéristiques de la poésie surréaliste ?

☐ a. Elle décrit avec précision le réel.

☐ b. Elle prend le rêve comme modèle.

☐ c. Elle s'affranchit des règles de la versification.

☐ d. C'est une poésie engagée.

…/3

3 Connaître les règles de la versification

→ FICHE 4

1. Cochez la (ou les) bonne(s) réponse(s).

- ☐ a. Un sonnet est un poème de douze vers.
- ☐ b. Un sonnet est composé de quatre strophes.
- ☐ c. Un rondeau comporte un refrain.
- ☐ d. Une ballade est une forme libre.

2. Dans les vers ci-dessous, vous reconnaissez :

- ☐ a. un rejet
- ☐ b. un trimètre romantique
- ☐ c. des rimes suivies
- ☐ d. une diérèse
- ☐ e. des assonances
- ☐ f. des rimes croisées
- ☐ g. des alexandrins
- ☐ h. un contre-rejet

> Le pré est vénéneux mais joli en automne
> Les vaches y paissant
> Lentement s'empoisonnent
> Le colchique couleur de cerne et de lilas
> Y fleurit tes yeux sont comme cette fleur-là
> Violâtres comme leur cerne et comme cet automne
> Et ma vie pour tes yeux lentement s'empoisonne
>
> Guillaume Apollinaire, « Les Colchiques », *Alcools*, 1913.

.../2

4 Analyser un poème

→ FICHE 5

Quels sont les trois éléments clés pour analyser l'extrait suivant ?

> La surface du pain est merveilleuse d'abord à cause de cette impression quasi panoramique qu'elle donne : comme si l'on avait à sa disposition sous la main les Alpes, le Taurus ou la Cordillère des Andes.
>
> Ainsi donc une masse amorphe en train d'éructer fut glissée pour nous dans le four stellaire, où durcissant elle s'est façonnée en vallées, crêtes, ondulations, crevasses… Et tous ces plans dès lors si nettement articulés, ces dalles minces où la lumière avec application couche ses feux, – sans un regard pour la mollesse ignoble sous-jacente. […]
>
> Francis Ponge, « Le pain », *Le Parti pris des choses*, 1942.
>

- ☐ a. la versification
- ☐ b. les images
- ☐ c. la tonalité
- ☐ d. les enjambements
- ☐ e. les champs lexicaux
- ☐ f. le rythme

.../1

Score total .../8

1 Le genre poétique

En bref *La poésie est avant tout un travail sur les mots, sur le langage : est poète celui qui réinvente la langue. Ce faisant, la poésie réinvente le monde : elle nous le donne à voir autrement.*

I Réinventer la langue

1 L'usage courant de la langue

- Un mot a une face matérielle, le signifiant (ensemble de sons et de lettres), et une face immatérielle qui est dotée d'un sens : le signifié.
- Signifié et signifiant sont indissociables l'un de l'autre et renvoient à un objet du monde (le référent), qu'il soit concret « la table » ou abstrait « le bien ». Qu'on le nomme « table » ou *tavola*, l'objet table ne change pas. On dit que le mot est arbitraire ou immotivé : il n'y a pas de lien direct entre le mot et l'objet qu'il désigne.

2 L'usage poétique de la langue

- Le poète Stéphane Mallarmé regrette que les mots de la langue soient si mal assortis à ce qu'ils désignent (leur référent). Ainsi, il considère que les sonorités des mots « jour » et « nuit » ne correspondent pas à la réalité qu'ils désignent : alors que le mot « nuit » a un timbre clair, le mot « jour » a un timbre sombre.
- C'est alors à la poésie de « rémunérer le défaut des langues » : chercher à ce que les mots arrivent à être plus près des choses. Dans l'usage poétique de la langue, le poète cherche à faire correspondre forme et sens, à remotiver les mots.
- « Manier savamment une langue, c'est pratiquer une espèce de *sorcellerie évocatoire*. » Comme l'écrit Baudelaire, c'est donc bien le travail sur la langue qui permet de créer un monde. C'est ce que fait la **poésie**.

À NOTER
Le mot « **poésie** » vient du verbe grec *poiein* qui signifie « faire, créer ». Le poète est celui qui, à l'aide de la matière des mots, crée un monde.

3 Le poète, un être à part ?

- Le poète est souvent pensé comme un être à part, qui a accès à une autre vérité, au-delà du langage de tous les jours.
- Le poète « pareil aux prophètes [...] voit, quand les peuples végètent ! », c'est ainsi que Victor Hugo le définit dans un poème intitulé « Fonction du poète » (1829). Plus tard, en 1871, Arthur Rimbaud écrit que « Le Poète se fait voyant par un long, immense et raisonné dérèglement de tous les sens ».

II L'apport des contraintes

On pourrait penser que les nombreuses contraintes de la versification (→ FICHE 4) brident l'imagination. Or, comme l'écrit Baudelaire à propos du sonnet « parce que la forme est contraignante, l'idée jaillit plus intense ». On peut, à partir de là, donner quelques caractéristiques de la poésie.

- **L'intensité**. Les formes sont souvent brèves, l'idée doit se mouler dans le mètre du vers. Cela oblige à chercher l'intensité plutôt que la longueur, ce que permet la métonymie : « la pâle mort » = la mort qui rend pâle.
- **La suggestion.** La poésie n'est pas explicative, elle montre, elle suggère. Pour cela, elle se sert d'images. Toutes les figures de l'analogie sont privilégiées : comparaison, métaphore, allégorie, personnification.
- **Les rapprochements**. Les mots mis à la rime ont du poids, ils sont mis en relation, et cette relation peut créer du sens. Ainsi, il n'est pas anodin de mettre à la rime « tyrannique » et « république » (La Fontaine).
- **Les mises en relief**. Anaphores, parallélisme, chiasmes se jouent des structures du vers. L'alexandrin et sa césure à l'hémistiche peuvent renforcer le poids d'une antithèse : « Qui produit la richesse/en créant la misère. » (Victor Hugo)

À NOTER

On qualifie d'**art poétique** un poème dans lequel le poète expose sa conception de la poésie et la met en pratique (ex. : Verlaine, « Art poétique »).

zoOm

Le poète et sa muse

La figure du poète est souvent associée à une muse. Dans ce tableau, Le Douanier-Rousseau (1844-1910) représente Guillaume Apollinaire accompagné de Marie Laurencin dont le poète fut amoureux. Elle le tient par l'épaule et lui montre le chemin de la poésie.

Le Douanier Rousseau, *La Muse inspirant le poète*, 1909.

2 La poésie au XIXe siècle

En bref *Le XIXe siècle révolutionne la poésie de l'âge classique, tant dans son contenu que dans ses formes.*

I Trois influences

1 Le romantisme

- Le courant romantique, qui marque l'histoire des idées au cours de la première partie du XIXe siècle, trouve dans la poésie un genre particulièrement adapté à **l'expression des sentiments.**
- Les *Méditations poétiques* d'Alphonse de Lamartine, parues en 1820, sonnent le début de la poésie romantique marquée par **le lyrisme** : l'amour, la fuite du temps, la nature en sont les principaux thèmes.
- Après l'échec des révolutions de 1830 et de 1848, certains poètes se tournent vers une **écriture repliée sur le « je » et ses souffrances**. Ainsi Alfred de Musset écrit : « Faire une perle d'une larme, / Du poète ici-bas voilà la passion ». D'autres prolongent leur **action politique** dans la poésie, comme Victor Hugo avec son recueil *Les Châtiments* (1852).

2 Le Parnasse

Lassés du lyrisme romantique, ainsi que du réalisme et du naturalisme, certains poètes (Théophile Gautier, Leconte de Lisle, José-Maria de Hérédia, Banville, Villiers de l'Isle-Adam) revendiquent **une poésie qui cherche le Beau et non l'utile**. Ils prônent une poésie impersonnelle. La beauté de la forme l'emporte sur le sens. C'est **l'Art pour l'Art**.

3 Le symbolisme

- D'accord avec le Parnasse pour se positionner **contre le naturalisme** qui prétend expliquer mécaniquement l'homme, le symbolisme s'en démarque néanmoins.
- Le sens est restauré, mais il n'est pas donné d'emblée : il est suggéré par des images, le symbole, mystère à déchiffrer dont le poète peut donner les clés ; c'est ce que fait Charles Baudelaire dans les « Correspondances ». D'autres, comme Stéphane Mallarmé s'engagent dans une poésie plus hermétique.

> **À NOTER**
> Il est souvent difficile de réduire un poète à un seul mouvement littéraire ; ainsi, le recueil *Les Fleurs du mal* de Baudelaire relève aussi bien du romantisme, du réalisme que du symbolisme.

- La recherche des **harmonies musicales** (Paul Verlaine) et d'un langage inédit, derrière lequel le « je » s'efface pour **laisser parler le monde** (Arthur Rimbaud), en est aussi une caractéristique.

II L'exploration des formes

1 Reprise de formes anciennes

- Les poètes empruntent à la poésie médiévale et à celle du XVIe siècle **l'ode et la ballade.** Ils sont aussi séduits par la musicalité de la **chanson**. Victor Hugo fait paraître *Odes et ballades* en 1822, Laforgue reprend les rythmes des chansons populaires dans ses *Complaintes*.
- Les poètes n'oublient pas **le sonnet** mais le retravaillent de multiples façons.

2 La libération du vers

- Victor Hugo, chef de file du romantisme, prône la libération du vers : il s'agit de casser la monotone cadence de l'alexandrin par l'utilisation du **trimètre romantique** et des enjambements.

> **MOT CLÉ**
> Le **trimètre romantique** refuse la césure à l'hémistiche (6//6) : *Je suis banni !/je suis proscrit !/ je suis funeste !* (Hugo)

- **L'alexandrin n'est plus la règle** ; bien souvent les poètes lui préfèrent l'octosyllabe, ou même des vers de trois ou quatre syllabes. Paul Verlaine revendique **le vers impair** : « De la musique avant toute chose, / Et pour cela préfère l'Impair ».
- Aloysius Bertrand (*Gaspard de la nuit*, 1842), innove avec le **poème en prose**. Charles Baudelaire (*Le Spleen de Paris*, 1869) et Arthur Rimbaud (*Illuminations*, 1872-1875) s'y essayent également.
- Gérard de Nerval (*Les Filles du feu*) mêle **prose poétique** et poèmes en vers.

zoOm

Les « Vilains Bonshommes »

Henri Fantin-Latour, *Un coin de table*, 1872.

Fantin-Latour immortalise une réunion de poètes parnassiens, surnommés par la critique les « Vilains Bonshommes ». On reconnaît, assis à gauche, Paul Verlaine et Arthur Rimbaud.

3 La poésie aux XXe et XXIe siècles

En bref *Aux XXe et XXIe siècles, les poètes explorent les voies ouvertes par la poésie de la fin du XIXe siècle et multiplient expériences et expérimentations.*

I La première moitié du XXe siècle

1 L'esprit nouveau

- Guillaume Apollinaire (*Alcools*, 1912) et Blaise Cendrars (*Du monde entier*, 1912-1924) conservent les grands thèmes de la poésie lyrique, mais introduisent des éléments de la **modernité** : la ville, la « rue industrielle », le quotidien prosaïque.
- Ils recherchent aussi une **écriture nouvelle**, suppriment toute ponctuation, utilisent le vers libre, travaillent les calligrammes. Ils sont fortement **influencés par la peinture** qui connaît elle aussi de grandes évolutions avec les débuts du cubisme. C'est la surprise qui, pour Apollinaire, est le « ressort de la poésie nouvelle ».

2 Le surréalisme

- La poésie est le genre littéraire privilégié du surréalisme. L'amour et l'éloge de la femme sont les thèmes principaux. *Capitale de la douleur* de Paul Éluard en est une bonne illustration.
- L'acte poétique est conçu comme **un acte révolutionnaire**. Les procédés du **rêve** (association d'idées, images, contradictions, images saugrenues...) sont pris comme modèle de l'écriture.
- La période de la Seconde Guerre mondiale et la Résistance sont propices à la **poésie engagée**. Paul Éluard écrit « Liberté », lancé sous forme de tract par l'aviation britannique. C'est « L'honneur des poètes » (anthologie publiée clandestinement en 1943) que de résister avec leurs armes : les mots. Les poètes Robert Desnos, René Char, s'engagent dans la Résistance.

3 La diversité

La poésie de cette période ne se réduit pas au courant surréaliste, d'autant que de nombreux poètes, comme Louis Aragon (*Les Yeux d'Elsa*), quittent ce mouvement.

- Paul Valéry et Paul Claudel redonnent un **souffle lyrique** au monde dans de grandes odes ou de longs poèmes. Paul Claudel adopte la forme du verset.
- Jacques Prévert, dans *Paroles* (1945) adopte un **ton plus léger** et une **langue plus populaire** qui se rapproche parfois de la chanson.

II De l'après-guerre à aujourd'hui

1 Expérimentations du langage

MOT CLÉ
L'**OuLiPo** (Ouvroir de Littérature Potentielle), né en 1960, explore les potentialités de la littérature par le jeu des contraintes et la recherche de formes nouvelles.

- L'OuLiPo retrouve la joie de la forme et des contraintes. Raymond Queneau publie *Cent mille milliards de poèmes,* 12 sonnets dont les 14 vers découpés peuvent se combiner entre eux.
- Dans la lignée de Guillaume Apollinaire, les poèmes se font plus graphiques, les poètes travaillent sur son aspect visuel, suppriment la ponctuation, jouent à confondre prose et poésie et adoptent le poème en prose.

2 Expérimentations du monde et expérimentations intérieures

- Les descriptions attentives des objets du quotidien, de l'anodin, sont en même temps un retour aux réalités du monde et une réflexion sur ce que peut en dire la poésie (Francis Ponge, *Le Parti pris des choses*, 1942 ; Yves Bonnefoy, *Les Planches courbes,* 2001).
- Aimé Césaire et Léopold Sédar Senghor, hommes politiques et poètes, créent une poésie de la « négritude » qui dit l'identité africaine et les malheurs dus à la colonisation.
- Les poètes se livrent également à des explorations intérieures : Henri Michaux, poète, voyageur et peintre, mêle écriture et dessin sous l'influence de la mescaline ; Bernard Noël mêle expérience intérieure, expérience du corps et prise de position politique dans une écriture dénuée de tout lyrisme.

zoOm

Le surréalisme en peinture

La peinture surréaliste, comme la poésie surréaliste, explore le monde du rêve et les images étranges qui l'habitent.

Salvador Dalí, *Rêve causé par le vol d'une abeille autour d'une pomme-grenade une seconde avant l'éveil*, 1944.

4 La versification

En bref *S'il faut toujours lier analyse du sens et analyse de la forme, c'est encore plus vrai en poésie. Vous devez maîtriser les principes de la versification.*

I Formes fixes et formes libres

1 Les formes fixes

■ Les poèmes à forme fixe reposent sur une division en vers et en strophes.

• Le vers est reconnaissable graphiquement (retour à la ligne) et auditivement par le retour de la rime qui délimite un mètre, défini par le **nombre de syllabes** du vers. Les plus courants sont l'octosyllabe, le décasyllabe et l'alexandrin.

À NOTER
Le [ə] n'est prononcé ni en fin de vers, ni devant une voyelle. Il est prononcé (et compté) quand il précède une consonne ou un *h* aspiré : [muvəmã].

• Les vers sont regroupés en strophes : les plus fréquentes sont le distique (2 vers), le tercet (3 vers) et le quatrain (4 vers).

■ Les formes fixes les plus utilisées jusqu'au XIXe siècle sont :
• la ballade, composée de trois strophes et un envoi (une demi-strophe) ;
• l'ode, poème lyrique, chanté à l'origine, et alternant trois strophes correspondant à un mouvement de danse ;
• le sonnet, constitué de deux quatrains et deux tercets.

2 Les formes libres

À partir du milieu du XIXe siècle, les poètes s'affranchissent des contraintes formelles. Se développent ainsi :
• le poème en prose, qui joue sur les sonorités, les rythmes et les images sans s'astreindre aux contraintes du vers.
• le calligramme, dont la disposition des lettres tente de représenter sur l'espace de la page l'objet même qui en est le thème.

II Les jeux sur les sonorités

■ Dans les poèmes à forme fixe, les vers sont associés deux à deux par des rimes. Celles-ci peuvent être plates ou suivies (aabb), embrassées (abba), ou croisées (abab). La rime est dite pauvre si un seul phonème est répété, suffisante (2 phonèmes), ou riche (3 et plus).

■ Pour qualifier la répétition d'un son ailleurs qu'à la rime, on parle d'allitération (sons consonantiques) ou d'assonance (sons vocaliques).

■ Selon le mètre, les sons [j], [je], [jœ], [jɛ]... peuvent se prononcer en une seule syllabe (**synérèse** -ion-, -ier-...) ou en deux syllabes (**diérèse** -i-on-, -i-er- ...).

III Le rythme des vers

■ La **césure** (//) est la coupe principale du vers. Dans un alexandrin, la césure 6//6 est dite « à l'hémistiche ».

■ Les **coupes** (/) sont des rythmes secondaires.

Dieux d'argent/qui tenaient//des saphirs/dans leurs mains. (Éluard)
3/3//3/3 : il s'agit d'un tétramètre régulier.

■ Il arrive que la syntaxe ne s'assujettisse pas au moule du vers, créant un effet de discordance. On distingue trois cas :

• l'**enjambement** : la phrase court sur deux vers :

Les vibrantes douleurs dans ton cœur plein d'effroi
Se planteront bientôt comme dans une cible. (Baudelaire)

• le **rejet** : une partie du groupe syntaxique est rejeté dans le vers suivant :

Trois mille six cent fois par heure, la Seconde
Chuchote : souviens-toi !-[...] (Baudelaire)

• le **contre-rejet** : la partie brève est en fin de vers et la suite du groupe syntaxique est dans le vers suivant :

Les minutes, mortel folâtre, sont des gangues
Qu'il ne faut pas lâcher sans en extraire l'or ! (Baudelaire)

zoOm

Peinture ou poème ?

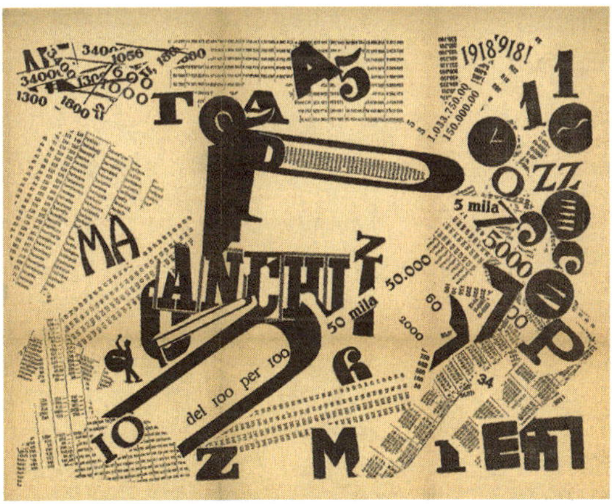

Le peintre futuriste Marinetti se sert du potentiel graphique et sonore des lettres pour composer une page visuellement rythmée et bruyante.

Filippo Tommaso Marinetti, *Les Mots en liberté*, 1919.

5 Analyser un poème

En bref *Un poème est une forme souvent brève et parfois déroutante. Comment procéder pour l'appréhender ?*

Étape 1 Identifier les caractéristiques du poème

■ Même si l'analyse d'un poème ne peut se réduire à l'étude de sa forme, il est nécessaire de commencer par repérer les caractéristiques formelles.

• Comment s'inscrit le poème sur le blanc de la page ? A-t-il une forme ramassée, allongée ? Est-ce en relation avec son sens ? Veut-il mimer le thème dont il parle, comme un calligramme par exemple ?

• Quel est le système de strophes ? Peut-on reconnaître une **forme fixe** ? Si oui, le poète respecte-il les règles ou les retravaille-t-il à sa manière ?

• Quel est le type de rimes (plates, embrassées, croisées) ? Y a-t-il une alternance dans le choix des rimes ? Au contraire, le poème est-il tout en rimes suivies, par exemple ?

> **CONSEIL**
> Pour analyser un **sonnet**, rappelez-vous que les quatrains ont un contenu plus abstrait que les tercets, dont le rôle est illustratif. Le dernier vers (la chute) peut donner la clé du poème.

• Quel est le mètre employé (octosyllabes, décasyllabes, alexandrins...) ? Le poème est-il hétérométrique (utilisation de divers mètres) ou isométrique (utilisation d'un seul mètre). Où se font les césures (pauses) ? Quel rythme donnent-elles au poème ? Y a-t-il des enjambements ?

■ Toutes ces caractéristiques vous permettent-elles de reconnaître l'influence d'un courant littéraire auquel le poète appartiendrait ou duquel il se démarquerait ? Faites appel à vos connaissances et aux informations données par le paratexte.

Étape 2 Cerner le propos du poète

1 L'énonciation et les thématiques

■ Le poème est-il à la première personne ? Est-il adressé à quelqu'un (la femme aimée, le lecteur, une allégorie...) ? Est-il situé dans le temps et dans l'espace ?

■ On retrouve, à travers l'histoire de la poésie, des grandes thématiques comme l'amour (rencontre amoureuse, coup de foudre), le passage du temps, le deuil, la beauté, la poésie elle-même. Mais n'oubliez pas que tout est permis à l'écriture poétique, il n'y a pas de thème interdit : laissez parler le texte et laissez-vous surprendre.

2 Les tonalités

■ La poésie est généralement associée au **lyrisme**, qu'il soit expression du bonheur ou du malheur (dans ce cas on parle de lyrisme élégiaque). Mais il peut être aussi épique, didactique, satirique, burlesque (→ FICHE 45).

À NOTER
Si le **poème lyrique** célèbre la beauté de la nature, il peut aussi célébrer la beauté de la ville, son mouvement, son bruit, ses couleurs (ex. : « Zone » d'Apollinaire).

■ Le poème défend-il une cause, une opinion ? S'inscrit-il dans un débat d'idées ? Incite-t-il à l'action comme les poèmes de la Résistance, par exemple ? On parle alors de poésie engagée.

Étape 3 Affiner la lecture

1 Musicalité

■ Une fois repéré le type de rimes, on doit regarder quels mots elles servent à mettre en écho. Cet écho provoque-t-il la surprise ?

■ Il faut être attentif à tous les jeux d'allitérations et d'assonances (→ FICHE 4) qui tendent à mimer ce dont le poème parle.

■ Pour l'analyse des poèmes en prose, il faut mettre en évidence les rimes internes, les alexandrins cachés, etc., tout ce qui relève de la musicalité poétique.

À NOTER
Le **vers libre** est un vers libéré de la régularité du mètre, des césures et des coupes. Il remplace souvent les rimes par des assonances.

2 Images

■ En tant qu'art du langage, la poésie en utilise toutes les possibilités. Il est nécessaire d'analyser les images, métaphores, analogies, comparaisons et d'en exploiter le sens, voire la multiplicité des sens.

■ Les images peuvent aussi être suggérées par le jeu des connotations, par la description d'une atmosphère : le lecteur semble percevoir ce que décrit le poème.

3 Jeux de langages

Un poème possède souvent plusieurs sens : soyez particulièrement attentif à la polysémie des mots pour comprendre toutes les dimensions du poème.

> Nos pieds glissaient d'un pur et large mouvement (Verlaine)
>
> [« pied » renvoie à la fois à la partie du corps et à l'ancienne unité de mesure du mètre poétique : ce qui semblait le récit d'une anecdote devient ainsi un poème sur la poésie]

MÉMO VISUEL

LA POÉSIE

Les mots clés

Pour identifier un poème

- **type de poème :** forme fixe, forme libre, poème en prose, calligramme, art poétique…
- **fonction :** louer, déplorer, dénoncer, décrire, définir la poésie…
- **tonalité :** lyrique, polémique, comique, didactique…
- **singularité du poème** : thème, inventivité, sentiments…

Pour analyser la versification

- **strophe :** distique, tercet, quatrain…
- **mètre :** octosyllabe, décasyllabe, alexandrin…
- **rythme :** césures et pauses ; synérèse/diérèse ; enjambement, rejet, contre-rejet
- **rimes :** suivies, embrassées, croisées ; riches/pauvres

Quelques œuvres clés à connaître

XIXe siècle

- *Châtiments* (1852), *Contemplations* (1856), Victor Hugo
- *Les Fleurs du mal* (1857), Charles Baudelaire
- *Une saison en enfer* (1873), *Illuminations* (1872-1875), Arthur Rimbaud
- *Jadis et naguère* (1884), Paul Verlaine

La méthode

Comment analyser un poème ?

1. Caractériser la **forme** du poème
2. Identifier l'**énonciation** (présence du poète, d'un destinataire…)
3. Repérer le ou les **thèmes** (amour, mort, nature, guerre, poésie, objet…)
4. Déterminer la **tonalité** dominante
5. Analyser les **images** (métaphores, allégories…) et la **musicalité** (allitérations, assonances, rythmes…)

DU XIXe AU XXIe SIÈCLE

Les principaux courants

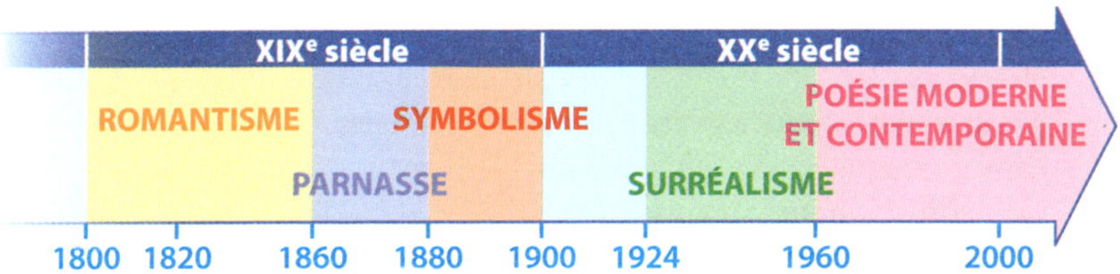

XXe siècle

- *Alcools* (1913), Guillaume Apollinaire
- *La prose du Transsibérien et de la petite Jehanne de France* (1913), Blaise Cendrars
- *La nuit remue* (1935), Henri Michaux
- *Le Parti pris des choses* (1942), Francis Ponge

XXIe siècle

- *Où vont les arbres ?* (2011), Vénus Khoury-Ghata
- *Le Poème des morts* (2017), Bernard Noël

EXERCICES

Méditations poétiques, Alphonse de Lamartine (1820)

→ FICHE 2

1 Complétez ce texte avec les mots proposés.

classique • sentiments • romantisme • nature • âme • succès

- C'est à l'âge de trente ans que Lamartine publie son premier recueil de poèmes, *Méditations poétiques*. Le recueil connaît un grand .... et est considéré comme l'acte de naissance du ....
- Dans cette œuvre de forme relativement ...., la nouveauté est la large place donnée à l'expression des .... Comme d'autres écrivains romantiques, Lamartine cherche dans la .... une concordance avec ses états d'.......................... .

> **MOT CLÉ**
> **Fuite du temps** : le temps passe et s'écoule, de la naissance à la mort, de manière inexorable. La poésie en fait un de ses thèmes privilégiés, souvent sur le mode du regret et de la déploration.

2 Lisez l'extrait et répondez aux questions.

Après la mort de la femme aimée, le poète revient sur les rives du lac qu'il prend à témoin de l'amour disparu et à qui il confie sa douleur.

- marques d'énonciation (surlignage jaune)
- caractérisation de la nature (surlignage rose)
- ___ thème de la fuite du temps

Le lac

Ainsi, toujours poussés vers de nouveaux rivages,
Dans la nuit éternelle emportés sans retour,
Ne pourrons-nous jamais sur l'océan des âges
Jeter l'ancre un seul jour ?

Ô lac ! l'année à peine a fini sa carrière[1],
Et près des flots chéris qu'elle devait revoir,
Regarde ! je viens seul m'asseoir sur cette pierre
Où tu la vis s'asseoir !

Tu mugissais ainsi sous ces roches profondes,
Ainsi tu te brisais sur leurs flancs déchirés,
Ainsi le vent jetait l'écume de tes ondes
Sur ses pieds adorés.

Un soir, t'en souvient-il ? nous voguions en silence ;
On n'entendait au loin, sur l'onde et sous les cieux,
Que le bruit des rameurs qui frappaient en cadence
Tes flots harmonieux.

....
....

Tout à coup des accents inconnus à la terre
Du rivage charmé frappèrent les échos ;
Le flot fut attentif, et la voix qui m'est chère
Laissa tomber ces mots :

« Ô temps ! suspends ton vol, et vous, heures propices !
Suspendez votre cours :
Laissez-nous savourer les rapides délices
Des plus beaux de nos jours !

« Assez de malheureux ici-bas vous implorent,
Coulez, coulez pour eux ;
Prenez avec leurs jours les soins qui les dévorent ;
Oubliez les heureux.

« Mais je demande en vain quelques moments encore,
Le temps m'échappe et fuit ;
Je dis à cette nuit : Sois plus lente ; et l'aurore
Va dissiper la nuit.

« Aimons donc, aimons donc ! de l'heure fugitive,
Hâtons-nous, jouissons !
L'homme n'a point de port, le temps n'a point de rive ;
Il coule, et nous passons ! »

Temps jaloux, se peut-il que ces moments d'ivresse,
Où l'amour à longs flots nous verse le bonheur,
S'envolent loin de nous de la même vitesse
Que les jours de malheur ?
[...]
Ô lac ! rochers muets ! grottes ! forêt obscure !
Vous, que le temps épargne ou qu'il peut rajeunir,
Gardez de cette nuit, gardez, belle nature,
Au moins le souvenir !

Qu'il soit dans ton repos, qu'il soit dans tes orages,
Beau lac, et dans l'aspect de tes riants coteaux,
Et dans ces noirs sapins, et dans ces rocs sauvages
Qui pendent sur tes eaux.

Qu'il soit dans le zéphyr[2] qui frémit et qui passe,
Dans les bruits de tes bords par tes bords répétés,
Dans l'astre au front d'argent qui blanchit ta surface
De ses molles clartés.

....
....

....
....

Que le vent qui gémit, le roseau qui soupire,
Que les parfums légers de ton air embaumé,
Que tout ce qu'on entend, l'on voit ou l'on respire,
Tout dise : Ils ont aimé !

Alphonse de Lamartine, *Méditations poétiques*, 1820.

1. Trajectoire : l'année s'est écoulée.
2. Vent léger et doux.

1. Repérez les différents mouvements du texte : complétez les pointillés en regard du texte avec des intitulés qui les résument.

2. À partir de l'étude de l'énonciation dans les cinq premières strophes et de l'analyse des expressions surlignées en rose, montrez que ce poème est aussi un hymne à la nature.

3. En vous appuyant sur les termes soulignés, montrez l'omniprésence du thème de la fuite du temps et mettez au jour l'opposition entre deux temporalités.

Les Fleurs du mal, Charles Baudelaire (1857-1861) → FICHE 2

3 Complétez ce texte avec les mots proposés.

Spleen et idéal • sérénité • romantisme noir • mélancolie • tension • procès

- *Les Fleurs du mal* s'ouvrent sur « .... », la première des cinq sections du recueil. Les deux mots s'opposent : le premier tend vers la ...., le désespoir, l'obscurité ; le second tend vers la lumière, le bonheur, la .... Cette .... entre deux mouvements contraires caractérise la poésie de Baudelaire. Son écriture parfois violente choque la morale bourgeoise : le recueil est accueilli par un ....
- *Les Fleurs du mal*, composées de 1840 à 1860, traversent l'histoire littéraire : le recueil porte la marque du romantisme et particulièrement du .... , mais aussi du Parnasse et du symbolisme.

4 Lisez l'extrait et répondez aux questions.

lexique de l'idéal
lexique du spleen

Spleen LXXVII

Je suis comme le roi d'un pays pluvieux,
Riche, mais impuissant, jeune et pourtant très vieux,
Qui, de ses précepteurs méprisant les courbettes,
S'ennuie avec ses chiens comme avec d'autres bêtes.
Rien ne peut l'égayer, ni gibier, ni faucon,
Ni son peuple mourant en face du balcon.
Du bouffon favori la grotesque ballade
Ne distrait plus le front de ce cruel malade ;
Son lit fleurdelisé se transforme en tombeau,
Et les dames d'atour, pour qui tout prince est beau,

Ne savent plus trouver d'impudique toilette
Pour tirer un souris de ce jeune squelette.
Le savant qui lui fait de l'or n'a jamais pu
De son être extirper l'élément corrompu,
Et dans ces bains de sang qui des Romains nous viennent,
Et dont sur leurs vieux jours les puissants se souviennent,
Il n'a su réchauffer ce cadavre hébété
Où coule au lieu de sang l'eau verte du Léthé[1].

Charles Baudelaire, *Les Fleurs du mal*, 1857-1861.

1. « Fleuve de l'oubli » dans les Enfers grecs (on le retrouve dans le mot *léthargie*, synonyme de torpeur, apathie, incapacité d'agir).

1. Observez les mots surlignés : comment Baudelaire oppose-t-il spleen et idéal ?
2. Quel portrait le poète dresse-t-il de lui-même ?

Les Amours jaunes, Tristan Corbière (1873)

→ FICHE 2

5 Lisez la présentation de l'œuvre, puis cochez les affirmations correctes.

Poète mort très jeune, classé par Paul Verlaine parmi les « poètes maudits », Tristan Corbière publie un seul recueil, *Les Amours jaunes,* composé de 101 poèmes. Ce recueil mêle les thèmes amoureux à l'ironie, à l'autodérision, au détournement des formes poétiques dites « classiques ».

- ☐ a. Corbière est un poète sentimental.
- ☐ b. Il a été reconnu par ses pairs et a connu le succès.
- ☐ c. Poète habile, il se joue des formes fixes.
- ☐ d. Le titre du recueil est un éloge de la couleur.
- ☐ e. La tonalité principale est le lyrisme.

6 Lisez l'extrait et répondez aux questions.

(surligné) marques d'énonciation

Le crapaud

Un chant dans une nuit sans air...
La lune plaque en métal clair
Les découpures du vert sombre.

... Un chant ; comme un écho, tout vif
Enterré, là, sous le massif...
– Ça se tait : Viens, c'est là, dans l'ombre...

– Un crapaud ! – Pourquoi cette peur,
Près de moi, ton soldat fidèle !
Vois-le, poète tondu, sans aile,
Rossignol de la boue... – Horreur ! –

CONSEIL
Un poème s'appréhende par le regard — il faut être attentif à sa forme graphique — et par l'oreille : le lire à haute voix permet d'en comprendre les subtilités et effets.

> ... Il chante. – Horreur !! – Horreur pourquoi ?
> Vois-tu pas son œil de lumière...
> Non : il s'en va, froid, sous sa pierre.
> ....
> Bonsoir – ce crapaud-là c'est moi.

Tristan Corbière, « Le Crapaud », *Les Amours jaunes*, 1873.

1. En vous aidant du repérage effectué et des signes de ponctuation, montrez que ce poème a un destinataire.

2. Quelle forme fixe Tristan Corbière détourne-t-il ici ? Quel est l'effet produit ?

7 Prolongement artistique et culturel.

En 1819, le poète anglais Keats écrit une « Ode à un rossignol ». Le peintre Joseph Severn s'inspire du poème pour le représenter à l'écoute de l'oiseau chanteur.

Joseph Severn, *Keats Listening to a Nightingale on Hampstead Heath (Keats écoutant un rossignol à Hamptsead Heath)*, 1851.

1. Décrivez brièvement le tableau.

2. En quoi cette représentation du poète s'oppose-t-elle à la lecture que vous avez faite du « Crapaud » de Tristan Corbière ?

CORRIGÉS

Méditations poétiques, Alphonse de Lamartine (1820)

1 C'est à l'âge de trente ans que Lamartine publie son premier recueil de poèmes, *Méditations poétiques*. Le recueil connaît un grand **succès** et est considéré comme l'acte de naissance du **romantisme**.

Dans cette œuvre de forme relativement **classique**, la nouveauté est la large place donnée à l'expression des **sentiments**. Comme d'autres écrivains romantiques, Lamartine cherche dans la **nature** une concordance avec ses états d'**âme**.

2 1. L'étude de l'énonciation et des temps verbaux permet de distinguer trois grands mouvements. La partie centrale correspond à la **prise de parole de la femme aimée**, elle est repérable à l'utilisation des guillemets, et est annoncée par le vers 20 (ponctuation et verbe introducteur de parole). Cette prise de parole est encadrée par une première partie au passé (**remémoration d'une scène**) et par une dernière partie au présent (**souhait que la nature arrête la fuite du temps**).

2. Le poème est empreint de lyrisme. Pour le démontrer, on peut s'appuyer sur :
- **les marques de l'énonciation**. Dès les premières strophes, le poète, qui s'exprime à la 1re personne, s'adresse à une nature personnifiée à travers l'apostrophe « Ô lac ! », suivie de marques de la 2e personne.
- **les expansions nominales** associées aux noms évoquant la nature. De sens mélioratif, ces expansions expriment le réconfort qu'apporte la nature au poète.

3. Le thème de la fuite du temps parcourt tout le poème. Une fois repérée la constante métaphore de l'eau qui « coule », on peut distinguer deux types de temporalité : **celle des humains**, tributaires du temps qui passe et impuissants à en arrêter le cours, **par opposition à celle de la nature**.

À NOTER
L'association du temps qui fuit à un cours d'eau est un motif récurrent dans la littérature. Le lac, fermé sur lui-même, semble mieux retenir ses eaux et donc, dans le poème de Lamartine, plus apte à garder le souvenir vivant.

Les Fleurs du mal, Charles Baudelaire (1857-1861)

3 *Les Fleurs du mal* s'ouvrent sur « **Spleen et idéal** », la première des cinq sections du recueil. Les deux mots s'opposent : le premier tend vers la **mélancolie**, le désespoir, l'obscurité ; le second tend vers la lumière, le bonheur, la **sérénité**. Cette **tension** entre deux mouvements contraires caractérise la poésie de Baudelaire. Son écriture parfois violente choque la morale bourgeoise : le recueil est accueilli par un **procès**.

MOT CLÉ
***Spleen* :** mot anglais signifiant ennui, profonde mélancolie proche de la dépression.

Les Fleurs du mal, composées de 1840 à 1860, traversent l'histoire littéraire : le recueil porte la marque du romantisme et particulièrement du **romantisme noir**, mais aussi du Parnasse et du symbolisme.

4 1. Le poème est construit sur une **opposition** entre des termes appartenant au lexique du **spleen** (surlignés en rose) et d'autres relevant du lexique de l'**idéal** (surlignés en jaune). Cette opposition est particulièrement marquée dans le vers 2, à travers deux hémistiches construits en parallèle (adjectif mélioratif/connecteur d'opposition/adjectif péjoratif).

2. Le portrait est **désespéré**. Le poète est en même temps riche et impuissant, jeune et vieux. Sa mélancolie ne peut être imputée aux éléments extérieurs puisque tout est là pour le divertir : il la porte en lui-même, elle est donc sans espoir de guérison. Le choix des rimes plates, les énumérations négatives, la cadence de l'alexandrin, **tout mime l'ennui.**

Les Amours jaunes, Tristan Corbière (1873)

5 Les affirmations **c** et **e** sont correctes.

- L'affirmation **a** est fausse : Tristan Corbière se garde de tout sentimentalisme, il s'en protège par l'ironie et l'autodérision. Mais cela n'interdit pas un certain lyrisme par le choix des thèmes et l'expression des sentiments.
- L'affirmation **b** est fausse : il n'a pas connu le succès, il est l'un des « poètes maudits ».
- L'affirmation **d** est fausse : la couleur jaune fait référence à l'expression « rire jaune » et à des amours ratés.

6 1. Les tirets, associés à l'impératif du vers 9, à la présence du « je », et à la formule interrogative du vers 12 sont la marque d'un **dialogue**. Les points de suspension des vers 6, 11, 12, indiquent que la parole de l'un est interrompue par celle de l'autre. Dans le dernier vers, l'identification du poète au crapaud est adressée à la personne à qui il dit « bonsoir ».

2. Il s'agit d'un **sonnet inversé** qui commence par les deux tercets et finit par les deux quatrains, la ligne de points de suspension détachant le dernier vers. Ce système invite à une **double lecture**, du premier vers au dernier vers, mais aussi du dernier vers au premier vers : le dernier vers devient alors comme la première phrase d'une lettre. Les deux lectures, celle qui va du paysage à la découverte de l'horrible animal et celle qui commence par présenter le poète en crapaud, montrent la **solitude du poète** dont la laideur physique empêche de faire entendre la beauté de la parole amoureuse.

7 1. Il s'agit d'un **paysage romantique**, en clair obscur qui va s'obscurcissant vers la gauche. Le beau visage du poète éclairé fait écho en diagonale à la Lune vers laquelle il tourne son regard à l'écoute du rossignol, perché dans les hauteurs des arbres.

2. Le rossignol, porteur du **chant poétique**, est transformé en crapaud qu'il ne faut plus chercher dans les hauteurs des arbres, mais sous les pierres. Le paysage dessiné par le poète évoque les ombres chinoises, les couleurs sont froides et métalliques. Tout le mouvement du poème est l'exact inverse de celui du tableau.

La poésie

2 Les recueils poétiques au programme

TEST

Pour vous situer et établir votre parcours de révision 38

FICHES DE COURS

6 Arthur Rimbaud, *Cahiers de Douai* 40

7 Émancipations créatrices 42

8 Francis Ponge, *La rage de l'expression* 44

9 Dans l'atelier du poète 46

10 Hélène Dorion, *Mes forêts* 48

11 La poésie, la nature, l'intime 50

MÉMO VISUEL 52

SUJETS GUIDÉS & CORRIGÉS

OBJECTIF BAC

1 EXPLICATION DE TEXTE | Hélène Dorion, *Mes forêts*, poème inaugural 54

OBJECTIF MENTION

2 DISSERTATION | L'expression de la révolte dans les *Cahiers de Douai* 58

TESTEZ-VOUS

→ CORRIGÉS P. 346

Faites le point sur vos connaissances puis établissez votre **parcours de révision** en fonction de votre score.

1 Arthur Rimbaud, *Cahiers de Douai* (1870)

→ FICHES 6-7

1. Vrai ou faux ?

	VRAI	FAUX
a. Rimbaud est un mauvais élève et un fugueur.	☐	☐
b. Rimbaud connaît très bien la poésie de ses prédécesseurs.	☐	☐
c. Rimbaud s'affranchit totalement des règles de la versification.	☐	☐
d. Dans « Ma Bohème », Rimbaud exprime son goût pour la liberté.	☐	☐

2. Les *Cahiers de Douai* sont composés de…

☐ a. 22 sonnets.

☐ b. 12 sonnets.

☐ c. 12 sonnets et 10 autres poèmes de formes diverses.

3. Dans ce recueil, Arthur Rimbaud écrit des poèmes…

☐ a. contre la guerre.

☐ b. contre Napoléon Ier.

☐ c. contre les bourgeois.

4. Les poèmes d'amour de Rimbaud sont…

☐ a. adressés à une seule femme.

☐ b. empreints d'un grand lyrisme.

☐ c. teintés d'autodérision.

…/4

2 Francis Ponge, *La rage de l'expression* (1952)

→ FICHES 8-9

1. Francis Ponge…

☐ a. appartient au mouvement surréaliste.

☐ b. n'appartient à aucun mouvement littéraire.

☐ c. crée son propre mouvement littéraire.

2. *La rage de l'expression* est un recueil…

- ☐ a. de poèmes en prose.
- ☐ b. de poèmes en vers libres.
- ☐ c. hétéroclite où se côtoient des formes très diverses.

3. Le poème « Berges de la Loire »…

- ☐ a. est un poème d'amour.
- ☐ b. décrit les berges de la Loire.
- ☐ c. est une sorte de manifeste.

4. Dans ce recueil, Ponge se donne comme but de…

- ☐ a. transformer le langage.
- ☐ b. scruter l'objet.
- ☐ c. scruter ses sentiments.

…/4

3 Hélène Dorion, *Mes forêts* (2021)

→ FICHES 10-11

1. Dans *Mes forêts*, l'auteure fait le choix…

☐ a. de l'alexandrin. ☐ b. du vers libre. ☐ c. de l'octosyllabe.

2. Vrai ou faux ?

	VRAI	FAUX
a. Dans *Mes forêts*, la ponctuation et les majuscules sont absentes.	☐	☐
b. Hélène Dorion interroge l'histoire de l'humanité.	☐	☐
c. *Mes forêts* idéalise la nature sans tenir compte des problèmes contemporains.	☐	☐
d. L'auteure fait résonner tous les éléments de la nature entre eux.	☐	☐

3. Le recueil évoque des forêts qui…

- ☐ a. sont la propriété de l'auteure.
- ☐ b. ne sont pas véritablement identifiées.
- ☐ c. renvoient à la manière propre à l'auteure de percevoir les forêts.

4. L'expression « prendre le large/vers moi-même » signifie que…

- ☐ a. l'auteure fait une fugue.
- ☐ b. l'auteure est égocentrée.
- ☐ c. la nature permet un retour sur soi.

…/4

Score sur l'œuvre étudiée …/4

Parcours PAS À PAS ou EXPRESS ? → MODE D'EMPLOI P. 2

6 Rimbaud, *Cahiers de Douai*

En bref *En cinq ans, Arthur Rimbaud renouvelle la poésie française. Les* Cahiers de Douai *rassemblent ses premiers poèmes qui portent déjà en eux les germes de l'œuvre à venir.*

I Premiers repères

1 L'auteur et le contexte

- Rimbaud naît à Charleville, en 1854. Son père (militaire) et sa mère se séparent en 1860. Malgré l'excellence de ses résultats scolaires, Rimbaud accepte mal l'autorité du collège et l'éducation très stricte de sa mère. Il fait de nombreuses fugues.

- Il commence à écrire des poèmes à quinze ans. Il en adresse certains à **Théodore de Banville** en 1870. En août 1871, il envoie une lettre accompagnée de poèmes à Verlaine qui l'invite à le rejoindre à Paris. Il côtoie le cercle des poètes français et noue une relation homosexuelle avec Verlaine.

> **POUR ALLER + LOIN**
> Théodore de Banville (1823-1891) est un poète précurseur du **Parnasse**, mouvement poétique qui s'oppose au romantisme et au réalisme en prônant l'art pour l'art.

- Rimbaud cesse toute activité littéraire à vingt ans et choisit une vie d'aventurier. Il parcourt l'Europe, l'Inde, l'Afrique. Il meurt à Marseille d'un cancer des os, en 1891.

2 La naissance et la composition des *Cahiers de Douai*

- En 1870, au cours d'une fugue, recueilli à Douai par son professeur de rhétorique Georges Izambard, Rimbaud corrige et recopie dans deux cahiers vingt-deux poèmes qu'il confie ensuite au poète et éditeur Paul Demeny, ami d'Izambard.

- Le premier cahier comprend quinze poèmes ; le second en comprend sept, écrits lors d'une nouvelle fugue. L'ordre des poèmes semble chronologique : dix-sept poèmes sont datés, cinq ne le sont pas. Rimbaud ne donne pas de titre aux cahiers.

- En 1871, Rimbaud écrit à Demeny pour lui demander de « brûle[r] tous les vers que je fus assez sot pour vous donner lors de mon séjour à Douai ». Demeny se garde de lui obéir et conserve les poèmes.

II Des clés pour l'analyse

1 Le modèle antique

- Dans « Soleil et chair », on reconnaît l'influence des écrivains latins étudiés en classe. Ce long poème est un « hymne d'amour » à la nature et aux forces de vie : tout y palpite et **Vénus** y est vénérée comme une « Divine mère ».

> **POUR ALLER + LOIN**
> Les Parnassiens s'inspirent de la mythologie grecque et glorifient la **figure idéalisée de Vénus**. Rimbaud, qui voudrait être publié dans *Le Parnasse contemporain*, fait aussi allégeance à ce mouvement dans « Soleil et chair ».

■ Rimbaud déploie les figures de la mythologie gréco-latine dans un lyrisme enthousiaste. Et même si « l'Homme triste et laid » a détruit « l'antique jeunesse du monde » : « Les Dieux écoutent l'Homme et le Monde infini ! »

2 Le lien avec l'actualité

■ Mais Rimbaud est surtout un poète de son temps : nombreuses sont les références à la guerre franco-prussienne menée par Napoléon III (« Rages de Césars », « L'Éclatante Victoire de Sarrebrück »), ou à la misère – celle des enfants, par exemple (« Les Effarés »).

■ Deux poèmes sur la guerre, « Le Dormeur du val » et « Le Mal », dépassent le cadre de l'événement historique pour dire l'atrocité de toute guerre. Le premier s'attache à la mort d'un jeune soldat, le second fait état d'un meurtre collectif.

3 Un lyrisme personnel

■ Rimbaud est aussi un jeune homme qui dit le plaisir des rencontres amoureuses. Ces poèmes prennent souvent la forme du dialogue (« Rêvé pour l'hiver », « Les Reparties de Nina », « Première soirée ») et adoptent un ton léger et moqueur.

■ D'autres poèmes chantent le bonheur de la fugue, du vagabondage, des nuits à la belle étoile, en communion avec une nature protectrice.

■ Le plus emblématique de ces poèmes est « Ma Bohême » dans lequel Rimbaud se présente sous la figure d'un « Petit-Poucet rêveur » égrenant ses rimes, au contact de la nature dans une liberté absolue.

zoOm

La forme des poèmes

La forme privilégiée par Rimbaud est le sonnet, mais il écrit aussi de longs poèmes sur le modèle de la ballade (« Bal des pendus »), de l'ode latine (« Soleil et chair »), du réquisitoire (« Le Forgeron ») ou de la saynète amoureuse (« Les Reparties de Nina »).

Sonnets (12)	« Le Châtiment de Tartufe » • « Morts de Quatre-vingt-douze… » • « Venus Anadyomène » • « Le Mal » • « Rages de Césars » • « Rêvé pour l'hiver » • « Le Dormeur du val » • « Au Cabaret-Vert » • « La Maline » • « L'Éclatante Victoire de Sarrebrück » • « Le Buffet » • « Ma Bohême »
Ensemble de quatrains (5)	« Sensation » (2 × 4) • « À la musique » (9 × 4) • « Première soirée » (8 ×4) • « Ophélie » (4 × 4, 4 × 4, 1 × 4) • « Roman » (2 × 4, 2 × 4, 2 × 4, 2 × 4)
Tercets (1)	« Les Effarés » (12 × 3)
Longs poèmes (4)	« Soleil et chair » (en 4 parties) • « Bal des pendus » • « Le Forgeron » • « Les Reparties de Nina »

7 Émancipations créatrices

En bref *Pour que le jeune Rimbaud trouve sa propre voix, il lui faut identifier (nommer) ce à quoi il s'oppose et inventer son propre langage.*

I Exprimer sa révolte

1 Contre le monde de la bourgeoisie et ses valeurs

■ L'opposition de Rimbaud à sa famille et à l'école se manifeste par les **fugues**. Cinq poèmes en font l'éloge : « Première soirée », « Sensation », « Roman », « Ma Bohême » et « Rêvé pour l'hiver ». Ils chantent la liberté, la relation à la nature et à la poésie.

POUR ALLER + LOIN
Blaise Cendrars (1887-1961), un autre poète fugueur, raconte, dans *Prose du transsibérien et de la petite Jehanne de France,* le voyage qu'il fait en train à travers l'Europe à l'âge de seize ans.

■ La composition en diptyque de « À la musique » permet d'opposer six quatrains dressant les portraits de bourgeois « bouffis », à trois quatrains consacrés au poète, étudiant « débraillé » tout à la contemplation d'« alertes fillettes ».

■ Dans « Le Mal », sonnet violemment anticlérical, le poète se révolte contre le Dieu des chrétiens, indifférent « aux crachats rouges de la mitraille » et qui « rit » pendant que les hommes meurent.

2 Contre Napoléon III

■ En juillet 1870, Napoléon III déclare la guerre à la Prusse. Dans « Morts de Quatre-vingt-douze… », Rimbaud refuse l'analogie entre les soldats morts en 1792 pour un idéal républicain et ceux qui combattent pour Napoléon III. Dans « Le Forgeron », il oppose les idéaux de la Révolution française et la petitesse des ambitions personnelles de Napoléon III.

■ Dans « L'Éclatante Victoire de Sarrebrück », Rimbaud montre tout le grotesque d'un combat sans importance, donné comme une victoire éclatante des Français.

■ Dans « Rages de Césars », le poète ironise sur l'Empereur, prisonnier de la Prusse après la défaite de Sedan, lui qui a perdu la guerre qui devait lui apporter la gloire.

II Inventer son propre langage

1 Réinterprétations, reprises et parodies

■ Rimbaud réinterprète la ballade de Villon en un spectacle burlesque où les squelettes s'entrechoquent grotesquement (« Bal des pendus »). Dans « Le Châtiment de Tartufe », il pousse à l'extrême le caractère débauché du personnage de Molière.

- Rimbaud reprend également des poèmes contemporains. Il s'approprie le style de Hugo dans « Les Effarés » ou dans « Le Forgeron ». Dans le sonnet, « Le Buffet », on retrouve les synesthésies chères à **Baudelaire**.

CITATION

Pour Rimbaud, Baudelaire est « le premier voyant, roi des poètes, un vrai Dieu », mais son travail sur la langue poétique est insuffisant car « les inventions d'inconnu réclament des **formes nouvelles** » (Rimbaud, « Lettre à Demeny », 1871).

- Le poète manie aussi avec habileté l'art de la caricature et de la parodie. Il détourne le mythe de la naissance de Vénus : « Venus Anadyomène » devient une vieille femme « belle hideusement » sortant de sa baignoire.

2 Vers une nouvelle langue poétique

- Les scènes érotiques côtoient dans le même poème des descriptions réalistes de la vie paysanne (« Les Reparties de Nina »). De grands arbres indiscrets se font les voyeurs d'une scène de séduction (« Première soirée »). Rimbaud joue avec les codes de la poésie amoureuse et invente un nouveau lyrisme teinté d'autodérision et dénué de grandiloquence.
- L'emploi d'un vocabulaire familier et le mélange des registres créent des images parfois surprenantes : « Comme des lyres, je tirais les élastiques/De mes souliers blessés, un pied près de mon cœur ! » (« Ma Bohême »). De même, il crée la surprise en mettant à la rime des mots de sens opposés (« brutal »/« cristal »), ou susceptibles de choquer son lecteur : « Vénus »/« anus ».
- Les nombreux jeux de rejets, contre-rejets et enjambements déconstruisent le rythme régulier de la poésie traditionnelle et imposent une nouvelle cadence. La construction de sonnets à la chute inattendue (« Le Dormeur du val ») est la marque d'une recherche d'un langage propre au poète.

zoOm

Une représentation du monde bourgeois

Toulouse-Lautrec fut innovant comme son contemporain Rimbaud, et créateur d'une nouvelle esthétique, en particulier celle du portrait.

Ici, ce bourgeois assis à une table de restaurant, bedonnant et content de lui, pourrait être un de ceux dont se moque Rimbaud dans « À la musique ».

Henri de Toulouse-Lautrec (1864-1901), *Monsieur Boileau* (1893).

8 Francis Ponge, *La rage de l'expression*

En bref *Francis Ponge est un poète majeur du XXe siècle. Bien que* La rage de l'expression *ne soit pas son œuvre la plus connue, ce recueil apporte un éclairage particulier sur sa conception de la poésie.*

I Premiers repères

1 L'auteur et le contexte

- **Francis Ponge** (1899-1988) vit tous les grands événements qui bouleversent le XXe siècle. Il est mobilisé de 1918 à 1919. Il adhère au Parti communiste en 1937. Mobilisé à nouveau en 1939, il entre dans la Résistance en 1941 et rend sa carte de communiste en 1947. Il participe au mouvement surréaliste puis s'en éloigne.

POUR ALLER + LOIN
Le Parti pris des choses (écrit en 1924 et publié 1942) est l'œuvre qui fait connaître l'écriture radicalement nouvelle de Ponge. Loin de l'écriture lyrique ou du surréalisme qui laisse parler l'inconscient, Ponge reste au plus près des objets du quotidien.

- Titulaire du baccalauréat de droit en 1918, il est admissible pour entrer en licence de philosophie, mais il reste muet à l'oral de l'examen. La situation se reproduit pour l'oral de l'École Normale Supérieure.
- Il écrit ses premiers poèmes en 1915 et publie dans des revues à partir de 1923.

2 La composition de *La rage de l'expression*

- Publié en 1952, *La rage de l'expression* est composé de sept pièces. La première, « Berges de la Loire » est courte et peut être considérée comme un texte programmatique. Les autres, plus longues, sont composées de plusieurs textes séparés par des astérisques ou des numéros qui indiquent les étapes de la description ou de la réflexion.
- La sixième section « Le Carnet du Bois de Pins » est la plus complexe puisque composée de cinq sous-parties (→ ZOOM), elles-mêmes structurées par des astérisques.

II Des clés pour l'analyse

1 Les « objets » pris comme thèmes

- Pour Ponge, l'important est « l'objet ». Son but n'est pas de le décrire ou de le raconter, mais de « l'approcher » avec « délicatesse » (« Le mimosa »). Ainsi de la Loire dans laquelle il faut plonger le regard, ou du pin autour duquel il faut tourner.
- Il les choisit pour leur difficulté : « Je ne choisis pas les sujets les plus faciles. Voilà pourquoi je choisis le mimosa. Comme c'est un sujet très difficile, il faut donc que j'ouvre un cahier. » (« Le mimosa »)

■ Ce sont des **« objets » de la nature** que les titres de sections annoncent : la Loire, les pins, le ciel de Provence (« La Mounine »), les animaux ailés qui y vivent (« Notes prises pour un oiseau », « La guêpe ») et les fleurs et arbres fleuris qui y poussent (« L'œillet », « Le mimosa »).

2 Un titre et un recueil énigmatiques

■ Le titre du recueil est surprenant car il n'annonce pas un thème mais commente plutôt l'**état d'esprit du poète** qui serait pris par « la rage de l'expression ». Ce titre laisse entendre une violence, un combat, une **volonté farouche** de trouver la juste expression.

■ En effet, la difficulté de Ponge à s'exprimer lors de ses examens et concours n'est pas anecdotique ; elle peut relever de l'**insuffisance qu'il trouve au langage**, usé par son emploi courant et devenu impropre pour exprimer ses émotions ou pour décrire le monde. Il va donc s'attacher à renouveler le rapport de la langue aux choses.

CITATION
« L'écrivain véritable est un homme qui ne trouve pas ses mots. Alors il les cherche. Et, en cherchant, il trouve mieux. » Paul Valéry, *Cahiers II* (1894-1914)

■ Prose ou poésie ? Si *Le Parti pris des choses* donnait à lire uniquement des poèmes en prose, ce n'est pas le cas de *La rage de l'expression*. Prose, strophes, vers, définitions, alignements de chiffres, jeux typographiques, les passages d'une forme à une autre sont nombreux, comme si le poète cherchait la **forme juste** sans s'interdire de **multiplier les propositions**.

zoOm

Un journal de recherche

Dans « Le Carnet du Bois de Pins », Francis Ponge note au jour le jour (et parfois même à l'heure près) – comme un peintre le ferait dans son carnet de croquis – ses observations, remarques, réflexions, qui lui permettent, touche par touche, de définir le bois de pins.

■ **« Le Carnet du Bois de Pins »**

non daté	du 7 au 21 août 1940	du 22 août au 2 septembre 1940	du 3 au 9 septembre 1940
Leur assemblée	Le plaisir des bois de pins	Formation d'un abcès poétique	Tout cela n'est pas sérieux

■ **Appendice au « Carnet du Bois de Pins »**

du 6 au 20 août 1940	du 7 mars au 22 juillet 1941
I. Pages bis	II. Correspondance

9 Dans l'atelier du poète

En bref *Avec* La rage de l'expression, *Ponge, plus peut-être que tout autre poète, tel un artisan, nous introduit dans son atelier. Il y explique les principes de sa recherche, nous livre ses tentatives ainsi que ses commentaires sur le degré de réussite de ses expérimentations.*

I De Boileau à Ponge

DÉFINITION
Art poétique : poème dans lequel le poète explique sa conception de la poésie et la met en pratique dans le poème même.

1 « Vingt fois sur le métier »

- Dans ***L'Art poétique***, Boileau (1636-1711) écrit « Hâtez-vous lentement ; et, sans perdre courage,/Vingt fois sur le métier remettez votre ouvrage : /Polissez-le sans cesse et le repolissez ;/Ajoutez quelquefois, et souvent effacez. »
- Ponge le dit à sa manière dans les « Berges de la Loire » : « Chaque fois qu'il [son esprit] aura *séché* sur une expression, le replonger dans l'eau du fleuve ».
- Mais à la différence de Boileau qui livre le résultat « poli », Ponge donne à lire les tâtonnements, essais, « variantes » comme dans « Le Carnet du Bois de Pins » : « L'alpestre brosserie – entourée de miroirs – », « La haute brosserie entourée de miroirs », « L'alpestre brosserie haut touffue de poils verts »...

2 « La rage de l'expression » : un manifeste contre la poésie ?

- Le recueil s'ouvre sur « Berges de la Loire », texte dans lequel le poète se donne des consignes d'écriture. Il utilise des infinitifs, multiplie les occurrences du verbe « devoir », pose des interdits : « ne jamais m'arrêter à la forme *poétique* », « ne jamais essayer d'*arranger les choses* ».
- Il peut même provoquer son lecteur en affirmant : « Oui je me veux moins poète que « savant ». – Je désire moins aboutir à un poème qu'à une formule, qu'à un éclaircissement d'impression. [...] Je veux être l'homme de cette science. »
- Il va jusqu'à dire « j'ai besoin du magma poétique, *mais c'est pour m'en débarrasser.* » (« II. Correspondance »). Il exerce sur son écriture une surveillance constante, recommençant, épurant, retouchant. Et c'est cette recherche expérimentale qu'il donne à lire et qui fait œuvre.

II Les choses et les mots

1 Une langue déficiente

- Au XIXe siècle, le poète Stéphane Mallarmé (1842-1898) regrette l'inadéquation du langage au monde. Ainsi, il trouve que les sonorités du mot *nuit* seraient plus appropriées pour désigner le jour et inversement.

■ C'est à la poésie de « rémunérer le défaut des langues » (Mallarmé), ce que Ponge s'engage à faire, en **cherchant le mot et l'expression la plus juste**.

■ Il entame cette « conquête » (« Appendice, I. Pages bis ») pour avancer dans « la connaissance et l'expression » (« Le Carnet du Bois de Pins ») et être au plus près du sujet qu'il s'est choisi.

2 Réinventer la langue

■ Pour scruter l'objet, il lui faut **transformer radicalement** le fonctionnement même du langage : « L'entrechoc des mots, les analogies verbales sont *un* des moyens de scruter l'objet. » (« Berges de la Loire »)

■ Ponge s'aide aussi du dictionnaire dont il ausculte et retranscrit les définitions. Elles constituent le matériel de travail avec lequel il construit ses propres **textes-définitions** : « Je n'arriverai donc pas trop tard. Tout est à dire. On s'en doutait. » (« Notes prises pour un oiseau »)

DÉFINITIONS
Un mot est défini comme un signe arbitraire à deux faces indissociables : le **signifiant** (la forme phonétique et graphique) et le **signifié** (le sens qu'on lui accorde). L'ensemble désigne un objet du monde, le **référent**.

■ Par cette « conquête » de l'objet et son travail sur la langue, Ponge souhaite atteindre « un **monde nouveau** où les hommes, à la fois, et les choses connaîtront des rapports harmonieux : voilà mon but poétique et politique. » (Conversation avec le pasteur Jacques Babut).

zoOm

Le lithographe et le poète

La lithographie est une technique qui permet la reproduction d'un dessin réalisé sur une pierre calcaire. Pour Ponge, admiratif du travail de Braque, cette pratique permet de donner vie et autonomie à la matière. C'est en quelque sorte l'objet qui crée l'œuvre, conformément à ce qu'il cherche à obtenir dans ses écrits.

Braque lithographe, préface de Francis Ponge, 1963.

10 Hélène Dorion, *Mes forêts*

En bref *Dans ce recueil de poésie contemporaine, on suit l'auteure dans le monde vibrant, signifiant et sensible des forêts.*

I Premiers repères

1 L'auteure et le contexte

- Québécoise, née en 1958, poétesse, romancière, essayiste, Hélène Dorion est une écrivaine francophone très présente dans la vie littéraire de son pays : elle participe à des revues et reçoit de nombreux prix. Traduite en une quinzaine de langues, sa renommée est internationale.

- Dans ses recueils, elle associe souvent poèmes et photo, peintures, ou dessins. Elle publie aussi de nombreux livres d'artistes en collaboration avec divers plasticiens.

POUR ALLER + LOIN
Des **pièces musicales** ont accompagné l'écriture de *Mes forêts*. L'auteure les a rassemblées dans une liste de lecture intitulée *Hélène Dorion-Mes forêts*, accessible sur Spotify.

2 La composition de l'œuvre

- *Mes forêts* est un recueil de 59 poèmes organisés en quatre sections : « L'écorce incertaine », « Une chute de galets », « L'onde du chaos », « Le bruissement du temps ». La dernière section est subdivisée en trois : « Avant l'aube », « Avant l'horizon », « Avant la nuit ». Cinq poèmes supplémentaires, tous intitulés « Mes forêts », s'intercalent entre chaque section.

- Le recueil joue sur le rythme en alternant le long et le court. La première section est composée de vingt-cinq poèmes courts, titrés ; la deuxième ne présente qu'un seul long poème ; la troisième est composée de trente poèmes plus ou moins longs non titrés ; la dernière, de trois longs poèmes titrés.

- Chaque section s'ouvre sur une citation en exergue, chacune étant écrite par une auteure contemporaine et disposée sur deux lignes. On peut les lire à la suite les unes des autres ; elles forment alors une sorte de litanie répétant inlassablement le questionnement du sens de la vie.

II Des clés pour l'analyse

1 Des poèmes qui se répondent entre eux

- L'absence de ponctuation, de majuscule en début de vers, les enjambements et l'utilisation particulière du blanc graphique font qu'on ne sait plus très bien si nous lisons un nouveau poème ou la suite du précédent ; d'autant plus quand les poèmes ne sont pas titrés, comme dans « L'onde du chaos ».

■ Dans le cas des poèmes titrés, le titre peut parfois se lire comme le début du premier vers, parfois non. Parfois, on se demande si on lit le **début ou la fin** d'une phrase : « *Le feu*/qu'on entend venir » (« Le feu »).

■ Par ces choix, Hélène Dorion veut nous faire comprendre que la forêt forme un tout dont les **éléments s'interpénètrent** et dépendent les uns des autres. La forêt est à « l'image de notre monde ». Elle est en même temps **réconfort et menace**.

2 La place du « je »

■ Le déterminant possessif du titre du recueil marque l'**appropriation**. Cependant il ne s'agit pas d'une revendication de propriété, mais plutôt d'une **double appartenance** : la manière propre à l'auteure de voir et vivre les forêts et ce que les forêts « déchiffre[nt] » en elle.

■ Poésie à la première personne, interrogation sur soi, communion avec la nature, évocation de l'écoulement du temps, on trouve là tous les éléments du **registre lyrique**.

3 Un lyrisme inscrit dans « la chambre du siècle »

■ Mais ce retour vers l'intime n'exclut pas l'**évocation du monde et de ses perturbations**. Il y est question du « portable », de « l'ère numérique », de l'« amas de choses jetables » et des « alarmes du siècle ».

■ Le « je » de la poétesse se fond ainsi dans un « nous » collectif qui dit la **perte des repères** dans ce « temps de foudre et de lambeaux », de « biles et d'éboulis ». La révolte contre les ravages du monde s'exprime avec force dans « L'onde du chaos ».

zoOm

Repères pour la lecture du recueil

	Thèmes	Impressions
Mes forêts		
L'écorce incertaine	Le monde de la forêt	À l'écoute des forêts
Mes forêts		
Une chute de galets	L'écoulement du temps	L'attention aux bruits infimes du monde
Mes forêts		
L'onde du chaos	Les perturbations du monde	L'inquiétude
Mes forêts		
Le bruissement du monde	La création et l'histoire du monde	Une plongée vertigineuse dans l'histoire de l'humanité
Mes forêts		

11 La poésie, la nature, l'intime

En bref *Dans* Mes forêts, *la poésie porte la voix de la nature qui questionne l'homme sur son histoire et sur celle du monde. Hélène Dorion joue de toutes les ressources de la poésie pour tenter d'approcher du monde complexe de la nature.*

I La nature, une poétique

1 Un inventaire poétique

- La forêt, élément de la nature, est elle-même composée d'**éléments qui sont énumérés** dans la première section du recueil. La suite des titres se lit comme un long poème traversant et structurant le recueil.

POUR ALLER + LOIN
Dans *Le Parti pris des choses* (1942), Francis Ponge (1899-1988) répertorie le monde des choses (pain, cageot, huître...) et choisit le poème en prose pour être au plus près de l'objet décrit.

- Pour décrire ces éléments, Hélène Dorion choisit le vers libre dans une forme proche du haïku (→ ZOOM) : c'est par exemple le cas de la deuxième strophe du poème « Le tronc ».

2 Une approche métaphorique

- Le pluriel du titre l'annonce, la forêt de l'auteure est plurielle, changeante. Elle est difficile à cerner et ne peut se réduire à une seule approche.
- C'est pourquoi les cinq poèmes « Mes forêts » commencent par l'anaphore « mes forêts sont... » suivie de définitions métaphoriques : «... de longues traînées de temps », «... un champ silencieux », «... des bêtes qui attendent la nuit », «... le bois usé d'une histoire », «... de longues tiges d'histoire ».

3 Des réseaux synesthésiques

- De vastes réseaux synesthésiques parcourent le recueil, c'est le cas par exemple dans « Le houppier » :
  - matière + couleur + son (« les nuages chuchotent ») ;
  - couleur + toucher (« la lumière éblouit la montagne/dessine des espoirs/dans la neige ») ;
  - son + toucher (« à l'oreille des pierres »).
- L'évocation des « mâts », du « champ de colonnes », d'« une vaste cité de bois », dont la poétesse « déchiffre » les signes, fait écho au sonnet « Correspondances » de Baudelaire : « La nature est un temple où de vivants piliers/Laissent parfois sortir de confuses paroles ;/L'homme y passe à travers des forêts de symboles/Qui l'observent avec des regards familiers. »

II La nature, miroir de nos vies

1 Du poème épique à la forme fragmentée

DÉFINITION
Les récits de la création du monde sont des **cosmogonies**. Le poète grec Hésiode (VIIIe siècle av. J.-C.) expose la généalogie des dieux (théogonie) et leur rôle dans la naissance du monde.

■ La nature, vivante, est tributaire du temps. Hélène Dorion emprunte la forme épique, pour raconter la **création du monde** (« Avant l'aube »), l'histoire des hommes (« Avant l'horizon ») et une histoire plus personnelle (« Avant la nuit ») qui s'insère dans « la longue marche du savoir », de l'âge d'or à l'ère numérique.

■ À l'inverse, dans « Une chute de galets », la poétesse choisit une forme fragmentée pour faire entendre l'écoulement du temps : répétition d'un distique (« c'est le bruit du monde/l'écoulement du temps ») et jeu mimétique.

2 Un lyrisme retenu, à la recherche du sens

■ Le « je » de la poétesse écoute, déchiffre, s'interroge, sans jamais tomber dans le lyrisme romantique d'un poète comme Lamartine (1790-1869) qui demande à la nature de conserver le souvenir de son amour perdu.

■ Le recueil se clôt en évoquant le pouvoir de la poésie qui devient la voix de la nature à la recherche du sens : « un poème murmure/un chemin vaste et lumineux/qui donne sens/à ce qu'on appelle *humanité* ».

3 « Prendre le large vers moi-même »

■ La relation avec la nature est fusionnelle. Les forêts « entendent nos rêves/et nos désenchantements » et deviennent le double de la poétesse.

■ L'immersion dans la nature permet un retour sur soi (« les forêts creusent/parfois une clairière/au-dedans de soi »). Ce rapport à la connaissance de soi s'exprime dans un beau paradoxe : « prendre le large/vers moi-même », un nouveau « Connais-toi toi-même » que l'on pourrait inscrire au fronton des forêts.

zoOm

Un exemple de haïku

Un haïku est un poème japonais de trois vers, qui comporte un terme renvoyant à une saison et deux images. Il est construit sur le rythme 5/7/5.

Sur cette estampe, on lit le haïku suivant :
« Tranquillement, tranquillement,
les roses des montagnes jaunes tombent –
le bruit des rapides » (Matsuo Bashō).

Illustration d'un haïku de Matsuo Bashō, 1688.

MÉMO VISUEL

LES ŒUVRES

L'œuvre

Cahiers de Douai, Rimbaud (1870)

- **Contexte :** Second Empire, guerre franco-prussienne de 1870
- **Structure :** recueil de 22 poèmes, avec une majorité de sonnets
- **Tonalités :** lyrique, satirique, épique

Le parcours

Émancipations créatrices

- Rimbaud exprime sa **révolte** contre toute petitesse de vue, que ce soit celle de la bourgeoisie ou celle de la politique menée par Napoléon III.
- Le jeune poète joue avec les codes de la poésie, invente un **lyrisme nouveau**, teinté d'autodérision, et revendique la « liberté libre ».

L'œuvre

La rage de l'expression, Ponge (1952)

- **Structure :** 7 pièces
- **Thèmes :** éléments de la nature tels que la Loire, la guêpe, l'œillet, le bois de pins…
- **Visée :** décrire l'élément au plus près de sa réalité, trouver l'expression juste

Le parcours

Dans l'atelier du poète

Poète autant que « savant », Ponge nous fait entrer dans son laboratoire et nous livre ses **recherches** et **expérimentations** avec le langage.

AU PROGRAMME

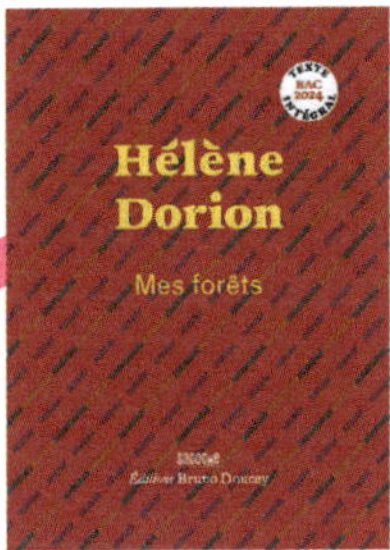

L'œuvre

***Mes forêts*, Hélène Dorion (2021)**

- **Contexte :** époque marquée par le dérèglement climatique et la puissance de la technologie
- **Structure :** 4 sections séparées chacune par un poème intitulé « Mes forêts »
- **Thèmes :** le monde vibrant et sensible des forêts et les menaces du monde

Le parcours

La poésie, la nature, l'intime

- Par son **approche plurielle** des forêts, la poétesse fait résonner entre eux tous les éléments de la nature.
- Le recueil évoque également ses forêts intérieures et se rattache ainsi à la poésie lyrique. Sa **quête d'identité** conduit au « nous » : la poétesse partage ses craintes et ses espoirs face aux **menaces de l'époque**.

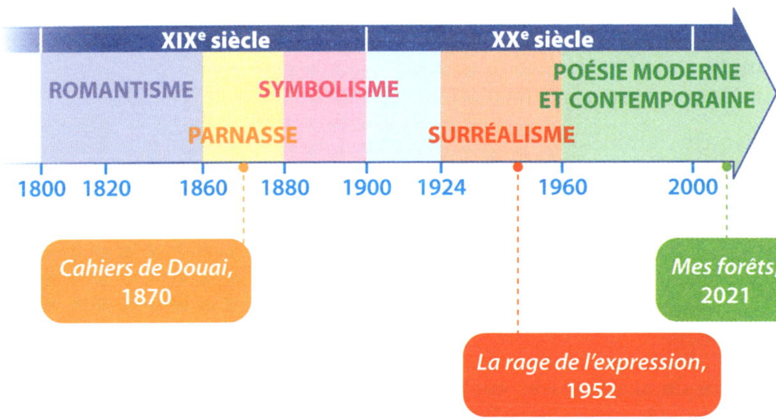

SUJET 1 | OBJECTIF BAC

EXPLICATION DE TEXTE 20 min

Hélène Dorion, *Mes forêts* (2021), poème inaugural

Le premier poème du recueil donnerait-il la clé pour pénétrer dans les forêts d'Hélène Dorion ?

LE SUJET

■ **Lisez le poème à voix haute. Puis expliquez-le.**

Avec ce poème, Hélène Dorion ouvre tout à la fois son recueil et annonce la première section, « L'écorce incertaine ».

Mes forêts sont de longues traînées de temps
elles sont des aiguilles qui percent la terre
déchirent le ciel
avec des étoiles qui tombent
comme une histoire d'orage
elles glissent dans l'heure bleue
un rayon vif de souvenirs
l'humus de chaque vie où se pose
légère   une aile
qui va au cœur

mes forêts sont des greniers peuplés de fantômes
elles sont les mâts de voyages immobiles
un jardin de vent où se cognent les fruits
d'une saison déjà passée
qui s'en retourne vers demain

mes forêts sont mes espoirs debout
un feu de brindilles
et de mots que les ombres font craquer
dans le reflet figé de la pluie

mes forêts
sont des nuits très hautes

Hélène Dorion, *Mes forêts*, poème inaugural (2021) © Éditions Bruno Doucey.

■ **Question de grammaire.** Analysez la proposition relative (v. 2 à 5) : « qui percent la terre/déchirent le ciel/avec des étoiles qui tombent/comme une histoire d'orage ».

LES CLÉS POUR RÉUSSIR

Faire une lecture expressive

- Faites bien entendre l'anaphore des débuts de strophes.
- En étant attentif au rythme, faites sentir la nostalgie qui se dégage de ce poème.

Situer le texte, en dégager l'enjeu

- Il s'agit du poème d'ouverture.
- Comment la thématique du temps y est-elle développée ?

Organiser l'explication

1 Le temps cosmique (v. 1-10)

- Soyez attentif au rapport concret/abstrait dans les deux premiers vers.
- Comment passe-t-on d'une certaine violence à une grande douceur ?

2 Le temps intime (v. 11-15)

- Comment entre-t-on dans un univers plus intime ?
- Intéressez-vous à la manière dont est évoqué le cycle du temps.

3 L'heure des doutes (v. 16-21)

- Quels sont les éléments qui évoquent la foi en l'avenir ?
- Quels sont les éléments qui montrent la fragilité et la tristesse ?

Répondre à la question de grammaire

Quelle est la particularité des deux propositions relatives des vers 2 à 5 ?

LE CORRIGÉ

Les titres en couleur ou entre crochets ne doivent pas figurer sur la copie.

Introduction

[présenter le contexte] Le recueil *Mes forêts* est composé de quatre sections. Chacune est ouverte par un poème intitulé « Mes forêts ». Un dernier poème, au même titre, clôt le recueil. Ils forment comme un chant répétitif et pourtant à chaque fois différent. **[présenter le texte]** Le premier poème « Mes forêts » a une double fonction : il ouvre le recueil et prépare à la lecture de la première section. **[en dégager l'enjeu]** Chacune des strophes de ce poème d'ouverture associe les forêts à une temporalité : celle de la nature, celle, plus intime, liée au passé et à la rêverie, et celle qui se projette dans un futur incertain.

I. Le temps cosmique (v. 1 à 10)

1. « Mes forêts », métaphores du temps (v. 1 à 5)

- La métaphore du vers 1 associe un élément concret, les forêts, à une **abstraction**, le temps, lui-même rendu concret par le nom dont il est le complément, « traînées ». Le temps s'installe dans un **espace horizontal**, par contraste avec les forêts dressées à la verticale. L'adjectif « longues » étend le temps comme une brume recouvrant les forêts, ce que traduit l'hendécasyllabe (onze syllabes) dont la coupe, après la septième syllabe, ralentit le rythme.
- Le vers 2 précise la première métaphore. Comparé (« forêts ») et comparant (« aiguilles ») relèvent du même domaine (aiguilles du pin) ; les aiguilles, qui sont aussi celles de l'horloge, réactivent la métaphore temporelle. Étrangement, elles « percent la terre », dans un **mouvement vertical** dirigé vers le bas et « déchirent le ciel » en un mouvement inverse.
- Par l'association des deux verbes *percer* et *déchirer*, les aiguilles-arbres se font **armes pointues** dont sont victimes la terre et le ciel : « les étoiles tombent » dans un **cataclysme cosmique**. Mais cette violence est adoucie par l'hexasyllabe du vers 5 qui en fait une simple « histoire d'orage ».

2. Ce que font les forêts au temps (v. 6 à 10)

- Malgré l'absence de ponctuation, la reprise du pronom « elles » (v. 6) marque un début de phrase. Les forêts agissent, on suit leur action. « L'**heure bleue** » précise la temporalité. Le « rayon vif de souvenirs » s'oppose à la nuit et au chaos.

> **MOT CLÉ**
> L'**heure bleue** correspond au moment précis, entre le jour et la nuit (à l'aube ou au crépuscule), où la lumière est d'un bleu intense qui met en valeur les zones d'ombre.

- Le v. 8 est ambigu : le groupe nominal « l'humus de chaque vie » est-il un complément du verbe « glissent » ou vient-il en apposition au « rayon vif de souvenirs » : les souvenirs (le passé) **fertiliseraient-ils la vie** ?
- La strophe se termine sur un **jeu graphique** (blanc séparant l'adjectif « légère » du nom qu'il caractérise « aile »), **rythmique** (pause entre l'adjectif et le nom) et **sonore** (reprise du son [ɛ]). La brièveté des vers 9 et 10, en opposition avec la longueur des vers 1 et 2, met en évidence l'émotion qui remue le « cœur » à l'évocation du **renouvellement de la vie**.

II. Le temps intime (v. 11 à 15)

- La deuxième strophe comprend trois **métaphores** : les v. 11 et 12 reprennent la structure syntaxique de la première strophe. Le v. 13 introduit directement la troisième métaphore, en faisant l'ellipse de « elles sont ».
- L'espace est d'abord intime, c'est celui de la **maison** (« greniers »). Puis, il s'élargit aux **voyages mais immobiles** (faisant place aux rêves) comme l'est la forêt, dont les arbres sont comparés aux mâts des bateaux (évoquant la mobilité). Un **univers familier et rassurant** revient ensuite. Pourtant, le jardin devient dangereux et mobile : le vent fait se cogner les fruits.
- « fruits » en contre-rejet annule le sens concret du vers 13 ; on se heurte à une impossibilité logique : liés au passé, les fruits ne peuvent plus se cogner.

▸ La lecture se fait métaphorique : « passée » et « demain » placés à la rime indiquent un mouvement d'aller-retour entre le passé et l'avenir. Le présent est le fruit du passé et s'ouvre vers l'avenir : c'est le **cycle de la vie**.

III. L'heure des doutes (v. 16 à 21)

> **À NOTER**
> Notez que le poème va **s'amenuisant** : 1 dizain, 1 quintil, 1 quatrain, 1 distique, dans un mouvement qui va du cosmos au « je » de la poétesse.

1. Un paysage incertain (v. 16 à 19)

▸ Le vers 16 relance le poème dans une **énergie tournée vers l'avenir** ; l'indéfini laisse place au possessif. Il ne s'agit plus d'une métaphore générale, mais d'une équivalence personnelle. Le vers 17 brise l'optimisme du vers qui le précède : les espoirs sont un « feu de brindilles » ; à moins que ce ne soit les forêts : la syntaxe permet les deux interprétations.

▸ La phrase se prolonge aux vers suivants et continue son **effet déceptif** : les espoirs ne sont que des mots qui se mêlent au « feu de brindilles » et « que les ombres font craquer ». Le **paysage est immobile** : « figé » s'oppose à « espoir ».

2. Une formule ambiguë (v. 20 à 21)

▸ Les vers 20 et 21 forment un octosyllabe coupé de manière à isoler « mes forêts » : est-ce une nouvelle définition ou un renvoi au recueil lui-même ?

▸ Les « nuits très hautes » semblent condenser tout le sens du poème : **verticalité** des forêts, **ambiguïté** du sens à accorder à « nuits très hautes » qui assemblent le positif et le négatif en une seule formule.

Conclusion

[faire le bilan de l'explication] Ce poème d'ouverture sur le temps, à la fois universel et intime, tendu vers l'avenir et plein du passé, joue sur les oppositions, alterne violence et émotion et laisse le sens incertain. **[mettre le texte en perspective]** En cela, il annonce la section « L'écorce incertaine ». Il est possible aussi de le mettre en regard avec le poème final dans lequel on retrouve la métaphore temporelle des aiguilles : « des aiguilles qui tournent/à travers les saisons ». Le temps est un des thèmes essentiels du recueil d'Hélène Dorion.

Répondre à la question de grammaire

« elles sont **des aiguilles** [qui percent la terre/déchirent le ciel/avec des étoiles [qui tombent/comme une histoire d'orage]] »

La première relative, régie par la proposition principale « elles sont des aiguilles », est introduite par le pronom relatif sujet « qui » dont l'antécédent est « des aiguilles ». Elle s'organise autour des verbes « percent » et « déchirent ».

La seconde, régie par la première, est introduite par le pronom relatif sujet « qui » dont l'antécédent est le GN « des étoiles ». Elle s'organise autour du verbe « tombent ».

Les deux relatives sont **adjectives** et sont insérées l'une dans l'autre.

DES QUESTIONS POUR L'ENTRETIEN

Lors de l'entretien, vous devrez présenter une autre œuvre que vous avez lue au cours de l'année. L'examinateur introduira l'échange et peut vous poser quelques questions sous forme de relances. Les questions ci-dessous ont été conçues à titre d'exemples.

1 Je vous remercie pour votre présentation des *Méditations poétiques* de Lamartine. En quoi ce recueil porte-t-il bien son titre ?

Les 24 poèmes du recueil de 1820 sont à la première personne. Le poète, souvent solitaire, se parle ou s'adresse à un être absent. Il mène des réflexions sur des sujets divers comme la mort (« L'automne »), la religion (« Dieu »), le temps passé (« Adieu »), ou glorifie la nature (« Hymne au soleil »).

2 Pourquoi ce recueil a-t-il sa place dans le parcours au programme ?

Ce recueil relève du registre lyrique qui lie expression de soi et thématiques de la nature, de l'amour et de la mort. Or, le parcours, qui met en relation poésie, nature et intime, semble en lui-même proposer une définition du lyrisme.

3 Qu'est-ce qui peut le différencier de *Mes forêts* d'Hélène Dorion ?

C'est précisément le type de lyrisme. Celui d'Hélène Dorion est plus discret. Malgré l'insistance du possessif « mes » dans le titre de son recueil, la poétesse semble s'effacer devant son sujet.

SUJET 2 | OBJECTIF MENTION

DISSERTATION 4 h

L'expression de la révolte dans les *Cahiers de Douai*

Dès ses seize ans, Rimbaud fait reconnaître son talent par des poètes influents. Qu'ont donc de si particulier ses poèmes pour les intéresser ainsi ?

LE SUJET

On dit de Rimbaud qu'il est un poète de la révolte : comment s'exprime-t-elle dans les *Cahiers de Douai* ?

Vous répondrez à cette question dans un développement organisé en vous appuyant sur les *Cahiers de Douai*, sur les textes que vous avez étudiés dans le cadre du parcours associé et sur votre culture personnelle.

LES CLÉS POUR RÉUSSIR

Analyser le sujet

- **On dit :** unanimité qui peut laisser place à la discussion ou aux nuances.
- **révolte :** présuppose des contraintes dont il faut se libérer.
- **comment s'exprime-t-elle ? :** les différentes expressions de la révolte.
- **les *Cahiers de Douai* :** ce sont les premiers poèmes de Rimbaud, il a seize ans quand il les écrit.

Dégager la problématique

C'est un adolescent à l'étroit dans son univers familial, scolaire, social, conscient des enjeux politiques de son époque, qui écrit les poèmes qui composent les *Cahiers de Douai*. On peut se demander comment Rimbaud se libère de tous ces liens dans son écriture poétique.

Construire le plan

1 Comment se défaire des modèles littéraires ?	▸ Demandez-vous quels sont les poèmes qui s'apparentent à des formes poétiques déjà vues. ▸ Comment Rimbaud y appose-t-il sa marque ?
2 Les thématiques du refus	▸ Recensez les poèmes dans lesquels Rimbaud exprime une révolte et demandez-vous contre quoi elle s'exerce. ▸ De quelle manières exprime-t-il sa révolte ?
3 Une liberté créatrice	▸ Intéressez-vous aux poèmes qui chantent la liberté. ▸ Montrez quelles libertés Rimbaud prend avec la langue et les règles de versification.

LE CORRIGÉ

Les titres en couleur ou entre crochets ne doivent pas figurer sur la copie.

Introduction

[amorce] C'est un adolescent à l'étroit dans son univers familial, scolaire, social et conscient des enjeux politiques de son époque qui écrit les poèmes composant les *Cahiers de Douai*. **[citation du sujet]** On dit de lui qu'il est un poète de la révolte. **[problématique]** On peut se demander comment Rimbaud se libère de tous ces liens dans son écriture poétique et cela dès ses premiers poèmes qui composent les *Cahiers de Douai*. **[annonce du plan]** Nous verrons d'abord comment le poète parvient à se démarquer de l'influence de ses prédécesseurs ; puis nous traiterons des différents thèmes qui font le socle de ses révoltes ; enfin, nous verrons comment il crée sa propre voix poétique à la recherche d'une nouvelle langue.

I. Comment se défaire des modèles littéraires ?

LE SECRET DE FABRICATION

Rimbaud, au cours de sa scolarité, a composé des vers en latin, lu de nombreux poèmes et découvert les poètes contemporains. Mais ce que montre cette première partie, c'est que, si dans les *Cahiers de Douai,* certains poèmes portent l'empreinte de ses prédécesseurs, on y voit déjà poindre la manière de Rimbaud.

1. L'empreinte des anciens

- « Soleil et chair », long poème construit sur le **modèle latin**, chante la création du monde par les dieux de la mythologie. Mais, dans « Venus Anadyomène », le poète montre son **insolence** en faisant de Vénus un personnage repoussant.
- Dans « Ophélie », poème à la césure régulière et au rythme lent, Rimbaud semble s'aligner sur les poètes romantiques qui ont souvent repris la figure d'Ophélia, personnage de *Hamlet* de W. Shakespeare. Mais le huitième quatrain éclate avec **violence** dans une **vision poétique** : « Ciel ! Amour ! Liberté ! Quel rêve, ô pauvre Folle !/Tu te fondais à lui comme une neige au feu :/Tes grandes visions étranglaient ta parole/- Et l'Infini terrible effara ton œil bleu ! »
- Rimbaud s'empare aussi du Tartuffe de Molière dans « Le Châtiment de Tartufe », mais va plus loin que le dramaturge. Il fait le portrait d'un personnage répugnant, en montre l'**obscénité**, et par-delà, celle de la religion hypocrite derrière laquelle Tartuffe se cache.

2. L'influence des modernes

- Rimbaud, en envoyant ses poèmes à Théodore de Banville, cherche à se faire publier dans la revue *Le Parnasse contemporain*. Il doit donc faire **allégeance** au Parnasse tout en affirmant sa **différence**.
- Or, si les références mythologiques de « Soleil et chair » s'inscrivent bien dans la veine parnassienne, « Bal des pendus », poème **réaliste** et **grimaçant** va à l'encontre des principes du Parnasse qui s'érige contre le réalisme et la laideur.
- Rimbaud admire Baudelaire. Il existe des similitudes entre « Le Buffet » de Rimbaud et « **le gros meuble à tiroirs** » de Baudelaire (Spleen LXXVI). Mais si Baudelaire en fait la métaphore de son « triste cerveau », Rimbaud en révèle avec plaisir les secrets comme s'il feuilletait un vieux livre d'histoires.

POUR ALLER + LOIN

« Un gros meuble à tiroirs encombrés de bilans,/De vers, de billets doux, de procès, de romances,/Avec de lourds cheveux roulés dans des quittances,/Cache moins de secrets que mon triste cerveau. »

Baudelaire, *Les Fleurs du mal*, « Spleen et Idéal », 1857.

[transition] C'est donc dans la reprise et la réappropriation que Rimbaud s'émancipe des influences littéraires qui ont nourri sa culture poétique. Mais cette émancipation s'exprime aussi dans le choix des thèmes traités.

II. Les thématiques du refus

LE SECRET DE FABRICATION
Dans cette partie, on se demande contre quoi s'exercent les révoltes du poète et comment sa poésie lui permet de les exprimer. Il faudra être attentif à la forme et au fond.

1. La mesquinerie bourgeoise tournée en dérision

- « À la musique » est composé comme un **diptyque**. Les six premiers quatrains font un tableau sans pitié des « bourgeois poussifs ». Le gandin, le notaire, les rentiers, les employés de bureau, leur femme, les épiciers et même les voyous, nul n'échappe au **regard méprisant du poète.**
- Ils sont méprisables dans leur aspect physique qui montre leur suffisance et dans la **petitesse** de leurs préoccupations liées à l'**argent** et à l'**apparence**.
- À l'inverse, l'autoportrait de Rimbaud, au rythme plus vif, le montre en **étudiant débraillé**. Nul besoin, comme les pioupious, de caresser les bébés ou de parler pour enjôler les bonnes, le jeu des regards suffit pour exprimer le désir.

2. Les attaques contre Napoléon III, le politique, la religion

- En 1870, date des *Cahiers de Douai*, Napoléon III est Empereur des Français et déclare la guerre aux Prussiens. Rimbaud montre son **opposition à Napoléon III et à la guerre franco-prussienne** dans plusieurs sonnets.
- Il utilise la structure du sonnet pour **dénoncer les prétentions bonapartistes**. Dans « Morts de Quatre-vingt-douze... », il exalte l'héroïsme des soldats morts pour les idéaux de la Révolution française (onze premiers vers) et réserve la chute pour dénoncer la manipulation des bonapartistes. Dans « L'Éclatante Victoire de Sarrebrück », le poète achève de ridiculiser l'Empereur dans les deux tercets.
- C'est aussi sous la forme du sonnet qu'il **s'attaque à l'Empereur de manière directe** – « Rages de Césars » – ou **indirecte** – « Le Mal », dans lequel sont mis en accusation et le Dieu qui se rit de la guerre et l'Empereur qui l'a déclarée.

3. La dénonciation de la misère sociale

- Dans « Le Forgeron », Rimbaud reprend une anecdote historique et dresse un tableau précis des rapports de classe entre paysans, ouvriers et la noblesse qui abat toute sa puissance sur les classes pauvres et les maintient dans la misère.
- Le poème « Les Effarés » montre les enfants pauvres, affamés et gelés regardant le boulanger cuire son pain dans la chaleur de son fournil. Ils n'ont droit ni à la chaleur ni au pain, mais au « vent d'hiver ».
- « Le Forgeron », en alexandrins réguliers, à la forme emphatique, est une **accusation argumentée** ; « Les Effarés », composé de tercets de deux octosyllabes et d'un tétrasyllabe, joue sur l'**émotion**. Les tétrasyllabes forment un poème interne.

[transition] Nous avons vu les principaux thèmes sur lesquels Rimbaud exerce sa critique et la manière dont il ajuste sa voix à la thématique traitée, mais il prend aussi d'autres voies pour clamer son goût pour la liberté.

III. Une liberté créatrice

LE SECRET DE FABRICATION

Il ne s'agit plus de retravailler d'anciens modèles en les marquant de son sceau propre, ni de dénoncer l'état du monde, mais bien de revendiquer une liberté créatrice absolue. C'est ce que cette troisième partie s'attache à montrer.

1. « La liberté libre »

- Cette révolte contre toutes les autorités et les injustices va de pair avec la revendication d'une **liberté totale**, comme il l'écrit à Izambard en novembre 1870 : « Que voulez-vous, je m'entête affreusement à adorer la liberté libre. »
- Cette liberté vraiment libre, Rimbaud la trouve dans la **fugue** et le **vagabondage**, dont il raconte des épisodes dans « Au Cabaret-Vert », ou dont il dit le bonheur dans le célèbre « Ma Bohême ».
- Il n'y a ici plus d'attache aux Anciens, d'appropriation ni de prise en compte d'un contexte politique et social, mais une relation totalement **personnelle** au cosmos, à la nature et à l'écoute des **sensations**.

2. Une poésie inventive

- Cette expérience de la liberté contribue à l'invention d'une poésie qui, sous des dehors de légèreté (« Roman »), cherche une « **langue nouvelle** ».

POUR ALLER + LOIN

« En attendant, demandons aux *poètes* du *nouveau*, – idées et formes. Tous les habiles croiraient bientôt avoir satisfait à cette demande. – Ce n'est pas cela ! »

Rimbaud, **Lettre dite du Voyant**, Lettre à Paul Demeny, 15 mai 1871.

- Rimbaud prend des libertés avec la langue, il crée des **néologismes** – on « Robinsonne » (« Roman ») – et emploie des **expressions triviales** relevant d'un lexique familier, voire grossier.
- Dans ses vers, le poète semble s'amuser à **tordre la langue et la syntaxe.** Les nombreux rejets perturbent la cohérence syntaxique, et parfois même le sens : « Tout plein, c'est un fouillis de vieilles vieilleries,/De linges odorants et jaunes, de chiffons/De femmes ou d'enfants, de dentelles flétries » (« Le Buffet »).

Conclusion

[synthèse] Les *Cahiers de Douai* forment un **riche recueil** dans lequel s'expriment les différentes facettes de l'écriture poétique du jeune Rimbaud : réappropriation parfois insolente de la poésie de ses prédécesseurs, révolte ouverte face aux événements et à la société de son époque, revendication d'une liberté totale le menant à la création d'une poésie inventive. **[ouverture]** C'est cette nouvelle poésie qu'il expose dans les Lettres dites du « Voyant » dans lesquelles il porte un jugement critique sur les poètes du XIXe siècle et énonce les principes d'une poésie radicalement nouvelle.

La littérature d'idées, du XVIe au XVIIIe siècle

3 La littérature d'idées : histoire littéraire et outils d'analyse

TEST

Pour vous situer et identifier les fiches à réviser 66

FICHES DE COURS

12 Qu'est-ce que la littérature d'idées ? 68
13 La littérature d'idées aux XVIe et XVIIe siècles 70
14 La littérature d'idées au XVIIIe siècle 72
15 Les stratégies argumentatives 74
16 Analyser un texte d'idées 76
MÉMO VISUEL 78

EXERCICES & CORRIGÉS

• *Gargantua*, Rabelais (1534-1542) 80
• *Les Caractères,* La Bruyère (1688-1696) 81
• L'*Encyclopédie* (1751-1772) 82

TESTEZ-VOUS

→ CORRIGÉS P. 346

Faites le point sur vos connaissances puis établissez votre **parcours de révision** en fonction de votre score.

1 Maîtriser les genres de la littérature d'idées

→ FICHE 12

1. Que désigne l'appellation « littérature d'idées » ?

- ☐ a. les textes qui ne relèvent ni du récit, ni du théâtre, ni de la poésie
- ☐ b. les textes qui défendent un point de vue sur la littérature
- ☐ c. les textes dans lesquels les procédés littéraires sont au service des idées

2. Qu'est-ce qu'un essai ?

- ☐ a. un genre inventé par Montaigne
- ☐ b. un brouillon d'écrivain
- ☐ c. un texte non fictionnel en prose à visée argumentative

3. Qu'appelle-t-on un apologue ?

- ☐ a. un texte qui fait l'éloge d'une personne
- ☐ b. un récit allégorique qui dispense une leçon au lecteur
- ☐ c. un énoncé bref qui formule une vérité morale

4. Que fait un écrivain engagé ?

- ☐ a. Il est impliqué dans son époque et y renvoie dans ses œuvres.
- ☐ b. Il refuse la fiction au profit de genres en lien direct avec la réalité.
- ☐ c. Il publie des lettres ouvertes.

…/4

2 La littérature d'idées des XVIe et XVIIe siècles

→ FICHE 13

1. À quoi reconnaît-on un texte humaniste ?

- ☐ a. Il est écrit en latin.
- ☐ b. Il met l'être humain au centre de sa réflexion.
- ☐ c. Il place toute sa confiance en l'homme.

2. Qui sont les « moralistes » du XVIIe siècle ?

- ☐ a. les défenseurs de la morale
- ☐ b. les observateurs des mœurs
- ☐ c. les auteurs de textes contenant une moralité

3. La devise des auteurs du classicisme est…

- ☐ a. d'instruire, de plaire et d'émouvoir.
- ☐ b. de convaincre, de persuader et de délibérer.
- ☐ c. de châtier les mœurs par le rire.

…/3

3 La littérature d'idées au temps des Lumières

→ FICHE 14

1. Qu'est-ce que l'*Encyclopédie* ?

☐ a. le nom d'un célèbre salon littéraire

☐ b. une entreprise éditoriale qui visait à faire le tour de toutes les connaissances disponibles à l'époque

☐ c. un ouvrage linguistique de référence pour les écrivains

2. Quel est l'intérêt du conte philosophique ?

☐ a. Il transporte le lecteur dans un ailleurs de fantaisie.

☐ b. Il met son auteur à l'abri de la censure.

☐ c. Il met à portée de tous des concepts abstraits de la pensée.

3. L'écriture est un combat sous la plume des Lumières…

☐ a. parce qu'il faut parvenir à échapper à la censure de la Librairie.

☐ b. parce qu'il faut lutter contre l'obscurantisme, le fanatisme religieux, les formes abusives du pouvoir.

☐ c. parce que l'Église a le monopole de l'édition.

…/3

4 Étudier un texte d'idées

→ FICHES 15 et 16

1. Qu'est-ce qu'une thèse ?

☐ a. un argument irréfutable

☐ b. une réponse étoffée à une question

☐ c. une position ou un point de vue que défend le locuteur

2. Quel est le type d'argument utilisé dans la phrase suivante ?

« Il faut que le poète traite son sujet selon le vraisemblable et le nécessaire : Aristote le dit, et tous ses interprètes répètent les mêmes paroles. » (Corneille)

☐ a. un argument d'autorité ☐ b. un argument d'expérience

☐ c. un argument *ad hominem*

3. Quelle différence fait-on entre « convaincre » et « persuader » ?

☐ a. La conviction vise à rallier quelqu'un à sa thèse. La persuasion s'attache à le faire changer d'avis.

☐ b. La conviction fonde l'argumentation sur la raison, la persuasion sur les sentiments.

☐ c. La conviction se fonde sur les passions, la persuasion sur la capacité à former un raisonnement logique.

…/3

Score total …/13

12 Qu'est-ce que la littérature d'idées ?

En bref *La littérature d'idées se définit comme l'ensemble des textes qui ne relèvent ni de la poésie, ni de la fiction narrative ou dramatique. Plus largement, la littérature d'idées désigne tout écrit dans lequel les ressources de la littérature sont au service de l'argumentation.*

I L'argumentation directe

Dans l'argumentation directe, l'auteur défend en son nom un point de vue.

1 Les textes à visée philosophique

- L'essai : il se présente comme un texte hybride, sans ordre apparent, embrassant avec subjectivité divers sujets. Ex. : *Essais* de Montaigne.
- Le traité : réflexion sur un sujet circonscrit, il vise l'exhaustivité.
- Le discours : mise en forme écrite de la pensée, il traite une question de manière ordonnée, suivant les règles de l'**art oratoire**. Ex. : *Discours sur l'origine et les fondements de l'inégalité parmi les hommes* de Rousseau.

> **À NOTER**
> L'**art oratoire**, né dans l'Antiquité, impose de distinguer l'invention (recherche des arguments), la disposition (agencement de ces arguments), l'élocution (mise en forme stylistique).

- Le dialogue : hérité de Platon, il permet la confrontation des points de vue sous la forme d'une conversation. Ex. : *Le Neveu de Rameau* de Diderot.
- La maxime : pensée exprimée de manière brève et incisive. Ex. : *Maximes et réflexions diverses* de La Rochefoucauld.

2 Les textes à dimension polémique

- Le pamphlet : sous-genre qui relève du discours épidictique, il verse couramment dans le blâme ou la satire.
- Le portrait : lié à l'esthétique de la conversation, il fait l'éloge ou le blâme d'une personne à travers une prose travaillée. Il se déploie aussi dans les oraisons funèbres et les mémoires.
- La lettre ouverte : écrit public, elle se prête à l'expression d'un débat et appelle parfois une réponse. Ex. : « J'accuse » de Zola.

3 Les textes à ambition esthétique

- Le manifeste littéraire : il constitue une déclaration par laquelle une personne ou un groupe présente ses conceptions esthétiques.
- La correspondance d'écrivains : destinée ou non à être publiée, elle offre un témoignage vivant sur la conception de la littérature des épistoliers.

II L'argumentation indirecte

1 L'apologue

■ La **fable** : ce court récit de fiction illustre une morale par l'intermédiaire d'animaux ou d'humains.

> **À NOTER**
> Du grec *apologos*, « récit détaillé », le mot « **apologue** » désigne un court récit allégorique qui renferme un enseignement, une leçon de morale pratique.

■ Le **conte** : merveilleux ou philosophique, il raconte une histoire qui illustre un précepte de sagesse.

■ **L'utopie** : elle décrit une société idéale dont l'organisation est une critique indirecte de la société contemporaine de l'auteur.

2 Dans les genres narratif, dramatique et lyrique

■ Le **roman** : « à thèse » ou non, on peut considérer que derrière la fiction qu'il élabore, il est porteur d'idées sur le monde réel. Les paroles rapportées des personnages, leur portrait ou les commentaires du narrateur peuvent avoir une dimension argumentative.

■ Le **théâtre** : le dialogue constitue un lieu possible d'affrontements de points de vue ; le monologue, lorsqu'il se fait délibératif, peut offrir l'occasion d'une mise en balance d'arguments.

■ La **poésie** : engagée ou lyrique, elle voit le sujet de l'énonciation prendre position, répondre aux attaques, dénoncer les torts.

zoOm

L'École d'Athènes de Raphaël

L'École d'Athènes, Raphaël, 1509-1510.

De Platon à Pythagore, ce tableau rassemble nombre de penseurs de l'Antiquité et des peintres de la Renaissance italienne. La représentation figure le dialogue des idées et des générations.

13 La littérature d'idées aux XVIe et XVIIe siècles

En bref *À la fin du Moyen Âge, l'humanisme voit s'épanouir une littérature d'idées en prise avec son époque. Au XVIIe siècle, l'instauration de l'absolutisme, sous le règne de Louis XIV, accompagne la fondation de nouvelles normes morales et littéraires incarnées par le classicisme.*

I L'humanisme : l'homme au cœur de la littérature d'idées

1 Montaigne : l'invention de l'essai

■ Les *Essais* de Montaigne paraissent entre 1580 et 1595. Cette œuvre hybride, mêlant autobiographie et réflexions diverses, et composée de trois livres grossis au fil des ans par des ajouts successifs, fait entendre une voix singulière : celle d'un moi qui se prend comme matière de ses écrits, celle d'une conscience qui s'étudie elle-même, celle d'un humaniste qui voit en chaque individu un représentant de « l'humaine condition ».

■ L'essayiste met à l'épreuve ses jugements loin de toute certitude. C'est qu'en effet l'optimisme confiant des débuts de l'humanisme, mis à mal par la conquête coloniale et les conflits religieux, a laissé place chez lui au scepticisme.

2 Rabelais : la pensée humaniste en acte

■ Dans *Gargantua* (1535) et *Pantagruel* (1532), Rabelais met en scène la vie de deux géants, père et fils. L'accent est mis sur leur formation, occasion pour le romancier de livrer un exposé aussi comique que polémique sur les principes et valeurs de l'humanisme.

■ Derrière le rire né du grotesque des personnages et des situations, le lecteur est invité à la réflexion et initié à une forme de sagesse.

MOT CLÉ
L'**humanisme** est un mouvement culturel né en Italie, qui s'épanouit au XVIe siècle en France. Les humanistes étudient les textes antiques et font de l'homme le centre de leurs réflexions.

3 La naissance d'une littérature engagée

■ Les guerres de Religion (1562-1598) qui ravagent la France voient naître des textes dans lesquels les écrivains s'engagent et prennent parti pour leur camp.

■ Ronsard, poète de la Pléiade, se fait le champion du parti catholique dans ses *Discours* (1562-1563). Du côté protestant, Agrippa d'Aubigné livre avec *Les Tragiques* (1616) une peinture pathétique et violente du royaume divisé.

II Le classicisme : le triomphe des moralistes

1 Les genres mondains

- Les **mémoires** sont écrits par ceux qui ont participé aux affaires du monde. La Rochefoucauld, le cardinal de Retz, Saint-Simon témoignent ainsi de leur expérience du pouvoir.
- Le genre du **portrait** se voit doté d'une grandeur particulière par La Bruyère et ses *Caractères* : il décrit des types et non des individus, et fait du portrait une peinture des mœurs.
- Nouvelle forme esthétique, le **fragment** accède à une véritable dignité littéraire. Les *Pensées* de Pascal ou les *Maximes* de La Rochefoucauld constituent des séries d'énoncés indépendants et lapidaires.

À NOTER
À côté des formes courtes persistent celles plus développées et continues, héritières de la rhétorique antique, dont le *Discours de la Méthode* de Descartes est l'illustration.

- Les **correspondances** accomplissent l'ambition classique d'une élégance sans artifice, d'une beauté non fabriquée. Au premier rang, les *Lettres* de Madame de Sévigné ont rapidement constitué un modèle du genre.

2 Instruire et plaire

- Le **théâtre comique** s'emploie lui aussi indirectement à **critiquer les mœurs**, comme chez Molière qui épingle les vices et défauts humains de son siècle. Le paratexte des pièces devient une tribune pour le dramaturge.
- La Fontaine préfère la **fable** et le **détour par la fiction allégorique** : derrière son monde d'animaux et de végétaux, c'est la société humaine et ses égoïsmes qui se voient mis en cause.

zoOm

Les salons littéraires

Au XVIIe siècle se multiplient les salons, souvent tenus par des femmes : on s'y entretient, entre personnes choisies, de littérature, on s'y nourrit de réflexions sur les mœurs. S'y développe un art de la conversation propre à l'honnête homme.

Gravure représentant le salon littéraire de la Marquise de Rambouillet (dont s'inspira Molière pour écrire les *Précieuses ridicules*), 1858.

14 La littérature d'idées au XVIIIe siècle

En bref *En relançant les persécutions contre les protestants, la révocation de l'édit de Nantes (1685) provoque un mouvement de réaction contre l'absolutisme et le fanatisme religieux. Les écrivains philosophes du XVIIIe siècle œuvrent pour lutter contre l'obscurantisme et faire de la raison la lumière qui guide le peuple.*

I Un contexte culturel propice

- Supports essentiels de la diffusion du savoir, les livres voient leur nombre multiplié par trois entre 1700 et 1779. La majorité des ouvrages restent cependant des textes de littérature populaire et religieuse.
- La diffusion des idées des Lumières est assurée autant par des écrits que par des lieux où les écrivains se rencontrent : des salons regroupent auteurs, savants et artistes autour de valeurs communes ; les cafés sont le théâtre de vives discussions politiques ou philosophiques ; les académies se multiplient en province.

II Les idées des Lumières

1 La question religieuse

- Au plan religieux, les philosophes des Lumières s'interrogent sur le rapport de l'homme à Dieu et à l'Église.
- Certains font le choix du déisme, comme Montesquieu et Voltaire, et affirment la croyance en un dieu créateur du monde tout en refusant de se soumettre à une institution et à ses prescriptions en matière de culte.
- D'autres professent un véritable athéisme : Diderot, par exemple, pense que la matière se transforme et s'organise elle-même sans intervention divine.

2 L'organisation politique

- Les penseurs du XVIIIe siècle sont unanimes dans leur condamnation de l'absolutisme ; c'est pourquoi leurs écrits préfigurent la Révolution française.
- Certains, Montesquieu en tête, se prononcent en faveur de la monarchie tempérée où le pouvoir du roi se trouve limité par celui de la noblesse et des parlements.
- D'autres, comme Voltaire et Diderot, soutiennent le principe du despotisme éclairé où la raison seule guide le gouvernement.
- Plus minoritaire, un courant défend l'idée de démocratie avec Rousseau.

ŒUVRE CLÉ
Œuvre majeure des Lumières, ***l'Encyclopédie*** travaille à la destruction des préjugés et des superstitions pour éclairer l'opinion.

III L'apparition de genres argumentatifs nouveaux

Le siècle des Lumières reprend des formes anciennes, comme en témoignent les titres de certaines œuvres : *Discours sur l'origine et les fondements de l'inégalité parmi les hommes* (Rousseau, 1755) ou *Lettres philosophiques* (Voltaire, 1734). Il en réinvente aussi certains.

1 Le conte philosophique

- Sous l'impulsion de Voltaire, le **conte philosophique** devient une arme essentielle des Lumières. Merveilleux et imagé, il met à portée du plus grand nombre des théories scientifiques et métaphysiques jusque-là réservées aux lettrés.
- Sa **forme allégorique** et ses formules souvent ironiques atténuent les atteintes portées aux institutions et au pouvoir, **déjouant** ainsi **la censure**.

2 Les écrits à dimension biographique

- Rousseau donne avec ***Les Confessions*** le **premier exemple d'autobiographie**. À travers le récit de sa vie, il entreprend aussi de se justifier aux yeux de ses détracteurs.
- En dynamisant les règles du genre, Diderot propose des dialogues qui donnent à voir les **multiples facettes du moi** (*Le Neveu de Rameau*, 1891).

zoOm

Un projet titanesque : l'*Encyclopédie*

L'*Encyclopédie* (1751-1772) souhaite faire la somme de toutes les connaissances de l'époque. Elle compte dix-sept volumes d'articles et onze volumes de planches d'illustrations. Près de deux-cents collaborateurs contribuent au projet, parmi lesquels Diderot et d'Alembert.

→ Consultez la version numérique en libre accès : bit.ly/enccre.

15 Les stratégies argumentatives

En bref *La littérature d'idées rassemble des textes dans lesquels un auteur expose et défend son point de vue, de manière directe ou par le détour d'une fiction. Dans tous les cas, une stratégie argumentative est mise en place par l'auteur qui vise à emporter l'adhésion du lecteur par la raison ou les sentiments.*

I Les éléments de l'écriture argumentative

Directe ou indirecte, l'argumentation met en jeu les éléments suivants :

- Le thème est le sujet du débat, de l'argumentation.
- La thèse est la proposition ou position que défend le locuteur.
- L'argument est une proposition reconnue ou donnée comme vraie, qui sert à prouver la thèse soutenue ou à réfuter la thèse rejetée (contre-argument).
- L'exemple vient à l'appui de l'argumentation logique et abstraite comme illustration concrète ; il permet ainsi d'adosser les arguments sur des faits. L'exemple est qualifié d'**argumentatif** lorsqu'il présente un cas si représentatif qu'il suffit à établir une proposition générale.

À NOTER
Dans la fable, le récit a valeur d'**exemple argumentatif** car il permet d'aboutir à la moralité.

II Les voies de l'argumentation

1 Le choix de la raison

- Convaincre consiste à amener le destinataire à reconnaître rationnellement que l'opinion défendue est vraie.
- Les textes qui cherchent à emporter la conviction se reconnaissent à la présence d'arguments et d'exemples, organisés de manière logique.
  - Le raisonnement inductif se fonde sur des faits particuliers pour s'élever à la loi générale.
  - Le raisonnement déductif, à l'inverse, prouve un fait particulier à partir d'un énoncé général.
  - Le raisonnement concessif permet de rendre raison en partie à l'adversaire avant de réfuter l'essentiel de son argumentation.
  - Le raisonnement par l'absurde feint d'adopter la thèse adverse pour en tirer par déduction des conséquences illogiques.

MOT CLÉ
Cas particulier de la déduction, le **syllogisme** propose une conclusion en apparence irréfutable à partir d'affirmations données comme vraies.

- L'argument d'autorité, par lequel un auteur cite les propos d'une personnalité à la légitimité incontestée, peut achever de convaincre l'interlocuteur.

2 Le biais des sentiments

- **Persuader** consiste à amener le destinataire à admettre la thèse en faisant appel à ses émotions et non seulement à la raison.
- L'auteur manifeste sa **subjectivité** grâce à divers procédés : écriture à la première personne, verbes d'opinion, recours à la modalisation et aux connotations. Il cherche à **impliquer l'interlocuteur**, à travers des apostrophes, des questions rhétoriques, des figures de style visant à susciter une émotion.
- La persuasion passe également par **l'implicite** qui prend la forme du **sous-entendu** (dont l'interprétation dépend entièrement de la situation d'énonciation), du **présupposé** (qui suppose une déduction à la charge du destinataire) et de l'**ironie** (qui suppose que le lecteur inverse la valeur de l'énoncé pour en comprendre le sens réel).
- Les **arguments de mauvaise foi** trouvent parfois leur place dans une stratégie persuasive : **le prétexte** invente de fausses raisons ; **la tautologie** redouble l'affirmation d'une évidence et **l'argument *ad hominem*** discrédite la personne de l'adversaire plus que ses arguments.

zoOm

Les types de discours argumentatifs

Les théoriciens de l'Antiquité grecque distinguaient **trois grands genres oratoires** selon la visée du discours.

	discours judiciaire	discours épidictique	discours délibératif
visée	accuse/défend	loue/blâme	pèse le pour et le contre, définit l'attitude à adopter
faits examinés	passés	présents	futurs
valeurs	juste/injuste	noble/vil, condamnable	utile/nuisible
genres	plaidoyer, réquisitoire	éloge, blâme, portrait, satire, pamphlet, oraison funèbre	monologue, dialogue, discours, essai, lettre
figures	interrogation oratoire	gradation, hyperbole, métaphore, métonymie	antithèse, chiasme, parallélisme

16 Analyser un texte d'idées

En bref *L'analyse d'un texte d'idées suppose qu'on ait préalablement identifié le type d'argumentation, directe ou indirecte, dont il relève. Dans tous les cas, il convient de porter une attention particulière aux marqueurs logiques, énonciatifs et stylistiques.*

Étape 1 Identifier le schéma argumentatif

1 Repérer les articulations logiques

- Relevez les connecteurs qui marquent les articulations de la pensée ; identifiez la valeur éventuelle de la ponctuation (les deux-points révèlent par exemple un rapport de cause à conséquence).
- Prêtez attention aux adverbes qui marquent la progression du discours (*d'abord, ainsi, finalement*...).
- Dans le cas de l'argumentation indirecte, cherchez à dégager la part narrative de la part discursive, qui transparaît dans les commentaires et l'énoncé éventuel d'une leçon par l'auteur.

2 Dégager la thèse défendue

- Si la thèse est explicite, il faut situer précisément dans le texte le passage où elle apparaît et la reformuler de manière à montrer qu'on l'a bien comprise.
- Si la thèse est implicite, il s'agit de la formuler avec ses propres mots à partir des arguments donnés dans le corps du texte.

3 Identifier la stratégie argumentative

- Le repérage des types d'arguments mobilisés permet de préciser l'angle d'attaque privilégié par le locuteur :

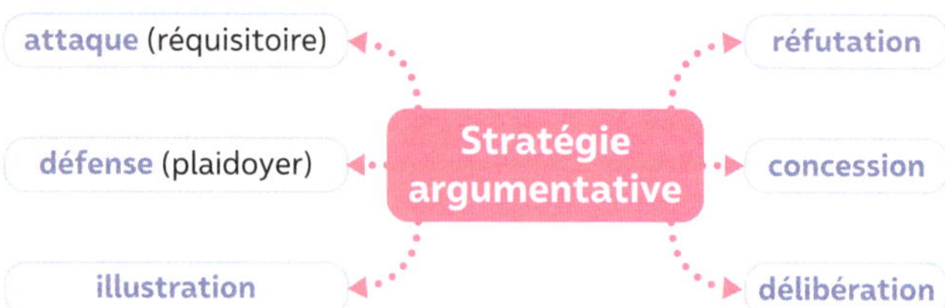

- La démarche d'ensemble peut choisir de privilégier l'adhésion du destinataire par la raison ou les sentiments ou l'inviter à mettre en balance plusieurs points de vue.
- Formes subjectives, l'éloge et le blâme doivent conduire à construire une image du locuteur et des valeurs auxquelles il adhère autant que de la personne visée.

Étape 2 Étudier la situation d'énonciation

1 Du côté du locuteur

- Il faut observer comment se manifeste celui qui soutient sa thèse. Cela revient à étudier les marques de présence de la première personne, à travers les pronoms et les déterminants possessifs.
- Il convient également de chercher la présence de la modalité exclamative, des marques de jugement, des termes modalisateurs.

2 Du côté du destinataire

- On peut déterminer l'identité et le rôle de l'interlocuteur (simple auditeur ou lecteur, adversaire, complice) et porter attention à la manière dont il est présenté, interpelé, cité.
- Demandez-vous si le lecteur est présent dans le texte, sous quelle forme et dans quel but.

CONSEIL
Le **lecteur** peut être désigné par le pronom de la deuxième personne mais il peut également se trouver inclus dans un *nous* ou un *on*.

Étape 3 Étudier le lexique et les procédés stylistiques

1 Le lexique

- Observez les champs lexicaux et les liens qui les unissent.
- Identifiez les connotations (lexique évaluatif, appréciatif).
- Déterminez la tonalité du texte (comique, satirique, polémique, lyrique...) et les procédés d'expression qui la soutiennent.

CONSEIL
Soyez également attentif à la **typographie** qui signale l'importance d'un mot avec les lettres capitales ou l'italique, l'ironie avec des guillemets.

2 Les procédés stylistiques

- Répertoriez les figures de style (→ MÉMO VISUEL p. 220) et cherchez à interpréter leur rôle dans l'argumentation :
  - figures d'insistance (répétition, parallélisme, énumération, gradation, prétérition) ;
  - figures d'exagération (hyperbole) ;
  - images (comparaison, métaphore).
- Détectez la présence possible d'ironie et envisagez-en les effets sur la lecture.

MÉMO VISUEL

Les mots clés

Pour identifier l'extrait

- **genre du texte :** argumentation directe ou indirecte
- **type de texte :** essai, dialogue, apologue…
- **fonction :** convaincre, persuader, délibérer, dénoncer, défendre, émouvoir…

Pour caractériser l'argumentation

- **locuteur :** auteur, narrateur, personnages…
- **forme :** traité, lettre, dialogue polémique, fable, poème…
- **figures de style :** comparaison, métaphore, allégorie, hyperbole, antiphrase, gradation, euphémisme, parallélisme…

LA LITTÉRATURE D'IDÉES

Quelques œuvres à connaître

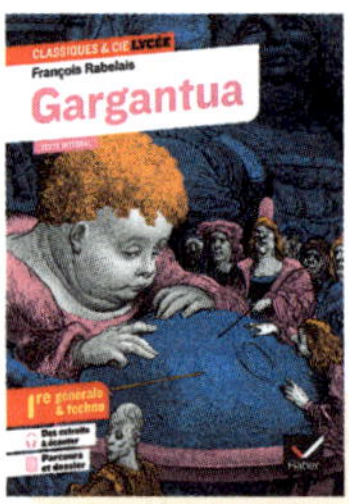

XVIe siècle

- *Pantagruel* et *Gargantua,* Rabelais (1532-1534)
- *Essais,* Montaigne (1580-1588)

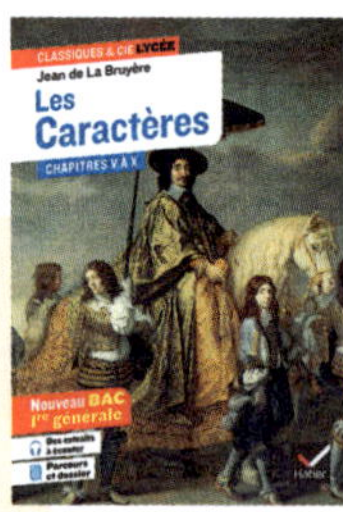

XVIIe siècle

- *Les Tragiques,* Agrippa d'Aubigné (1616)
- *Fables,* Jean de La Fontaine (1668-1694)
- *Pensées,* Pascal (1670)
- *Les Caractères ou les Mœurs de ce siècle,* La Bruyère (1688-1696)

La méthode

Comment analyser un texte d'idées ?

1. Identifier le **genre** du texte
Repérer si l'argumentation est **directe** ou **indirecte**
2. Identifier la **thèse** défendue ou rejetée
3. Repérer le **circuit argumentatif**
4. Étudier les procédés utilisés pour emporter **l'adhésion du lecteur**
5. Formuler la **visée** du texte

DU XVIe AU XVIIIe SIÈCLE

Les principaux courants

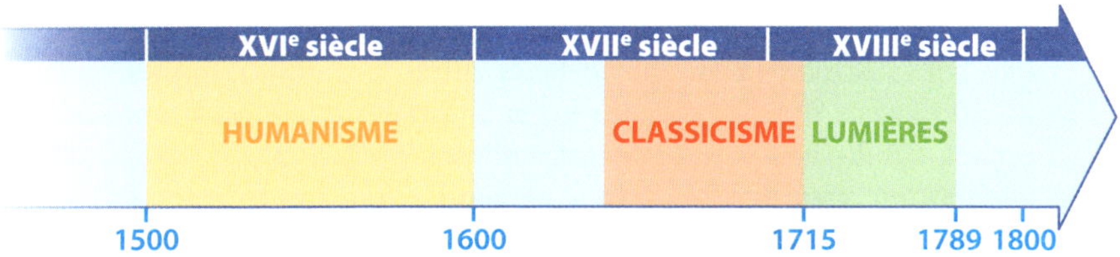

XVIIIe siècle

- *Lettres persanes*, Montesquieu (1721)
- *Lettres*, Mme de Sévigné (1725)
- *Discours sur l'origine et les fondements de l'inégalité parmi les hommes*, Rousseau (1755)
- *Candide*, Voltaire (1759)

EXERCICES

Gargantua, Rabelais (1534-1542)

→ FICHE 13

1 Complétez ce texte avec les mots proposés.

éducation • humaniste • sagesse • comique • guerre • fiction • pédagogique • religion • éponyme

- Publié à la Renaissance, *Gargantua* s'inscrit dans le courant .... qui affirme la grandeur de l'homme et lui accorde une place centrale dans le monde. Rabelais narre, dans ce roman, les aventures du géant .... À travers la ...., l'auteur aborde les thèmes suivants : l'.................., la .... et la ....

- Racontées sur un mode ...., les aventures du héros n'en poursuivent pas moins une ambition .... et contribuent à forger chez le lecteur une forme de ....

2 Lisez l'extrait suivant et répondez aux questions.

Après l'« Avis aux lecteurs », Gargantua *s'ouvre sur un prologue de l'auteur : le roman s'y trouve d'emblée placé sous le signe du comique. Pourtant, l'écrivain met en garde le lecteur de ne pas se laisser abuser par les apparences.*

> [...] À votre avis, pourquoi ce prélude et coup d'envoi ? Pour que vous, mes bons disciples (ainsi que quelques autres fous oisifs), lorsque vous lirez les joyeux titres de certains livres imaginés par nous, comme *Gargantua, Pantagruel, Fessepinte, La Dignité des Braguettes, Sur les haricots au lard cum commento*[1], etc., vous ne pensiez trop rapidement que leur contenu n'est que moqueries, folâtreries et menteries joyeuses, l'enseigne extérieure de la boutique (c'est le titre) étant généralement interprétée, sans recherche plus approfondie, comme une forme de dérision et de plaisanterie.
>
> Il ne faut pas faire preuve de tant de légèreté lorsque l'on juge les œuvres humaines. Car vous-mêmes dites que l'habit ne fait pas le moine. Celui qui est vêtu d'un habit monacal n'est pas nécessairement moine, et celui qui porte une cape espagnole peut très bien ne pas avoir le cœur d'un Espagnol. C'est pourquoi il faut ouvrir le livre et soigneusement en évaluer le contenu. Vous saurez alors que la substance qu'il contient est d'une bien autre valeur que ce qu'en promettait la boîte. Je veux dire que les matières traitées ici ne sont pas si frivoles que le titre posé dessus le laissait entendre. [...]
>
> Rabelais, *Gargantua*, « Prologue », 1542,
> translation par G. Milhe Poutingon, © éditions Hatier, 2021.

1. *cum commento* : avec son commentaire.

1. Surlignez en jaune les termes qui relèvent du champ lexical du comique.

2. Surlignez en bleu un exemple utilisé comme argument par Rabelais.

3. Surlignez en rose la principale recommandation faite au lecteur.

Les Caractères, La Bruyère (1688-1696)

→ FICHE 13

3 Complétez ce texte avec les mots proposés.

aphorismes • type • satire • remarques • classique • portraits • anecdotique • imitation • descriptions • moraliste

▸ Publiée à l'époque ...., l'œuvre de La Bruyère intitulée *Les Caractères* relève de la .... Dans cette vaste galerie de ...., les lecteurs de l'époque ont reconnu des contemporains sous les pseudonymes grecs empruntés à l'auteur antique Théophraste.

▸ Pourtant, il ne s'agit pas seulement d'.................. : La Bruyère cherche à dépasser l'.................. pour atteindre le .... éternel. Le .... fait varier les formes, plus que son prédécesseur, en proposant des ...., des .... et des ....

4 Lisez le texte puis répondez aux questions.

> Si je compare ensemble les deux conditions des hommes les plus opposées, je veux dire les Grands avec le peuple, ce dernier me paraît content du nécessaire, et les autres sont inquiets et pauvres avec le superflu. Un homme du peuple ne saurait faire aucun mal ; un Grand ne veut faire aucun bien, et est capable de grands maux. L'un ne se forme et ne s'exerce que dans les choses qui sont utiles ; l'autre y joint les pernicieuses[1]. Là se montrent ingénument la grossièreté et la franchise ; ici se cache une sève maligne[2] et corrompue sous l'écorce de la politesse. Le peuple n'a guère d'esprit, et les Grands n'ont point d'âme : celui-là a un bon fond et n'a point de dehors ; ceux-ci n'ont que des dehors et qu'une simple superficie[3]. Faut-il opter, je ne balance[4] pas, je veux être peuple.
>
> Jean de La Bruyère, *Les Caractères*, « Des Grands », 25, 1696.
>
> 1. dangereuses. 2. nuisible. 3. apparence. 4. hésite.

1. Étudiez la modalisation dans le texte : comment se marque la subjectivité de l'auteur ?

2. Relevez les antithèses contenues dans l'extrait.

3. Observez les mots surlignés : à quel champ lexical appartiennent-ils ? Comment se regroupent-ils ? Qu'est-ce qui oppose fondamentalement les Grands et le peuple ?

5 Prolongement culturel.

1. Quels autres moralistes du Grand Siècle connaissez-vous ? L'enseignement moral s'exprime-t-il chez eux de manière directe ou indirecte ?

2. L'œuvre de La Bruyère a inspiré une comédienne et scénariste de notre époque, Lison Daniel. Sur la scène virtuelle d'Instagram, celle-ci campe une série de personnages emblématiques de notre temps. De quelle manière la comédienne a-t-elle adapté la démarche de La Bruyère au monde contemporain ?

Lison Daniel, *Portraits*, © Instagram @les.caracteres

L'*Encyclopédie* (1751-1772)

→ FICHE 14

6 Choisissez les réponses qui conviennent parmi les affirmations proposées.

1. L'ambition des rédacteurs de l'*Encyclopédie* est de :

❑ a. donner une somme scientifique sur l'état des connaissances au XVIIIe siècle

❑ b. diffuser le savoir et encourager les lecteurs à se servir de leur raison

❑ c. livrer un ouvrage polémique sous couvert d'un titre général et didactique

2. Parmi les auteurs suivants, lesquels ont contribué à l'*Encyclopédie* ?

❑ a. Diderot ❑ c. Pascal ❑ e. Zola

❑ b. Montaigne ❑ d. D'Alembert ❑ f. Voltaire

3. Quelles disciplines y sont traitées ?

❑ a. les techniques et les sciences ❑ b. la philosophie

❑ c. tous les savoirs disponibles à l'époque

7 Lisez l'extrait puis répondez aux questions.

> « Réfugiés » (*Hist. mod. pol.*) C'est ainsi que l'on nomme les protestants français que la révocation de l'édit de Nantes a forcés de sortir de France et de chercher un asile dans les pays étrangers, afin de se soustraire aux persécutions qu'un zèle[1] aveugle et inconsidéré leur faisait éprouver dans leur patrie. Depuis ce temps, la France s'est vue privée d'un grand nombre de citoyens qui ont porté à ses ennemis des arts, des talents et des ressources dont ils ont souvent usé contre elle. [...] Louis XIV, en persécutant les protestants, a privé son royaume de près d'un million d'hommes industrieux qu'il a sacrifiés aux vues intéressées de quelques mauvais citoyens qui sont les ennemis de toute liberté de penser, parce qu'ils ne peuvent régner qu'à l'ombre de l'ignorance. L'esprit persécuteur devrait être réprimé par tout gouvernement éclairé : si l'on punissait les perturbateurs qui veulent sans cesse troubler les consciences de leurs concitoyens lorsqu'ils diffèrent dans leurs opinions, on verrait toutes les sectes[2] vivre dans une parfaite harmonie et fournir à l'envi des citoyens utiles à la patrie et fidèles à leur prince.
>
> Article « Réfugiés » (anonyme), *Encyclopédie*, 1765.

1. soin excessif. 2. religions.

1. Dégagez la thèse défendue par l'auteur de cet article et les raisons qu'il invoque pour la justifier.
2. Observez les mots surlignés : l'article est-il objectif ? Justifiez votre réponse.

8 Prolongement artistique et culturel.

1. Citez, parmi vos lectures, des énoncés argumentatifs qui se donnent toutes les allures de l'objectivité. Quel en est l'intérêt ?
2. Le tableau de François Dubois ci-contre représente le massacre de la Saint-Barthélemy qui eut lieu le 24 août 1572 et qui visa les protestants. En quoi la composition sert-elle la dénonciation ?

François Dubois, *Le Massacre de la Saint-Barthélémy* (v. 1572-1584). Huile sur bois. 93,5 × 151,1 cm. Musée cantonal des Beaux-Arts de Lausanne.

CORRIGÉS

Gargantua, Rabelais (1534-1542)

1 Publié à la Renaissance, *Gargantua* s'inscrit dans le courant **humaniste** qui affirme la grandeur de l'homme et lui accorde une place centrale dans le monde. Rabelais narre, dans ce roman, les aventures du géant **éponyme**. À travers la **fiction**, l'auteur aborde les thèmes suivants : l'**éducation**, la **guerre** et la **religion**.

Racontées sur un mode **comique**, les aventures du héros n'en poursuivent pas moins une ambition **pédagogique** et contribuent à forger chez le lecteur une forme de **sagesse**.

2 **1.** Nombreux sont les termes relevant du champ lexical du comique dans l'extrait du « Prologue » : « [...] Pour que vous, mes bons disciples (ainsi que quelques autres fous oisifs), lorsque vous lirez les joyeux titres de certains livres imaginés par nous, comme *Gargantua*, *Pantagruel*, *Fessepinte*, *La Dignité des Braguettes*, *Sur les haricots au lard cum commento*, etc., vous ne pensiez trop rapidement que leur contenu n'est que moqueries, folâtreries et menteries joyeuses, l'enseigne extérieure de la boutique (c'est le titre) étant généralement interprétée, sans recherche plus approfondie, comme une forme de dérision et de plaisanterie. Il ne faut pas faire preuve de tant de légèreté lorsque l'on juge les œuvres humaines. [...] Je veux dire que les matières traitées ici ne sont pas si frivoles que le titre posé dessus le laissait entendre. »

2. Rabelais s'appuie sur un proverbe pour justifier son argumentation : « Car vous-mêmes dites que l'habit ne fait pas le moine. Celui qui est vêtu d'un habit monacal n'est pas nécessairement moine, et celui qui porte une cape espagnole peut très bien ne pas avoir le cœur d'un Espagnol. »

3. Au terme du « Prologue », Rabelais fait une recommandation essentielle au lecteur : « C'est pourquoi il faut ouvrir le livre et soigneusement en évaluer le contenu. »

Les Caractères, La Bruyère (1688-1696)

3 Publiée à l'époque **classique**, l'œuvre de La Bruyère intitulée *Les Caractères* relève de la **satire**. Dans cette vaste galerie de **portraits**, les lecteurs de l'époque ont reconnu des contemporains sous les pseudonymes grecs empruntés à l'auteur antique Théophraste.

Pourtant, il ne s'agit pas seulement d'**imitation** : La Bruyère cherche à dépasser l'**anecdotique** pour atteindre le **type** éternel. Le **moraliste** fait varier les formes, plus que son prédécesseur, en proposant des **descriptions**, des **remarques** et des **aphorismes**.

4 1. La modalisation recoupe l'ensemble des marqueurs de la subjectivité du locuteur : il s'agit des indices qui lui permettent de faire valoir son point de vue. Ils sont nombreux dans l'extrait : **pronoms personnels** de la première personne (« je », « me ») ; emploi du **conditionnel** à valeur modale (« saurait ») ; **négation exceptive** (« ne… que ») ; **lexique appréciatif** ; **adverbes** (« ingénument ») ; **question rhétorique** (« Faut-il opter ») à laquelle La Bruyère répond de lui-même sans « balance[r] ». La neutralité apparente de l'énoncé et l'absence d'hésitation laissent penser qu'il s'agit d'un choix objectif et évident. Pourtant, les modalisateurs soulignent bien le **parti pris paradoxal** de l'écrivain.

2. L'antithèse est une figure de style par laquelle on oppose deux termes de sens contraire. Elle est abondamment mobilisée dans le texte pour faire valoir l'écart des conditions, non tant sur le plan socio-économique que moral : « **Grands/peuple** » ; « **content/inquiets** », « **nécessaire/superflu** » ; « **mal/bien** » ; « **utiles/pernicieuses** » ; « **grossièreté/politesse** » ; « **sève/écorce** » ; « **esprit/âme** » ; « **fond/superficie** ».

3. Les mots surlignés relèvent du champ lexical de la **morale**. Ils rendent compte des conditions respectives du peuple (mots surlignés en jaune) et des Grands (mots surlignés en bleu) : au peuple la sagesse, la bonté, la droiture, l'honnêteté ; aux Grands, la frivolité, la méchanceté voire la malignité, la superficialité. La Bruyère reconnaît au premier une sincérité qui n'exclut pas la « grossièreté » ; aux seconds une « politesse » au service des seules apparences. Ces deux conditions sociales reprennent donc l'**opposition métaphysique de l'être et du paraître**.

5 1. Parmi les moralistes du Grand Siècle les plus connus, on peut citer **Bossuet**, **La Rochefoucauld** et **Pascal**. Ces auteurs traitent des mœurs de l'homme sans passer par le détour de la fiction, au travers respectivement de leurs **sermons**, **maximes** et **pensées**. Chez **La Fontaine**, en revanche, l'enseignement moral est indirect : il recourt au récit allégorique qu'est la **fable**.

2. En s'inspirant de la démarche de La Bruyère, **Lison Daniel** propose des portraits, sous forme de courtes vidéos, dans lesquels les traits physiques des personnages se trouvent grossis par les **effets amplifiants** des filtres. Chaque caractère est individualisé par un prénom, mais les **références socio-culturelles** et les **tics de langage** permettent aux personnages de gagner en universalité et d'incarner des types contemporains.

L'*Encyclopédie* (1751-1772)

6 1. a, b, c ; 2. a, d, f ; 3. c.

7 1. ▸ En feignant de donner une définition du terme de « Réfugiés », l'auteur anonyme de l'article défend la **thèse** suivante : la révocation de l'édit de Nantes, qui a eu pour conséquences la transformation des protestants en réfugiés ou exilés, a été une erreur économique, sociale et politique.

▸ Les **arguments** qui soutiennent ce point de vue apparaissent ainsi : la France s'est privée du travail et des idées de nombreux citoyens ; ce travail et ces idées ont profité aux ennemis de la France ; en prenant cette décision, Louis XIV s'est soumis aux pressions de son entourage et, par conséquent, s'est déconsidéré ; le roi a favorisé l'intolérance et l'obscurantisme, ennemis de la liberté de penser et de croire, entraînant des troubles civils et des conflits à l'extérieur.

2. L'article prend formellement une apparence objective. Pourtant, le mot défini apparaît au pluriel, ce qui précise d'emblée son sens. La formulation initiale « c'est ainsi que l'on nomme » indique qu'il s'agit bien d'une définition mais non dans le sens dénoté, courant dans ce type d'ouvrage. L'emploi du verbe *nommer* et les références à la révocation de l'édit de Nantes confirment le **caractère historique et déterminé de la définition.** Celle-ci contient plusieurs **termes à connotation péjorative** – « forcés », « persécutions », « zèle aveugle et inconsidéré » – mettant l'accent sur la situation de contrainte et de violence dont sont victimes les protestants. Il s'agit ainsi d'un article subjectif qui refuse la neutralité du dictionnaire au profit d'une position dénonciatrice.

8 1. ▸ On peut citer nombre d'écrits des moralistes du XVIIe siècle : *Maximes et réflexions diverses* de La Rochefoucauld (1655), *Pensées* de Pascal (1670), *Les Caractères* de La Bruyère (1688-1696), mais aussi les moralités explicites des *Fables* de La Fontaine (1668-1694).

▸ L'intérêt d'énoncés d'apparence objective dans l'argumentation est de donner à des opinions le statut de vérités, voire de lois morales, de les **présenter comme irréfutables** ; le caractère synthétique et lapidaire des formules fait impression sur le lecteur qui se sent moins à même de les mettre en doute.

2. Le premier plan du tableau dévoile une **scène de chaos** : les soldats entrent dans la toile en rang désordonné, les traits obliquent fusent en tous sens. À l'arrière-plan, **la verticalité et la statique des monuments** frappent par contraste. L'architecture ne semble donc pas atteinte par le désordre. Les lignes de fuite conduisent vers l'entrée du Louvre, symbole du pouvoir royal. Aux yeux du peintre, une forme de pérennité est assurée, qui réside dans la monarchie et les ouvrages humains.

4 Les œuvres de littérature d'idées au programme

TEST — **Pour vous situer et établir votre parcours de révision** 88

FICHES DE COURS

17 Rabelais, *Gargantua*
Parcours : Rire et savoir 90

18 La Bruyère, *Les Caractères* (livres V à X)
Parcours : La comédie sociale 92

19 Olympe de Gouges, *Déclaration des droits de la femme et de la citoyenne*
Parcours : Écrire et combattre pour l'égalité 94

MÉMO VISUEL 96

SUJETS GUIDÉS & CORRIGÉS

OBJECTIF BAC

3 **EXPLICATION DE TEXTE** | Olympe de Gouges, *Déclaration des droits de la femme et de la citoyenne* 98

OBJECTIF MENTION

4 **DISSERTATION** | Rire et philosophie 103

TESTEZ-VOUS

→ CORRIGÉS P. 346

Faites le point sur vos connaissances puis établissez votre **parcours de révision** en fonction de votre score.

1 Rabelais, *Gargantua* (1534-1542)

→ FICHE 17

1. François Rabelais est…

☐ a. un moine du Moyen Âge.

☐ b. l'inventeur du genre romanesque.

☐ c. un humaniste de la Renaissance.

2. Le roman *Gargantua*…

☐ a. est la transposition moderne d'une légende populaire.

☐ b. s'apparente à une parodie d'épopée.

☐ c. raconte les aventures du fils de Pantagruel.

3. Quelles sont les principales fonctions du rire dans l'œuvre ?

☐ a. Il offre un simple divertissement.

☐ b. Il stimule la réflexion.

☐ c. Il constitue un remède aux aléas de l'existence.

4. Le savoir se définit chez Rabelais comme…

☐ a. une source de sagesse.

☐ b. science avec conscience.

☐ c. le monopole des théologiens.

…/4

2 La Bruyère, *Les Caractères* (1688-1696)

→ FICHE 18

1. La Bruyère est connu pour…

☐ a. avoir inventé le genre du « caractère ».

☐ b. faire partie des moralistes classiques.

☐ c. avoir été le précepteur du Dauphin.

2. *Les Caractères* sont…

☐ a. une collection de portraits, maximes et réflexions sur la nature humaine.

☐ b. un classement des différents profils de la psychologie humaine.

☐ c. un recueil de caricatures des contemporains de l'auteur.

3. L'apparence fragmentée de l'œuvre ...

- ☐ a. n'a pas été voulue par l'auteur.
- ☐ b. est à l'image de la dispersion qui caractérise l'esprit humain.
- ☐ c. est apparue à la huitième édition.

4. Quelle est l'ambition principale de l'œuvre ?

- ☐ a. Dénoncer l'oppression du peuple par les « Grands ».
- ☐ b. Prendre parti pour les « Modernes » contre les « Anciens ».
- ☐ c. Rendre compte de la comédie sociale.

.../4

3 Olympe de Gouges, *Déclaration des droits de la femme et de la citoyenne* (1791)

→ FICHE 19

1. Olympes de Gouges est connue pour...

- ☐ a. avoir fondé le mouvement féministe.
- ☐ b. avoir payé de sa vie son engagement et ses idées.
- ☐ c. avoir été la première femme politique française.

2. La *Déclaration des droits de la femme et de la citoyenne* relève...

- ☐ a. d'un texte à valeur légale.
- ☐ b. d'une utopie.
- ☐ c. d'un plaidoyer.

3. Ce texte se présente comme...

- ☐ a. un réquisitoire contre le régime de la Terreur.
- ☐ b. une parodie de la *Déclaration des droits de l'homme et du citoyen* de 1789.
- ☐ c. une réécriture critique de la *Déclaration* de 1789.

4. L'œuvre d'Olympe de Gouges a fait date dans l'histoire littéraire car...

- ☐ a. c'est un texte fondateur de la revendication des femmes à l'égalité avec les hommes.
- ☐ b. c'est le premier texte littéraire à valeur légale.
- ☐ c. c'est la première fois qu'une femme se revendiquait auteure à l'égal d'un homme.

.../4

Score sur l'œuvre étudiée .../4

Parcours PAS À PAS ou *EXPRESS* ? → MODE D'EMPLOI P. 2

17 Rabelais, *Gargantua*

Parcours : Rire et savoir

En bref *Dans un premier roman, Rabelais a raconté l'existence de Pantagruel, le fils de Gargantua. Publié en 1534, le deuxième volume,* Gargantua, *narre les aventures du géant éponyme, roi d'Utopie, et approfondit le questionnement philosophique, sous une apparence toujours comique. Le rire profite ainsi à l'instruction du lecteur !*

I Connaître l'œuvre

1 L'auteur et le contexte

- Érudit de la Renaissance, François Rabelais a probablement vécu de 1483 à 1553. Il prend l'habit de moine puis devient médecin. Sa vocation littéraire s'affirme tardivement : son premier roman, *Pantagruel*, paraît en 1532, suivi en 1534 par *Gargantua*,qui fait l'objet d'une deuxième édition en 1542.

- Rabelais a acquis une très vaste culture en étudiant notamment les langues et les textes de l'Antiquité ainsi que le corps humain. L'écrivain illustre donc l'idéal humaniste qu'il préconise dans son œuvre.

À NOTER
C'est sous le **pseudonyme** d'Alcofribas Nasier (anagramme de ses prénom et nom) que François Rabelais signe *Gargantua*.

2 Structure de l'œuvre

- À l'instar de *Pantagruel*, *Gargantua* est construit comme une parodie d'épopée. Cependant, ce deuxième roman apparaît davantage marqué par l'esprit satirique : le comique raille la culture médiévale et promeut les idéaux de l'humanisme.

- *Gargantua* est découpé en quatre ensembles distincts (l'enfance, l'éducation, la guerre et l'abbaye de Thélème) : cette partition correspond à la composition des romans de chevalerie où étaient abordées successivement la formation, les prouesses et l'entrée en religion des héros.

II Comprendre le parcours

1 « Rire est le propre de l'homme »

- Dès l'« Avis aux lecteurs », Rabelais justifie son parti pris comique en se fondant sur une maxime empruntée au traité *Les Parties des animaux* d'Aristote. Mécanisme caractéristique de l'humain, le rire apparaît à l'auteur de *Gargantua* comme une panacée, c'est-à-dire un remède universel à la douleur et au chagrin auxquels l'homme est en proie au cours de sa vie.

■ Le rire rabelaisien s'abreuve à de multiples sources : il emprunte à la farce avec des effets de décalage ; puise dans le lexique populaire, voire grossier ; joue du gigantisme des personnages ; se fait parodie quand il imite le discours des doctes ; recourt aussi à l'ironie pour rendre le texte ambivalent.

CONSEIL
L'**ironie** appelle les lecteurs rabelaisiens à réfléchir : il faut parfois mettre en doute la parole même qui se déploie dans le roman et évaluer la valeur de vérité des énoncés.

■ Le comique n'est pas une fin en soi sous la plume de Rabelais. Il se comprend dans le cadre d'une pensée chrétienne et cherche à contrebalancer la faiblesse humaine en incitant au discernement.

2 Le « gai savoir »

■ Le « Prologue » de *Gargantua* se place sous l'autorité de Socrate, figure du sage antique dissimulé sous les traits d'un bon vivant : derrière l'apparence comique se cache un « divin savoir ». Rabelais, comme Socrate, amène son lecteur à devenir plus instruit et à se connaître soi-même.

■ Chez Rabelais, le rire s'attaque aux vices des institutions comme des individus : il met en cause et libère ; il corrige et invite à la délibération. La satire se met au service de la pédagogie : elle véhicule les idées humanistes.

■ Pour le lecteur, il s'agit moins d'être bon public qu'« entommeur » (briseur) de la « substantifique moelle » à l'image d'un chien de chasse qui ronge l'os jusqu'à en atteindre le meilleur morceau. Les aventures romanesques de Gargantua se lisent comme une chasse de vérité, un récit allégorique à décrypter.

zoOm

Gustave Doré illustre *Gargantua*

Dans sa gravure, Gustave Doré insiste sur le gigantisme des protagonistes à qui il donne une allure bonhomme. De leur côté, les doctes, en charge d'apprendre le monde à Gargantua, apparaissent diminués et peu avenants.

Gustave Doré, *L'Éducation de Gargantua*, 1851.

18 La Bruyère, *Les Caractères* (livres V à X)

Parcours : La comédie sociale

En bref *Publiés pour la première fois en 1688,* Les Caractères ou les Mœurs de ce siècle *présentent une collection de réflexions, maximes et portraits, qui s'est enrichie au fil des éditions successives. Au dessein initial de peindre l'être humain s'est substituée progressivement une représentation de la comédie sociale.*

I Connaître l'œuvre

1 L'auteur et le contexte

- Issu de la bourgeoisie, Jean de La Bruyère (1645-1696) acquiert une charge de trésorier après des études de droit. En 1684, sa carrière connaît une ascension notable : il devient précepteur du duc Louis de Bourbon, petit-fils du Grand Condé.
- La Bruyère entre à l'Académie française en 1693 et prend le parti des « Anciens », admirateurs et imitateurs de l'Antiquité, dans la « querelle » qui les oppose aux « Modernes », soucieux de renouveler les formes artistiques.

2 Structure de l'œuvre

- Inspirée des *Caractères* du Grec Théophraste (372-287 av J.-C.), l'œuvre de La Bruyère se présente comme une traduction de l'auteur antique, sorte de caution morale et littéraire. Au fil des éditions (1688-1696), La Bruyère y ajoute un mélange original de descriptions, remarques et aphorismes dans le goût de l'époque classique, qui rejoint l'esthétique de la conversation mondaine.
- Au-delà du désordre apparent de l'œuvre, de la fragmentation de ses énoncés, certains regroupements apparaissent : les livres I à IV dépeignent la psychologie de l'homme (son esprit, son mérite, son cœur) ; les livres V à X proposent une peinture de la société et du pouvoir ; les livres XI à XVI étudient l'homme dans une perspective morale et religieuse.

II Comprendre le parcours

1 Un miroir de la société : « Je rends au public ce qu'il m'a prêté »

- La Bruyère fait autant œuvre d'historien, à la manière de Saint-Simon, que de **moraliste** à l'instar de La Rochefoucauld.
- La société dépeinte dans *Les Caractères* n'est plus régie par l'ordre ancien : les « Grands » n'ont plus que les « dehors » de l'aristocratie et la bourgeoisie se hisse au rang de cette dernière par l'argent et les intrigues.

MOT CLÉ

Un **moraliste** observe et décrit le comportement de ses semblables. S'il cherche à instruire le lecteur, il ne se fait pas pour autant moralisateur.

■ Toutes les conditions – de l'artisan au souverain – et tous les profils psychologiques – de la coquette au distrait – sont décrits. Cet examen détaillé oppose ceux qui sont utiles au fonctionnement de la société à ceux dont le comportement n'est fondé que sur le paraître et l'artifice, et qui la dénaturent.

2 Divertir en corrigeant les mœurs

■ La Bruyère excelle dans l'art du portrait. Les caricatures qu'il dresse de ses contemporains visent à créer des « types » humains. La façon dont il met en scène les travers et les manies des hommes suscite le rire et fait écho, de manière efficace, au thème du ***theatrum mundi*** (théâtre du monde). Au-delà du traité rhétorique, l'œuvre s'apparente souvent à une comédie aux accents baroques.

MOT CLÉ
La notion de ***theatrum mundi*** est un héritage baroque. Au sein de la société, chacun joue un rôle, consciemment ou malgré lui, sur la grande scène du monde.

■ Le style de l'auteur s'attache à mettre au jour les défauts des êtres et les tares de la société : la précision des formules fouille les replis de l'âme humaine ; l'exagération et le goût de l'anecdote emportent le rire.

■ Le comique devient un instrument puissant au service de la critique des institutions et des préjugés dont se souviendront les philosophes des Lumières.

zoOm

L'art du portrait au Grand Siècle

Charles Le Brun, *Portrait équestre de Pierre Séguier (1588-1672), chancelier de France*, vers 1660.

Représentant du classicisme en peinture, Charles Le Brun réalise le portrait de son protecteur vers 1660. La mise en scène théâtrale et savamment chorégraphiée rappelle les procédés stylistiques utilisés par La Bruyère dans ses portraits.

19 O. de Gouges, *Déclaration des droits de la femme et de la citoyenne*

En bref

Parcours : Écrire et combattre pour l'égalité

Dans sa Déclaration des droits de la femme et de la citoyenne, *publiée en 1791, Olympe de Gouges revendique pour les femmes des droits égaux à ceux des hommes, au nom de la nature et de la raison. Femme engagée dans le débat politique, elle met sa plume au service du combat pour l'égalité des sexes et des citoyens.*

I Connaître l'œuvre

1 L'auteure et le contexte

- Marie Gouze naît en 1748 dans une famille de la bourgeoisie provinciale. Jeune veuve, elle gagne Paris au début des années 1770, où elle prend le nom d'Olympe de Gouges. Grâce à son instruction, elle se fait une place dans les salons du temps.
- Pendant la Révolution, Olympe de Gouges multiplie les écrits pour promouvoir les droits des opprimés. Sa position en faveur de la monarchie constitutionnelle et son hostilité au régime de la **Terreur** lui valent d'être guillotinée en 1793.

À NOTER
La **Terreur** désigne une période de la Révolution française située entre 1793 et 1794. Elle se caractérise notamment par une justice expéditive à l'égard des personnes suspectées de mettre en danger la République.

2 Structure de l'œuvre

- Adressée à la reine Marie-Antoinette, la *Déclaration des droits de la femme et de la citoyenne* constitue un pastiche critique de la *Déclaration des droits de l'homme et du citoyen*, présentée au roi Louis XVI et votée le 26 août 1789.
- L'œuvre d'Olympe de Gouges imite la forme juridique de la *Déclaration* de 1789 : comme le texte original, elle comporte un préambule (exposé d'intentions) et dix-sept articles de loi. L'auteure ajoute un postambule dans lequel elle appelle directement les femmes à s'emparer de leurs droits.

II Comprendre le parcours

1 L'écriture au service de l'égalité des sexes

- La *Déclaration* rédigée par Olympe de Gouges apparaît d'abord comme le pendant absent de celle de 1789, qui semble ne concerner que les individus masculins. En effet, les femmes de l'époque ne pouvaient ni voter ni exercer de fonctions politiques.

■ Pourtant, le texte ne saurait se réduire à un simple contre-projet : c'est un plaidoyer en faveur de l'égalité des droits qui vise à faire reconnaître un statut juridique, politique et social aux femmes et à établir la concordance entre les sexes au sein de la nation.

■ Le projet est demeuré sans valeur légale, mais a marqué une étape dans l'histoire de la pensée féministe, qui le relie, un siècle plus tôt, au traité de Poullain de La Barre *De l'égalité des deux sexes* (1673) et, à l'époque contemporaine, à l'essai de Simone de Beauvoir, *Le Deuxième Sexe* (1949).

CITATION
« [...] La femme a le droit de monter sur l'échafaud ; elle doit avoir également celui de monter à la tribune [...] » (article X de la *Déclaration des droits de la femme et de la citoyenne*).

2 Une femme engagée

■ À l'instar des écrivains des Lumières, Olympe de Gouges tente de détruire les préjugés. Son discours emprunte aux ressources de l'art oratoire : judiciaire, il prend en charge les faits passés en dénonçant les injustices faites aux femmes ; épidictique, il blâme les hommes pour leurs comportements quotidiens ; délibératif, il propose pour l'avenir un nouveau modèle de société égalitaire.

■ De nombreux écrits (pièces de théâtre, brochures...) témoignent des positions avant-gardistes de l'auteure sur des sujets variés. Elle réclame ainsi l'égalité des droits pour tous, sans distinction de sexe, de couleur et de revenu, et s'insurge particulièrement contre la traite des esclaves dans les colonies. Elle a également défendu avec énergie les enfants nés hors mariage et privés de droits.

zoOm

La lutte pour le droit de vote des femmes en Angleterre

Plus d'un siècle après Olympe de Gouges, les « suffragettes » militent en Angleterre pour le droit de vote des femmes et réclament d'être reconnues comme des citoyennes à part entière.

Sorti en 2015, le film de Sarah Gavron retrace leur combat, parfois violent, au cours des années 1912-1913.

Affiche du film *Les Suffragettes*, 2015.

MÉMO VISUEL

LES ŒUVRES

L'œuvre

***Gargantua*, Rabelais (1534-1542)**

- **Contexte :** l'humanisme se tourne vers l'Antiquité pour repenser la place de l'homme dans la société moderne.
- **Visées :** susciter une pensée critique par le rire, promouvoir les idées humanistes.

Le parcours

Rire et savoir

- Dans son roman *Gargantua*, Rabelais utilise toutes les formes du comique, de la plus raffinée à la plus grossière, afin de démystifier l'autorité des prétendus savants.
- Chez Rabelais, le rire libère l'esprit des préjugés pour mieux inciter à penser par soi-même et à se mettre en quête de la « substantifique moelle ».

L'œuvre

***Déclaration des droits de la femme et de la citoyenne*, Olympe de Gouges (1791)**

- **Contexte :** le mouvement des Lumières promeut l'usage de la raison et il inspire les principes de la Révolution française.
- **Visées :** dénoncer les injustices, défendre les droits des femmes.

Le parcours

Écrire et combattre pour l'égalité

- Pastiche critique de la *Déclaration des droits de l'homme et du citoyen* (1789), l'œuvre d'Olympe de Gouges revendique pour les femmes des droits identiques à ceux des hommes en se fondant sur la nature et la raison.
- Ce premier écrit féministe participe au combat en faveur de l'égalité des droits pour tous, sans distinction de sexe, de couleur ni de revenu.

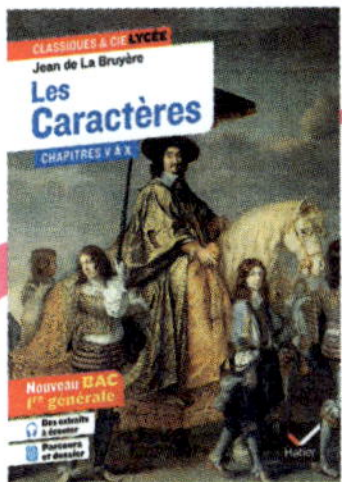

L'œuvre

***Les Caractères* (livres V à X), La Bruyère (1688-1696)**

- **Contexte :** sous le règne de Louis XIV, le classicisme conjugue la recherche de l'harmonie esthétique avec une ambition morale.
- **Visées :** dévoiler l'envers du « Grand Siècle », mettre au jour les ressorts de la nature humaine.

Le parcours

La comédie sociale

- Miroir de la société de son temps, l'œuvre de La Bruyère décrit les caractères et les mœurs de ses contemporains à travers un mélange de portraits, maximes et aphorismes.
- Avec un sens de la formule et de l'anecdote qui fait mouche, l'auteur des *Caractères* démontre à quel point la société de son temps est soumise au règne du paraître.

AU PROGRAMME

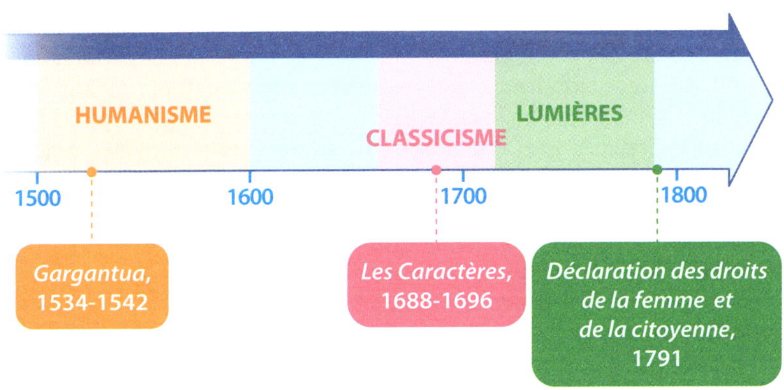

SUJET 3 | OBJECTIF BAC

EXPLICATION DE TEXTE 20 min

Olympe de Gouges, *Déclaration des droits de la femme et de la citoyenne*

Dans son « Postambule », Olympe de Gouges use de toutes les ressources de l'art oratoire pour inciter les femmes à agir pour la défense de leurs droits.

LE SUJET

Lisez le texte à voix haute. Puis expliquez-le.

Aux dix-sept articles que contient la Déclaration des droits de la femme et de la citoyenne *succède un postambule qui en assure la clôture.*

Femme, réveille-toi ; le tocsin de la raison se fait entendre dans tout l'univers ; reconnais tes droits. Le puissant empire de la nature n'est plus environné de préjugés, de fanatisme, de superstition et de mensonges. Le flambeau de la vérité a dissipé tous les nuages de la sottise et de l'usurpation. L'homme esclave a multiplié ses forces, a eu besoin de recourir aux tiennes pour briser ses fers. Devenu libre, il est devenu injuste envers sa compagne. Ô femmes ! femmes, quand cesserez-vous d'être aveugles ? Quels sont les avantages que vous avez recueillis dans la Révolution ? Un mépris plus marqué, un dédain plus signalé. Dans les siècles de corruption vous n'avez régné que sur la faiblesse des hommes. Votre empire est détruit ; que vous reste-t-il donc ? la conviction des injustices de l'homme. La réclamation de votre patrimoine, fondée sur les sages décrets de la nature ; qu'auriez-vous à redouter pour une si belle entreprise ? le bon mot du législateur des noces de Cana ? Craignez-vous que nos législateurs français, correcteurs de cette morale, longtemps accrochée aux branches de la politique, mais qui n'est plus de saison, ne vous répètent : femmes, qu'y a-t-il de commun entre vous et nous ? Tout, auriez-vous à répondre. S'ils s'obstinaient, dans leur faiblesse, à mettre cette inconséquence en contradiction avec leurs principes ; opposez courageusement la force de la raison aux vaines prétentions de supériorité ; réunissez-vous sous les étendards de la philosophie ; déployez toute l'énergie de votre caractère, et vous verrez bientôt ces orgueilleux, nos serviles adorateurs rampants à nos pieds, mais fiers de partager avec vous les trésors de l'Être-Suprême. Quelles que soient les barrières que l'on vous oppose, il est en votre pouvoir de les affranchir ; vous n'avez qu'à le vouloir.

Olympe de Gouges, *Déclaration des droits de la femme et de la citoyenne*, « Postambule » (extrait), 1791.

■ **Question de grammaire** : Identifiez les propositions présentes dans la dernière phrase du texte (l. 23-24).

LES CLÉS POUR RÉUSSIR

Présenter le texte

Carte d'identité du texte

- **Auteur :** Olympe de Gouges, auteure engagée dans la défense des droits des opprimés
- **Contexte :** XVIIIe siècle ; la fin du siècle des Lumières ; la Révolution française
- **Tonalités :** polémique ; délibérative
- **Thèmes :** l'égalité entre hommes et femmes ; le réveil de la conscience féminine
- **Situation du passage :** Après des articles rédigés avec l'énonciation objective attendue dans un texte juridique, l'auteure affiche fortement sa subjectivité dans son « Postambule ».

Formuler une problématique

Ce « Postambule » n'a-t-il pas d'autre fonction que de conclure la *Déclaration des droits de la femme et de la citoyenne* ?

Identifier les mouvements du texte

1 Lignes 1 à 7 : l'appel à la prise de conscience des femmes

- Comment le destinataire du postambule est-il désigné et impliqué ?
- Analysez et interprétez les métaphores utilisées.

2 Lignes 7 à 17 : un constat amer sur la condition féminine

- Étudiez l'enchaînement des questions rhétoriques en vous interrogeant sur leur visée.
- Quel bilan de l'histoire de la condition féminine se trouve alors dressé ?

3 Lignes 17 à 24 : l'exhortation à passer à l'action

- Dégagez le champ lexical de la lutte.
- En quoi les ressources de la grammaire sont-elles mises au service de l'argumentation ?

LE CORRIGÉ

Les titres en couleur ou entre crochets ne doivent pas figurer sur la copie.

Introduction

[présentation du contexte] La Révolution française a donné l'occasion aux femmes de s'illustrer dans le combat pour l'égalité. Votée en 1789, la *Déclaration des droits de l'homme et du citoyen* inclut bien la femme dans l'affirmation des nouveaux principes républicains. Mais, dans les faits, ces droits ne s'appliquent pas au sexe féminin, tenu pour inférieur. **[présentation de l'œuvre et de l'extrait]** Prenant acte de cette usurpation, Olympe de Gouges rédige, en 1791, une *Déclaration des droits de la femme et de la citoyenne* afin de revendiquer pour les femmes les mêmes droits civils et politiques que ceux accordés aux hommes. Aux dix-sept articles de la *Déclaration*, est ajouté un « Postambule » dont ce texte est extrait. **[problématique]** Marquée par la subjectivité de l'auteure, cette postface n'a-t-elle pour fonction que celle de conclure l'argumentation ? **[annonce du plan]** Suivant le mouvement du texte, nous nous intéresserons d'abord à l'appel à la prise de conscience des femmes, puis nous étudierons le constat amer dressé de leur condition. Enfin, nous analyserons l'exhortation faite aux femmes à passer à l'action.

I. L'appel à la prise de conscience des femmes (l. 1 à 7)

- Si le « Préambule » de la *Déclaration des droits de la femme et de la citoyenne* s'ouvrait sur une adresse à l'« Homme », le « Postambule », par un effet de symétrie inversée, en appelle à la « femme » à travers une **apostrophe**. L'impératif associé au pronom personnel de la deuxième personne crée un effet de familiarité entre l'auteure et sa destinataire.
- Le terme de « tocsin » désigne une sonnerie de cloche répétée et prolongée, chargée de donner l'alarme, et connote l'imminence d'un combat à mener. L'**injonction** faite à la femme de prendre conscience de ses droits redouble le motif de l'urgence.
- L'énumération de termes péjoratifs (« préjugés », « fanatisme », « superstition », « mensonges ») rappelle les fléaux dont la Révolution a libéré « le puissant empire de la nature », lesquels se trouvent également repris sous la formule « les nuages de la sottise et de l'usurpation ». L'allégorie du « flambeau de la vérité » rend manifeste le **pouvoir libérateur de la Révolution** et convoque l'image des « Lumières » et, avec elle, une philosophie fondée sur la raison et le progrès.
- Pourtant, Olympe de Gouges établit un **bilan critique** de la période révolutionnaire en ce qui concerne la condition des femmes et souligne l'inconséquence masculine à travers la métaphore filée de l'esclavage (l. 5-6). Selon l'auteure, il y a contradiction entre l'action historique des femmes en faveur de l'égalité des droits et le fruit qu'elles en ont reçu, entre les principes proclamés par la Révolution et l'application qui en a été faite par les hommes.

> **MOT CLÉ**
> Des **figures féminines** notables émergent sous la Révolution et y jouent un rôle actif comme **Pauline Léon**, qui participe à la prise de la Bastille, ou **Manon Roland** qui tient un salon célèbre à Paris.

II. Un constat amer sur la condition féminine (l. 7 à 17)

- L'interjection « Ô » et le passage au pluriel « femmes » manifestent une volonté de persuasion ; l'accumulation des questions rhétoriques oblige la gent féminine à faire son **autocritique**.
- Les réponses aux **questions oratoires** sont négatives et sans appel, comme en témoignent la forme nominale et l'usage de l'hyperbole : « Un mépris plus marqué, un dédain plus signalé ».
- Le champ lexical du **pouvoir** se déploie paradoxalement avec « régné », « faiblesse », « empire » : l'état de soumission des femmes sous l'Ancien Régime ne les empêchait pas d'avoir une emprise sur les hommes. L'auteure démythifie pourtant ce pouvoir en l'attribuant à la « faiblesse des hommes ».
- La modalité interrogative associée à l'emploi de la deuxième personne confère au discours une **énergie** significative. La prosopopée par laquelle Olympe de Gouges imagine le dialogue entre les « législateurs français » et les femmes contribue encore à la vivacité du texte et en renforce la dimension persuasive.
- La parole masculine apparaît sûre de son fait et prétend se fonder sur la religion, évoquée dans la périphrase ironique « le bon mot du **législateur des noces de Cana** ». Le droit des femmes s'appuie, quant à lui, sur « les sages décrets de la nature ».

> **À NOTER**
> Le « législateur des noces de Cana » désigne **Jésus** dans le récit des Noces de Cana décrit dans le Nouveau Testament (Évangile de Jean, chap. 2, 1-11).

- Par un tour de force rhétorique, l'auteure prend le **contre-pied** de la réponse attendue des hommes à la dernière phrase interrogative : « femmes, qu'y a-t-il de commun entre vous et nous ? ». À l'adverbe de négation « Rien » se substitue le pronom indéfini « Tout », mis en valeur par son antéposition.

III. L'exhortation à passer à l'action (l. 17 à 24)

- Le dernier mouvement du texte s'ouvre sur une proposition subordonnée d'hypothèse introduite par la conjonction « si » qui envisage la **résistance masculine**. Il donne aux femmes les « armes » dont elles auront besoin dans leur combat pour l'égalité.
- Le lexique associé aux hommes est nettement péjoratif : « faiblesse », « inconséquence », « vaines prétentions », « orgueilleux », « serviles », « rampants ». À l'opposé, les femmes, auxquelles l'auteure s'associe à travers le déterminant de la deuxième personne du pluriel, sont appelées à se battre pour leur émancipation. De là vient la **métaphore de la lutte**, filée par les termes « opposez », « force », « réunissez », « étendards », « déployez », « barrières », « affranchir ».
- Conformément à la « philosophie » des Lumières, l'arme du combat à venir est « **la force de la raison** » qui, seule, peut triompher de l'obscurantisme et faire accéder femmes et hommes à une égalité de conditions, dont « l'Être suprême », assimilé à la Nature par les philosophes, sera le garant. Les injonctions prennent alors une valeur prophétique.

Conclusion

[synthèse] Ce postambule peut se lire comme un appel aux femmes à se saisir des principes déjà proclamés par la Révolution française. La liberté de ton, l'égalité réclamée avec énergie, la fraternité affirmée avec ses lectrices font d'Olympe de Gouges une auteure engagée et rattachent son texte à la littérature d'idées.

[ouverture] Si la *Déclaration des droits de la femme et de la citoyenne* est restée sans valeur légale et n'a rencontré que peu d'écho à son époque, elle a inspiré la féministe Benoîte Groult (1920-2016), qui s'est réclamée d'Olympe de Gouges et de son œuvre dans le combat qu'elle a mené deux siècles plus tard.

Réponse à la question de grammaire

« Quelles que soient les barrières que l'on vous oppose, il est en votre pouvoir de les affranchir ; vous n'avez qu'à le vouloir. »

- « Quelles que soient les barrières que l'on vous oppose... » est une proposition subordonnée de concession qui justifie l'emploi du mode subjonctif.
- « il est en votre pouvoir de les affranchir » est la proposition principale ; elle intègre une proposition infinitive (= que vous les affranchissiez).
- « vous n'avez qu'à le vouloir » est une proposition juxtaposée, séparée des deux précédentes par le point-virgule.

DES QUESTIONS POUR L'ENTRETIEN

Lors de l'entretien, vous devrez présenter une autre œuvre lue au cours de l'année. L'examinateur introduira l'échange et vous posera quelques questions. Celles ci-dessous sont des exemples.

1. Sur votre dossier est mentionnée la lecture cursive d'une autre œuvre argumentative : *Le Dernier Jour d'un condamné* de Victor Hugo (1829). En quoi ce texte relève-t-il de la littérature d'idées ?
2. Pouvez-vous expliquer la différence entre argumentation directe et indirecte ?
3. Pour quelle cause seriez-vous prêt(e) à prendre la plume ?

SUJET 4 | OBJECTIF MENTION

DISSERTATION 4 h Rire et philosophie

Le sujet propose une réflexion sur l'idéal humaniste de la Renaissance et sur les liens entre rire et philosophie.

LE SUJET

Dans *La Renaissance et le rire* (1995), Daniel Ménager écrit : « Le rire dans ce qu'il a d'excessif est nécessaire à l'idéal philosophique ». Dans quelle mesure ce propos s'applique-t-il à *Gargantua* ?

Vous répondrez à cette question dans un développement organisé en vous appuyant sur le roman de Rabelais, sur les textes que vous avez étudiés dans le cadre du parcours associé et sur votre culture personnelle.

LES CLÉS POUR RÉUSSIR

Analyser les termes du sujet

- **« Le rire » :** les éléments comiques (humour grossier, effets grotesques, ironie…) qui suscitent le rire chez le lecteur
- **« excessif » :** qui dépasse la mesure, outrancier
- **« nécessaire » :** dont on ne peut se passer, indispensable
- **« idéal philosophique » :** modèle de pensée considéré comme parfait et vers lequel on tend. À mettre en relation avec la philosophie humaniste de Rabelais.

Dégager la problématique et les enjeux du sujet

Le comique outrancier dans *Gargantua* est-il, comme le suggère Daniel Ménager, un moyen indispensable pour accéder à l'idéal philosophique, tel que le conçoit Rabelais ? De quel idéal s'agit-il et de quelle manière le rire, avec ses excès, se met-il à son service ?

Construire le plan de la dissertation

1 Un rire libérateur

- Montrez que le comique rabelaisien a partie liée avec l'excès.
- Quelle est la visée des effets de grossissement ?

2 Un rire réflexif

- Intéressez-vous aux formes de la sagesse issues du comique.
- En quoi l'humour de Rabelais offre-il un accès à l'idéal philosophique ?

3 Un rire humaniste

- Montrez en quoi le rire est le propre de l'homme, d'après Rabelais.
- De quelle manière le rire conduit-il à penser par soi-même conformément à l'idéal humaniste ?

LE CORRIGÉ

Les titres en couleur ou entre crochets ne doivent pas figurer sur la copie.

Introduction

[amorce] De Rabelais, l'imaginaire collectif a volontiers gardé l'image d'un gourmand, buveur et farceur, à l'instar de ses personnages romanesques. **[citation du sujet]** Pourtant, dans *La Renaissance et le rire* (1995), Daniel Ménager écrit : « Le rire dans ce qu'il a d'excessif est nécessaire à l'idéal philosophique », nous invitant à voir le sage caché derrière le bon vivant. **[problématique]** Comment, dans *Gargantua*, le rire se met-il au service des valeurs intellectuelles et éthiques de l'auteur ? **[annonce du plan]** Pour le déterminer, nous étudierons d'abord en quoi le rire rabelaisien est effectivement excessif, avec des effets libérateurs, puis comment il conduit le lecteur à penser par lui-même. Enfin, nous montrerons qu'il est une initiation à la pensée humaniste.

I. Un rire démesuré aux effets libérateurs

1. Un comique gigantesque

- Dans *Gargantu*a, Rabelais prend pour héros des géants, à qui il fait assimiler des sommes considérables de connaissances, des langues au maniement des armes en passant par l'arithmétique. Le **gigantisme** reflète l'immense soif de savoir qui caractérise l'humanisme naissant. Il est aussi la source de puissants effets grotesques : au chapitre IV, Gargamelle engloutit « seize muids, deux bussards et six tupins » de tripes, et le narrateur souligne que « trois cent soixante-sept mille quatorze » bœufs ont été abattus pour l'occasion. La précision incluse dans ses dimensions hors norme prête à rire.

▸ La figure de l'**hyperbole** met en évidence l'écriture parodique chez Rabelais : elle montre du doigt l'imitation et permet au lecteur de mesurer l'écart avec le modèle. Ainsi, lorsque Frère Jean des Entommeures prend la défense de l'abbaye de Seuilly (chapitre XXV), la scène de guerre reçoit un traitement démesuré : le moine triomphe seul de tous les assaillants picrocholins, traités de « porcs ». La vigueur du combattant évoque celle du héros épique et provoque un **décalage burlesque**.

2. Des cibles plurielles

▸ Le rire né de l'excès vise moins les individus que les institutions. L'emphase et la rhétorique accumulative ont ainsi à charge de dénoncer la **fausse science des doctes** : le discours de Janotus de Bragmardo, venu réclamer les cloches à Gargantua dans le chapitre XIX, se déploie dans une langue latine approximative. La satire vise la prétendue éloquence judicaire et savante.

▸ La **religion** fait aussi les frais de la raillerie rabelaisienne. La sérieuse Sorbonne et ses maîtres de théologie se trouvent ainsi pris à parti, au gré des aventures du géant : au chapitre I par la voix d'Alcofribas Nasier, au chapitre VII à propos de la mère de Gargantua réputée « hérétique », et dans les chapitres XVII à XX avec l'épisode des cloches volées. Les **croyances superstitieuses populaires** font aussi l'objet d'attaques récurrentes : le culte immodéré des saints, la manie des pèlerinages, les dévotions irraisonnées constituent autant d'occasions de rire.

[transition] Sous la plume de Rabelais, le rire naît de l'excès et brocarde les tenants prétendus du savoir. Comment peut-il alors simultanément permettre d'exprimer un idéal philosophique ?

II. Un rire qui invite à la réflexion

1. Le rire : expression de la sagesse

▸ Loin des prétentions élitistes, l'idéal philosophique rabelaisien renoue avec le bon sens populaire. Rabelais emprunte aux **contes** l'épisode de la jument monstrueuse (chapitre XXXVIII) ou la mésaventure des pèlerins (chapitre XXXVIII), rapportés dans les *Grandes Chroniques*, compilation contemporaine de *Gargantua*.

▸ Pourtant, plus que dans la sagesse collective du peuple dont il dénonce les préjugés, Rabelais s'en remet à la figure de **Socrate** pour incarner son idéal philosophique. En effet, le penseur grec dissimule, sous un « détachement incroyable », « son divin savoir ». S'il est « toujours riant, trinquant avec chacun, toujours se moquant », il détient également savoir et sagesse.

CONSEIL
Vous aurez sans doute lu *Gargantua* dans une **version modernisée** du texte de l'édition de 1542. Pour les citations empruntées à l'œuvre, vous pouvez donc utiliser cette version.

2. Le rire : une méthode

▸ Placé sous le signe de la sagesse socratique, le « Prologue » enjoint le lecteur du roman à ne pas se fier à son « enseigne extérieure » mais à dépasser « moqueries et folâtreries » pour découvrir « que les matières ici traitées ne sont pas si folâtres que le titre le prétendait ». Il s'agit d'extraire de la forme comique la « **substantifique moelle** ».

- Le rire dans ce qu'il a d'excessif n'est donc pas une fin en soi mais un moyen d'atteindre un idéal philosophique. Il est un adjuvant dans la quête d'un plus haut sens, un aiguillon dans la *venatio sapientae* ou **chasse de la sagesse.** Les effets de surenchère invitent à un décryptage des paroles des personnages et des événements, pour en dégager le sens allégorique.

[transition] Le rire outrancier de *Gargantua* permet à Rabelais d'inviter plaisamment ses lecteurs à penser par eux-mêmes. Quel est cet idéal philosophique auquel le comique exacerbé donne accès ?

III. Un rire à la mesure de l'idéal humaniste

1. « Le propre de l'homme »

- Dès l'« Avis aux lecteurs », Rabelais justifie son parti pris en se fondant sur une maxime d'**Aristote** : mécanisme caractéristique de l'humain, le rire lui apparaît comme une **panacée**, c'est-à-dire un remède universel aux misères et aléas de l'existence. De ce point de vue, les formes comiques les plus outrancières auraient la vertu de soulager les peines du lecteur et de le mettre en état de penser.

- Antidote à la misère de l'homme, le rire apparaît comme la condition de possibilité de l'**idéal philosophique.** Au reste, la Renaissance offre de nombreux exemples de ce mélange des genres : le lecteur du XVIe siècle ne voyait pas d'antinomie entre les bonnes paroles de Grandgousier, défenseur de la sagesse humaniste, et les plaisanteries grossières des pèlerins (chapitre XLV).

2. Le rire est un humanisme

- L'excès qui se manifeste dans le comique signe un **refus de toute pesanteur didactique**. Il ne s'agit pas d'assigner au lecteur un idéal philosophique mais de l'acheminer vers lui. Fruit d'une alliance entre l'antiphrase et l'hyperbole, l'ironie manifeste la confiance placée par Rabelais dans son lecteur : il le sait capable d'inverser la valeur d'un énoncé, alerté par la surenchère. Ainsi en va-t-il de la conclusion du chapitre XV : l'éducation reçue chez les sophistes se trouve finalement discréditée par une comparaison burlesque avec la cuisson du pain. Cela a pour effet de faire réfléchir le lecteur aux modèles d'instruction.

- La fin du roman elle-même laisse ouverte l'interprétation : l'énigme de la prophétie n'est pas résolue entre Frère Jean et Gargantua. Le « **haut sens** » n'est pas donné d'emblée, il est à construire avec humilité et prudence : le lecteur doit se méfier des formules de sagesse émanant du narrateur Alcofribas Nasier.

Conclusion

Gargantua de Rabelais apparaît comme un roman de la démesure : les aventures d'un géant y font naître des effets comiques aussi puissants qu'illimités ; le rire s'en prend de manière privilégiée aux tenants prétendus de la sagesse. La quête de l'idéal philosophique, humaniste en particulier, se trouve alors encouragée et rendue possible par le rire, avec tous ses excès, en ce qu'il libère la pensée, la soustrait à la force du préjugé et conforte l'humanité en l'homme. Chez Rabelais, s'affirme une nouvelle foi en l'homme dont le rire constitue l'épiphanie.

Le roman et le récit, du Moyen Âge au XXIe siècle

5 Le récit : histoire littéraire et outils d'analyse

TEST

Pour vous situer et identifier les fiches à réviser 110

FICHES DE COURS

20 Les écritures narratives 112
21 Le récit, du Moyen Âge au XVIIIe siècle 114
22 Le récit au XIXe siècle 116
23 Le récit depuis le XXe siècle 118
24 Analyser un extrait de récit 120
MÉMO VISUEL 122

EXERCICES & CORRIGÉS

- *La Princesse de Clèves*, Mme de Lafayette (1678) 124
- *Les Liaisons dangereuses*, Laclos (1782) 126
- *Le Rouge et le Noir*, Stendhal (1830) 127

TESTEZ-VOUS

→ CORRIGÉS P. 346

Faites le point sur vos connaissances puis établissez votre **parcours de révision** en fonction de votre score.

1 Connaître les caractéristiques du récit

→ FICHE 20

1. Quelles sont les caractéristiques d'un récit ?

☐ a. Il a un début et une fin.
☐ b. Il respecte l'ordre chronologique.
☐ c. Il raconte des faits inventés.
☐ d. Il comporte des personnages et des péripéties.

2. Pour étudier le système des personnages dans un récit, qu'étudie-t-on ?

☐ a. le schéma actanciel
☐ b. le schéma narratif
☐ c. le schéma logique

…/2

2 Le récit, du Moyen Âge au XVIIIe siècle

→ FICHE 21

1. Associez chaque auteur à son siècle.

Rabelais •	• Moyen Âge
Mme de La Fayette •	• XVIe siècle
Montesquieu •	• XVIIe siècle
Chrétien de Troyes •	• XVIIIe siècle

2. Qu'est-ce qu'un roman épistolaire ?

☐ a. un roman publié après la mort de son auteur
☐ b. un roman composé de correspondances
☐ c. un roman philosophique

…/2

3 Le récit au XIXe siècle

→ FICHE 22

1. Quelles sont les caractéristiques du roman réaliste ?

☐ a. Il est souvent écrit à la 3e personne.
☐ b. Il met en scène des personnages ordinaires.
☐ c. Il est souvent autobiographique.
☐ d. Il est très documenté.
☐ e. Il comporte peu de descriptions.

2. Associez chaque auteur au courant littéraire auquel il appartient.

Zola •	• romantisme •	• Hugo
Balzac •	• réalisme •	• Stendhal
Flaubert •	• naturalisme •	• Maupassant

.../2

4 Le récit depuis le XXe siècle

→ FICHE 23

1. Reliez chaque œuvre à son auteur.

La Peste •	• Vian
La Condition humaine •	• Malraux
L'Écume des jours •	• Camus
Nadja •	• Breton

2. Quelles sont les caractéristiques du Nouveau roman ?

☐ a. Il s'inspire du roman réaliste.

☐ b. Il perturbe la chronologie linéaire.

☐ c. Il déconstruit le personnage traditionnel.

.../2

5 Analyser un extrait de récit

→ FICHE 24

1. Lisez l'extrait et cochez les propositions qui conviennent.

En même temps qu'il passait, elle leva la tête ; il fléchit involontairement les épaules ; et, quand il se fut mis plus loin, du même côté, il la regarda.

Flaubert, *L'Éducation sentimentale*, 1869.

a. Il s'agit d'un texte : ☐ descriptif ☐ narratif.

b. Il est écrit : ☐ au présent ☐ au passé, ☐ à la 1re personne ☐ à la 3e personne.

c. Le point de vue est : ☐ interne ☐ externe ☐ omniscient.

2. Quels sont les trois outils les plus pertinents pour analyser l'extrait suivant ?

Qu'est-ce que je deviendrai, et qu'est-ce que vous voulez que je fasse ? Je me trouve bien éloignée de tout ce que j'avais prévu : j'espérais que vous m'écririez de tous les endroits où vous passeriez, et que vos lettres seraient fort longues.

Guilleragues, *Lettres portugaises*, 1669.

☐ a. l'énonciation

☐ b. la focalisation

☐ c. les temps et les modes des verbes

☐ d. le discours rapporté

.../2

Score total .../10

20 Les écritures narratives

En bref *Le terme* récit *englobe plusieurs genres qui correspondent à des formes d'écriture narrative différentes et qui dépendent étroitement du contexte historique et littéraire.*

I Les genres du récit

Il existe un grand nombre de genres et sous-genres du récit. On peut les répartir en quatre grandes catégories :

- Le récit de fiction dans lequel le narrateur (à ne pas confondre avec l'auteur) raconte une histoire fictive à la première ou à la troisième personne. Ce type de récit peut se présenter sous forme longue (roman) ou courte (nouvelle).
- Les écritures narratives à la première personne, dans lesquelles le « je » qui raconte est en même temps le narrateur, l'auteur et le personnage principal (autobiographie, journal intime) ou témoin prenant une part importante à l'histoire (mémoires).
- La littérature de voyage, qui relate un voyage réellement effectué par l'auteur.
- Les chroniques, qui rapportent chronologiquement des événements du réel.

II Les caractéristiques de l'écriture narrative

1 La structure

- Tout récit développe une intrigue qui a un début et une fin et se construit sur une succession de péripéties.
- Le récit de fiction respecte généralement les cinq étapes du schéma narratif : la situation initiale ; l'élément perturbateur ; les péripéties ; le dénouement ; la situation finale.

À NOTER
L'**enchâssement** de récits secondaires peut venir complexifier la structure du récit principal.

- Dans un roman, l'incipit introduit l'action, dresse le décor, donne le ton. Dans un récit non fictif, l'auteur crée un pacte de lecture, en énonçant plus ou moins clairement ses intentions (dire la vérité, relater des événements vécus, témoigner). Dans les deux cas, il s'agit d'instaurer une relation privilégiée avec le lecteur.

2 Les personnages

Le récit ne peut se passer de personnages, qu'ils soient fictifs ou réels.

- Dans un récit, les personnages tissent un réseau de relations. Le schéma actantiel en rend compte : le héros, ou sujet, cherche à atteindre un but, l'objet. Dans cette quête, il rencontre des aides, les adjuvants, et des obstacles, les opposants.

La quête est commanditée par un émetteur, le **destinateur**, au bénéfice d'un **destinataire** qui juge de sa réussite ou de son échec.

- On peut aussi étudier les personnages selon un **système de valeurs**.

À NOTER
Certains personnages sont tellement associés à la **valeur** qu'ils représentent que leur nom devient un nom commun.
Ex. : *C'est un vrai rastignac.* (= un arriviste, du nom du héros de Balzac).

III L'importance du contexte

Les récits diffèrent en fonction de la **réalité historique** qui les voit naître. Mais ils ne donnent pas seulement à voir la réalité d'une époque, ils en proposent une **interprétation**. Ainsi, le voyageur dans la Lune de Cyrano de Bergerac, auteur français du XVIIe siècle, et les voyageurs interstellaires de Bradbury, auteur américain du XXe siècle, entreprennent un voyage bien différent : ils s'inscrivent dans des esthétiques distinctes et révèlent des interrogations humaines propres à leur époque respective.

zoOm

Le roman graphique

Le Rapport de Brodeck, Manu Larcenet, 2015.

Le roman graphique mêle littérature et bande dessinée. Le dessinateur Manu Larcenet met en images le roman de Philippe Claudel, *Le Rapport de Brodeck*.

21 Le récit, du Moyen Âge au XVIIIe siècle

En bref *Durant cette période, le récit connaît une grande évolution, de la chanson de geste au roman libertin, de la naissance du roman à l'anti-roman.*

I Du Moyen Âge au XVIe siècle : l'émergence du genre romanesque

1 Le Moyen Âge et la naissance du roman

- Le terme « roman » naît au XIIe siècle pour désigner un récit écrit en langue romane, et non plus en latin : il s'agit de chansons de geste, récits des aventures d'un chevalier.
- L'auteur le plus connu est alors Chrétien de Troyes : il s'inspire de la légende du Graal et du cycle arthurien pour écrire cinq romans en vers, dont *Perceval ou le Conte du Graal* qui raconte la quête spirituelle du chevalier Perceval.

2 Le XVIe siècle : le récit au service de l'humanisme

L'esprit de la Renaissance et de l'humanisme s'exprime dans les trois grands romans de Rabelais, *Pantagruel, Gargantua* et *Le Tiers Livre.* Derrière le burlesque et les aventures extraordinaires de deux géants, le lecteur est amené à réfléchir sur la guerre, la religion, l'accès au savoir…

II Au XVIIe siècle : préciosité, baroque et classicisme

- Le roman pastoral (*L'Astrée* d'Honoré d'Urfé, 1607-1628) met en scène des bergers et des bergères dont les conversations reprennent celles des salons précieux.
- Le roman héroïque et précieux montre des héros idéalisés impliqués dans des épopées et intrigues complexes. *Artamène ou le Grand Cyrus* (1649-1653) de Georges et Madeleine de Scudéry en est l'illustration.

> **MOT CLÉ**
> La **préciosité** se caractérise par un raffinement extrême du comportement, des idées et du langage.

- Le roman baroque foisonne d'exubérance et de rebondissements. On peut citer *L'Autre Monde ou les États et Empires de la Lune et du Soleil* (1657) de Cyrano de Bergerac, qui narre un voyage fantaisiste et philosophique dans la Lune et le Soleil.
- Le roman réaliste et satirique dresse le tableau des mœurs de l'époque. Il en va ainsi du *Roman comique* (1651-1657) de Paul Scarron.
- Le roman d'analyse s'attache à décrire les variations de la passion. Il relève d'une esthétique classique, à l'image de *La Princesse de Clèves* de Madame de Lafayette (1678), récit bref qui oppose passion et raison à la cour du roi Henri II vers 1550. L'analyse psychologique du personnage en fait un roman moderne.

III Au XVIIIe siècle : les écritures du « je » et l'esprit de provocation

1 Le récit à la première personne

■ **Le roman picaresque**, hérité d'un genre né en Espagne au XVIe siècle, raconte les aventures d'un *picaro* (personne en marge de la société). Lesage écrit *Les Aventures de Gil Blas de Santillane* (1715) dont le héros voyageur part à la recherche d'aventures plus ou moins honnêtes.

■ **Le roman-mémoires** donne la parole à des personnages de fiction qui racontent, à la première personne, les étapes de leur vie, et notamment leur ascension sociale (Marivaux, *Le Paysan parvenu,* 1735, et *La Vie de Marianne,* 1731-1741) ou leur déchéance (l'abbé Prévost, *L'Histoire de Des Grieux et de Manon Lescaut,* 1731).

■ **Le roman épistolaire** croise la correspondance de plusieurs épistoliers fictifs : deux voyageurs persans dans les *Lettres persanes* de Montesquieu (1721), un couple de libertins et leurs « victimes » dans *Les Liaisons dangereuses* de Laclos (1782). L'absence de narrateur donne au récit une apparence d'objectivité.

2 L'anti-roman

Certains auteurs, tel Diderot dans *Jacques le fataliste* (1796), interrogent le genre romanesque pour le contester : on parle d'**anti-roman**. Le dialogue de Jacques et de son maître, sans cesse entrecoupé par des apostrophes au lecteur, rappelle l'illusion de la convention romanesque et empêche toute adhésion au récit.

zoOm

Le roman médiéval

Les « romans » du cycle arthurien, copiés à la main, sont richement illustrés : les illustrations viennent rehausser le texte pour rendre encore plus marquants actions et personnages. Dans ce manuscrit du XVe siècle, on voit Lancelot combattre les dragons gardant l'entrée du Val sans retour.

Lancelot combattant les dragons du Val sans retour, v. 1404-1460.

22 Le récit au XIXe siècle

En bref *Romantique, réaliste ou naturaliste, le XIXe siècle est le siècle du roman.*

I Les grands courants littéraires

1 Le temps du romantisme

- Le récit romantique met souvent en scène un héros en conflit avec la société, qui s'en exclut par l'exil, (*René*, Chateaubriand, 1801) ou par un caractère hors du commun (*Corinne*, Madame de Staël, 1807).
- Le héros romantique est le plus souvent un être passionné chez qui domine une souffrance intime qui s'exprime dans l'affirmation d'un « je » omniprésent.
- Le romantisme peut s'inspirer de l'Histoire : les troubles de 1789, les campagnes de Napoléon, le retour de la monarchie et ses épisodes révolutionnaires, fournissent une riche matière. *Les Misérables* (1862) de Victor Hugo lui donnent une dimension sociale.

2 Une réaction : le réalisme

- À la subjectivité du « je » romantique, le réalisme oppose la volonté d'observer et représenter le réel avec objectivité, scrutant la société et ses travers.
- Dans *La Comédie humaine* (1830-1856), Balzac dresse un panorama de la société de son temps en créant des personnages représentatifs de tous les milieux. Ceux de Stendhal sont pris dans l'histoire contemporaine (*Le Rouge et le Noir* est sous-titré *Chronique de 1830*). Ceux de Flaubert appartiennent à la bourgeoisie provinciale (*Madame Bovary*, 1857) ou parisienne (*L'Éducation sentimentale*, 1869).
- Les romans réalistes sont souvent romans d'apprentissage. Ils retracent des destins individuels de héros dans une société cruelle qui les refuse (Julien Sorel chez Stendhal), dont ils profitent (Bel-Ami chez Maupassant), ou dont ils ne comprennent pas le fonctionnement (Frédéric Moreau chez Flaubert).

CITATION
« Un roman est un miroir qui se promène sur une grande route. Tantôt il reflète à vos yeux l'azur des cieux, tantôt la fange des bourbiers… » (Stendhal)

3 Une prolongation : le naturalisme

- Dans le prolongement du réalisme, le récit naturaliste, qui a pour chef de file Émile Zola, se veut le compte-rendu méthodique et documenté de la réalité sociale de la fin du siècle.
- Le romancier pose un œil scientifique sur son personnage qui devient le cobaye d'une expérimentation visant à montrer que l'homme est déterminé par son contexte et son hérédité (*Le Roman expérimental*, Zola, 1893).

II Des influences transversales

1 Le rôle du progrès

- Dès 1836, les journaux, en plein essor, conquièrent un lectorat plus grand grâce à la publication de romans-feuilletons. De nombreux auteurs se prêtent à ce nouveau genre, parmi lesquels Alexandre Dumas, Eugène Sue, Balzac, Zola.
- L'industrialisation et les découvertes scientifiques fournissent de la matière aussi bien aux récits d'anticipation de Jules Verne qu'aux romans naturalistes de Zola.

2 L'attrait pour le voyage

- Que ce soit pour découvrir un monde premier (Chateaubriand, *Atala*, 1801), un pays proche (Stendhal, *Chroniques italiennes*, 1855), ou un ailleurs exotique (Flaubert, *Salammbô*, 1862), les romans du XIXe siècle font voyager les lecteurs.
- Tout au long du siècle, les écrivains publient leurs carnets et récits de voyage : *L'Itinéraire de Paris à Jérusalem* (Chateaubriand, 1811), *Voyage en Orient* (Nerval, 1851), *Le Désert* (Pierre Loti, 1895)...

3 Le goût du fantastique

Le goût du fantastique traverse le siècle : on le trouve aussi bien dans la période romantique (romantisme noir), que dans le réalisme (Balzac, Maupassant, Gautier, Mérimée). Le suspense et l'inquiétude suscités par le fantastique se coulent souvent dans le format bref de la nouvelle.

zoOm

Le réalisme en peinture

Gustave Courbet, *Un enterrement à Ornans*, 1849-1850.

Le peintre Gustave Courbet est le chef de file du réalisme en peinture. Il fait de son tableau *Un Enterrement à Ornans* (1849-1850) le manifeste de ce mouvement, à la fois pictural et littéraire.

23 Le récit depuis le XXe siècle

En bref *Le XXe siècle remet en question les fondements et les codes du roman : le traitement de l'intrigue et du personnage romanesque est renouvelé.*

I Un renouveau

1 Repenser le roman

■ La vision subjective et le monologue intérieur renouvellent la forme du récit. Dans *À la Recherche du temps perdu* (1913-1927) de Marcel Proust, le personnage et son destin cèdent la place à un « je » intériorisé.

■ Certains auteurs interrogent la forme même du roman. Ainsi, dans *Les Faux-monnayeurs* (1925), André Gide met en abyme le travail de l'écrivain par une construction complexe faite d'emboîtements d'intrigues et d'une multiplicité de points de vue.

2 Interroger le sens de l'existence

■ Les romans prenant pour thème les deux Guerres mondiales révèlent un homme englué dans des événements qu'il ne maîtrise pas : c'est le cas de Bardamu chez Céline (*Voyage au bout de la nuit,* 1932).

■ L'homme dans toute sa détresse et le héros démythifié se rejoignent dans les personnages clochardisés de Beckett (*Molloy*, 1951), incapables d'action dans un monde dénué de sens.

■ Si les romans de Camus, *L'Étranger* (1942), et de Sartre, *La Nausée* (1938), sont porteurs du sentiment de l'absurde, d'autres s'interrogent sur la portée de l'engagement de l'homme dans le monde, comme *La Condition humaine* (Malraux 1933) ou *La Peste* (Camus 1947).

II Des expérimentations

1 Le Nouveau Roman

Dans les années 1950-1970, le Nouveau Roman veut se détacher de la représentation du réel et remet en cause les codes du roman.

■ Sarraute (*L'Ère du soupçon*, 1956) refuse l'effet « trompe-l'œil », qui, sous prétexte de vouloir rendre le réel, détourne le lecteur de la « vérité profonde » de l'être.

■ Robbe-Grillet (*Pour un nouveau roman*, 1963) refuse le personnage traditionnel et toute utilisation du réel comme support d'une intrigue.

■ Michel Butor (*L'Emploi du temps*, 1956) se joue de la chronologie par de constants allers et retours entre le passé et le présent.

2 L'influence du surréalisme et de l'Oulipo

La vision surréaliste et le jeu avec les contraintes de l'Oulipo vivifient la création romanesque. André Breton (*Nadja*, 1928), Queneau (*Zazie dans le métro*, 1959), Boris Vian (*L'Écume des jours*, 1947), **poétisent le réel et se jouent des mots et de la langue.** Perec se donne comme contrainte d'écrire un récit de 300 pages (*La Disparition*, 1969) sans utiliser la lettre *e*.

III Le mélange de genres

- **L'écriture autobiographique** reparaît mais dans des formes renouvelées : Nathalie Sarraute (*Enfance*, 1983) l'écrit sous forme de dialogue avec elle-même ; Georges Perec, (*W ou le souvenir d'enfance*, 1975) alterne une fiction écrite lors de son adolescence et le récit de son enfance écrit au présent.
- **L'autofiction,** hybride de roman et d'autobiographie, utilise la fiction pour accéder à la connaissance de soi. De nombreux auteurs s'y essaient, parmi lesquels Modiano avec *Dora Bruder* (1997).
- **La « non-fiction narrative »** tient à la fois du reportage, du documentaire et du récit romancé. *L'Adversaire* (1993), d'Emmanuel Carrère, récit d'un sinistre fait divers et du parcours de l'écrivain pour essayer de comprendre le criminel, en est un bon exemple.

CITATION
« Depuis dix ans, on ne cesse de m'interroger sur la part de fiction qui entre dans mes livres. Or cette part de fiction, elle est nulle. » (Emmanuel Carrère)

zoOm

Marguerite Duras, de la littérature au cinéma

Marguerite Duras (1914-1996) se fait connaître par le roman autobiographique *Un Barrage contre le pacifique* (1950) et par l'*Amant*, prix Goncourt 1984. Passant d'un genre à l'autre, elle reprend son roman *Vice-consul* (1966) sous forme théâtrale, *India song* (1973), puis sous forme cinématographique en 1975.

Marguerite Duras, *India Song*, 1975.

24 Analyser un extrait de récit

En bref *Après une première lecture, quelles sont les questions à se poser pour mieux comprendre un extrait de récit et dégager des axes d'analyse ?*

Étape 1 Situer et caractériser l'extrait

1 Quelle est la tonalité de l'extrait ?

Reconnaissez-vous une tonalité dominante (lyrique, comique, argumentative…) et des procédés d'écriture (choix du vocabulaire, syntaxe…) qui pourraient inscrire l'extrait dans un courant littéraire ou dans une époque ? Aidez-vous aussi des informations données par le paratexte.

2 Quelle est la fonction de l'extrait ?

- Déterminez le rôle de l'extrait dans l'intrigue : s'agit-il de faire avancer l'action (scène d'action, de rencontre, dialogue…) ou de donner des informations sur le cadre ou les personnages (flashback, description…) ?

CONSEIL
Essayez de **résumer l'extrait** en une phrase pour faire ressortir l'enjeu principal : que se passe-t-il ?

- S'il s'agit du début du récit (incipit), vous devrez en tenir compte dans votre étude. Celui-ci joue en effet un rôle spécifique : il installe un cadre spatio-temporel, suggère une action à venir, ou présente un personnage.

Étape 2 Étudier la narration

1 Qui raconte ?

Le narrateur est celui qui raconte : il peut être intérieur ou extérieur au récit.

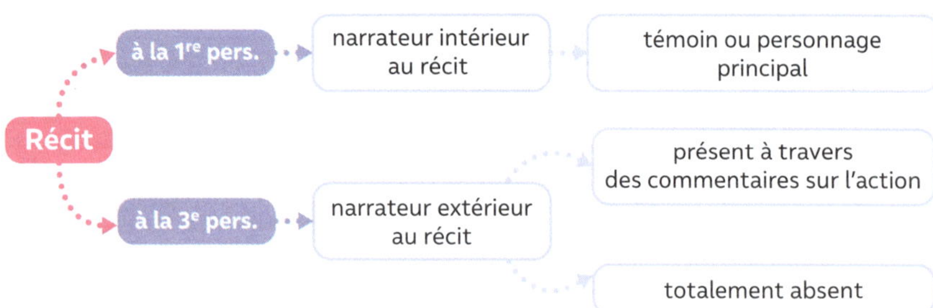

2 Quel est le point de vue du narrateur ?

Pour raconter l'histoire, le narrateur adopte un point de vue ou focalisation.

Focalisation externe	Le narrateur semble découvrir le personnage en même temps que le lecteur.
Focalisation zéro	Le narrateur est omniscient ; il connaît tout du personnage : son passé, son futur, ses pensées...
Focalisation interne	Le lecteur voit à travers le regard du personnage. Le narrateur s'efface pour laisser son personnage décrire, raconter...

Étape 3 Analyser le traitement du temps

■ Déterminez le moment de la narration par rapport au moment des faits. Le récit est souvent rétrospectif : les événements sont racontés au passé. Ils peuvent aussi être racontés au présent, au fur et à mesure de leur déroulement. Ils sont rarement racontés par anticipation avant leur déroulement effectif.

■ Demandez-vous également si l'ordre chronologique est respecté ou s'il est perturbé par des analepses (retours en arrière) ou des prolepses (anticipation).

■ Étudiez enfin le rythme du récit en comparant la durée des faits (F) et la durée de la narration (N). On distingue plusieurs cas de figures :
- N = F (scène) ;
- N > F (pause) ;
- N < F (sommaire) ;
- N = 0 (ellipse).

EXEMPLE
Un dialogue constitue une **scène**, tandis qu'une description constitue une **pause**. Une indication comme « Trois années s'écoulèrent » est une **ellipse** et « Elle voyagea pendant plusieurs mois » un **sommaire**.

Étape 4 Analyser les personnages et le cadre

■ Analysez les personnages et la manière dont ils sont présentés. Leur nom donne-t-il des informations (caractère, origine sociale, époque) ? Quels types de relations entretiennent-ils ? S'il s'agit d'un portrait, est-il physique et/ou moral, élogieux ou dépréciatif ?

■ Les éléments du décor apportent-ils une information sur le personnage, sur celui qui décrit ? La description des lieux a-t-elle une valeur symbolique ou réaliste ?

CONSEIL
Dans une description, soyez attentifs à **l'ordre** dans lequel les éléments sont décrits et aux **effets de zoom**.

MÉMO VISUEL

LE RÉCIT DU MOYEN ÂG[E]

Les mots clés

Pour identifier l'extrait

- **genre du récit :** roman d'analyse, roman d'apprentissage, récit, roman social, autobiographie, mémoires, récit de voyage…
- **type de texte :** narratif, descriptif, dialogue
- **fonction :** exposition (incipit), scène d'action, scène de rencontre, dénouement (excipit)

Pour caractériser la narration

- **narrateur :** personnage, témoin, extérieur à l'histoire
- **point de vue (focalisation) :** interne, externe, omniscient
- **ordre de la narration :** ordre chronologique, analepse, prolepse
- **rythme :** sommaire, ellipse, scène, pause

Quelques œuvres clés à connaître

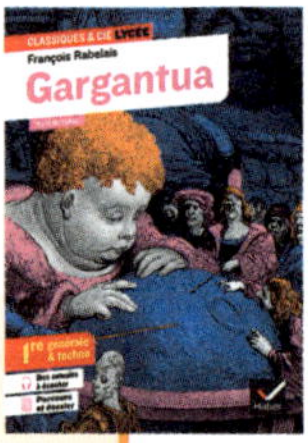

Moyen Âge et XVIe siècle

- *Perceval ou le Conte du Graal*, Chr. de Troyes (1182-1190)
- *Gargantua*, Rabelais (1534)

XVIIe siècle

- *Le Roman comique*, Scarron (1651-1657)
- *La Princesse de Clèves*, Mme de Lafayette (1678)

XVIIIe siècle

- *Lettres persanes*, Montesquieu (1721)
- *L'Histoire de Des Grieux et de Manon Lescaut*, abbé Prévost (1731)
- *Les Liaisons dangereuses*, Ch. de Laclos (1782)

La méthode

Comment analyser un extrait de récit ?

1. Situer l'extrait dans le récit, indiquer **sa fonction**
2. Analyser la **narration** (statut du narrateur, point de vue)
3. Étudier le traitement du **temps** (ordre des événements, rythme)
4. Caractériser les **personnages** (statut, relations, émotions, buts…)
5. Identifier la ou les **visées** du texte

AU XXIe SIÈCLE

Les principaux courants

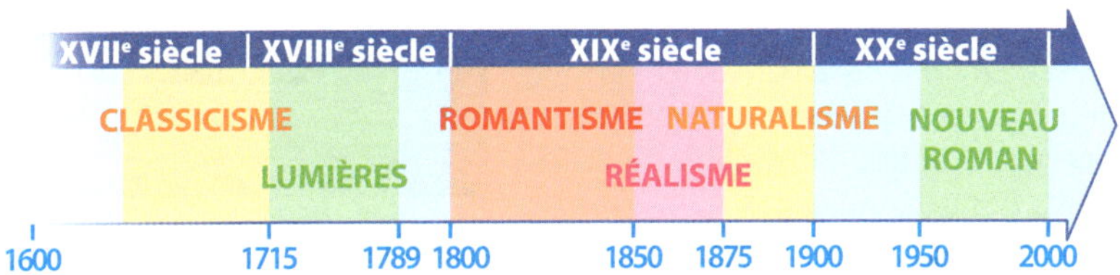

XIXe siècle

- *Le Rouge et le Noir*, Stendhal (1830)
- *Le Père Goriot*, Balzac (1835)
- *Les Misérables*, Hugo (1843-1862)
- *Madame Bovary*, Flaubert (1857)
- *Germinal*, Zola (1885)

XXe siècle

- *À la recherche du temps perdu*, Proust (1906-1922)
- *Voyage au bout de la nuit*, Céline (1932)
- *L'Étranger*, Camus (1942)
- *L'Amant*, Duras (1984)

EXERCICES

La Princesse de Clèves, Mme de Lafayette (1678)

→ FICHE 21

1 Complétez ce texte avec les mots proposés.

préciosité • roman d'apprentissage • tragédie classique • roman historique • roman d'analyse • roman-fleuve

▸ Se démarquant du .... en vogue au XVIIe siècle, Mme de Lafayette choisit un format plus court, celui de la nouvelle, pour raconter la passion malheureuse entre la Princesse de Clèves et le duc de Nemours. Elle emprunte à la .... sa structure et ses thèmes (la passion, la jalousie...) et à la .... son traitement fin des sentiments et son style élégant et délicat.

▸ À la fois .... (l'intrigue se déroule au milieu du XVIe siècle, à la cour d'Henri II) et .... (on suit Mme de Clèves de son arrivée à la cour à son retrait du monde), *La Princesse de Clèves* est surtout considéré comme le premier ...., peignant avec minutie la psychologie et les sentiments des personnages.

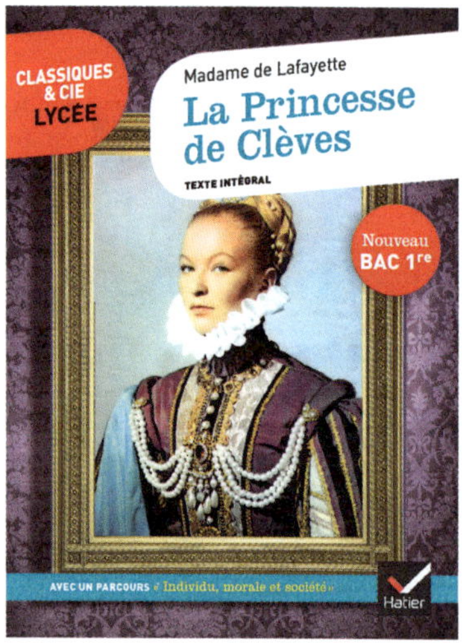

2 Lisez l'extrait et répondez aux questions.

Après son mariage avec M. de Clèves, Mme de Clèves se rend à un bal à la cour du roi Henri II. Elle y fait la rencontre de M. de Nemours...

> Le bal commença ; et, comme elle dansait avec M. de Guise, il se fit un assez grand bruit vers la porte de la salle, comme de quelqu'un qui entrait et à qui on faisait place. Madame de Clèves acheva de danser ; et, pendant qu'elle cherchait des yeux quelqu'un qu'elle avait dessein de prendre, le roi lui cria de prendre celui qui arrivait. Elle se tourna, et vit un homme qu'elle crut d'abord ne pouvoir être que M. de Nemours, qui passait par-dessus quelque siège pour arriver où l'on dansait. Ce prince était fait d'une sorte qu'il était difficile de n'être pas surprise de le voir, quand on ne l'avait jamais vu ; surtout ce soir-là, où le soin qu'il avait pris de se parer augmentait encore l'air brillant qui était dans sa personne : mais il était difficile aussi de voir madame de Clèves pour la première fois sans avoir un grand étonnement.

M. de Nemours fut tellement surpris de sa beauté, que, lorsqu'il fut proche d'elle, et qu'elle lui fit la révérence, il ne put s'empêcher de donner des marques de son admiration. Quand ils commencèrent à danser, il s'éleva dans la salle un murmure de louanges. Le roi et les reines se souvinrent qu'ils ne s'étaient jamais vus, et trouvèrent quelque chose de singulier de les voir danser ensemble sans se connaître. Ils les appelèrent quand ils eurent fini, sans leur donner le loisir de parler à personne, et leur demandèrent s'ils n'avaient pas bien envie de savoir qui ils étaient, et s'ils ne s'en doutaient point.

Mme de Lafayette, *La Princesse de Clèves,* 1678.

Mme de Clèves | M. de Nemours | Les deux personnages

1. Expliquez l'importance du regard dans cette première rencontre.

2. Observez les mots surlignés : comment Mme de Lafayette suggère-t-elle la réciprocité du coup de foudre entre les deux personnages ?

INFO
La rencontre amoureuse, ou scène de première vue, est un *topos* de la littérature romanesque.

3 Prolongement artistique et culturel.

1. Avez-vous lu des scènes de première rencontre dans d'autres romans ? Si oui, lesquelles ?

2. Jean Delannoy a réalisé une adaptation cinématographique de *La Princesse de Clèves*. Comparez le photogramme ci-dessous à l'extrait précédent : le jugez-vous fidèle à l'atmosphère de l'extrait ? Justifiez.

Jean Delannoy, *La Princesse de Clèves* (1961), scène du bal

Les Liaisons dangereuses, Laclos (1782)

→ FICHE 21

4 Lisez ce résumé de l'œuvre puis cochez les affirmations correctes.

La marquise de Merteuil et le vicomte de Valmont se donnent mutuellement comme but de pervertir les prudes, les innocentes, et les chevaliers naïfs. Dans les lettres qu'ils échangent, ils racontent leurs exploits amoureux et l'avancée de leurs stratagèmes. Mais le vicomte de Valmont, pris à son propre piège, tombe amoureux de celle que la marquise de Merteuil lui avait demandé de déshonorer.

- ☒ a. Il s'agit d'un roman épistolaire.
- ☐ b. Madame de Merteuil est la narratrice du roman.
- ☐ c. Les deux personnages principaux veulent pervertir les libertins.
- ☒ d. Le lecteur suit l'histoire à travers les récits des différents personnages.
- ☒ e. Les deux personnages principaux sont cyniques et manipulateurs.

5 Lisez l'extrait et répondez aux questions.

Le vicomte de Valmont est parvenu à ses fins : la prude Madame de Tourvel a cédé à ses avances. Il raconte sa victoire à la marquise de Merteuil.

Ce n'est donc pas, comme dans mes autres aventures, une simple capitulation plus ou moins avantageuse, et dont il est plus facile de profiter que de s'enorgueillir ; c'est une victoire complète, achetée par une campagne pénible, et décidée par de savantes manœuvres. Il n'est donc pas surprenant que ce succès, dû à moi seul, m'en devienne plus précieux ; et le surcroît de plaisir que j'ai éprouvé dans mon triomphe, et que je ressens encore, n'est que la douce impression du sentiment de la gloire. Je chéris cette façon de voir, qui me sauve l'humiliation de penser que je puisse dépendre en quelque manière de l'esclave même que je me serais asservie ; que je n'aie pas en moi seul la plénitude de mon bonheur ; et que la faculté de m'en faire jouir dans toute son énergie soit réservée à telle ou telle femme, exclusivement à toute autre.

Ces réflexions sensées régleront ma conduite dans cette importante occasion ; et vous pouvez être sûre que je ne me laisserai pas tellement enchaîner, que je ne puisse toujours briser ces nouveaux liens, en me jouant et à ma volonté.

- champ lexical de la guerre
- surévaluation du « je »

Choderlos de Laclos, *Les Liaisons dangereuses*, lettre 125, 1782.

1. En vous aidant des repérages effectués, expliquez comment la métaphore guerrière est filée dans cet extrait.

2. Montrez que, malgré toutes ses dénégations, Valmont est conscient de la difficulté qu'il y a à rester en position de force dans la relation de séduction, relation qu'il compare au rapport maître/esclave.

À NOTER
Conquête amoureuse et conquête guerrière : la scène de séduction est souvent racontée en termes de victoire *versus* capitulation.

6 **Faire des liens avec d'autres œuvres.**

1. Cette conception conflictuelle de la relation amoureuse vous semble-t-elle propre à Valmont, ou en avez-vous rencontré d'autres exemples au cours de vos lectures ?

2. Le tableau de Fragonard intitulé *Le Verrou* est très souvent utilisé pour illustrer *Les Liaisons dangereuses* : pourriez-vous dire pourquoi ?

Fragonard, *Le Verrou*, 1777.

Le Rouge et le Noir, Stendhal (1830)

→ FICHE 22

7 **Choisissez la proposition qui convient.**

1. *Le Rouge et le Noir* raconte l'histoire de Julien Sorel, jeune homme pauvre et ambitieux que le narrateur suit dans ses conquêtes sociales et amoureuses.
On parle de ☐ roman picaresque ☒ roman d'analyse ☐ roman d'apprentissage.

2. *Le Rouge et le Noir* (sous-titré *Une chronique de 1830*) a pour cadre la France sous la Restauration. On y croise différents milieux : la bourgeoisie de province, l'aristocratie parisienne, le clergé. C'est une caractéristique du ☐ baroque ☐ romantisme ☒ réalisme.

3. *Le Rouge et le Noir* est aussi un grand roman sur l'amour contrarié qui finit de manière tragique. Cela fait de Julien Sorel ☒ un héros romantique ☐ un anti-héros ☐ un héros burlesque.

4. Julien Sorel voue une grande admiration à ☒ Napoléon Ier ☐ Louis XIV ☐ Rousseau ☐ Camus.

8 Lisez l'incipit du roman et répondez aux questions.

> La petite ville de Verrières peut passer pour l'une des plus jolies de la Franche-Comté. Ses maisons blanches avec leurs toits pointus de tuiles rouges, s'étendent sur la pente d'une colline, dont des touffes de vigoureux châtaigniers marquent les moindres sinuosités. Le Doubs coule à quelques centaines de pieds au-dessous de ses fortifications, bâties jadis par les Espagnols, et maintenant ruinées. […]
>
> À peine entre-t-on dans la ville que l'on est étourdi par le fracas d'une machine bruyante et terrible en apparence. Vingt marteaux pesants, et retombant avec un bruit qui fait trembler le pavé, sont élevés par une roue que l'eau du torrent fait mouvoir. Chacun de ces marteaux fabrique, chaque jour, je ne sais combien de milliers de clous. Ce sont de jeunes filles fraîches et jolies qui présentent aux coups de ces marteaux énormes les petits morceaux de fer qui sont rapidement transformés en clous. Ce travail, si rude en apparence, est un de ceux qui étonnent le plus le voyageur qui pénètre pour la première fois dans les montagnes qui séparent la France de l'Helvétie. Si, en entrant à Verrières, le voyageur demande à qui appartient cette belle fabrique de clous qui assourdit les gens qui montent la grande rue, on lui répond avec un accent traînard : *Eh ! elle est à M. le maire.*
>
> Pour peu que le voyageur s'arrête quelques instants dans cette grande rue de Verrières, qui va en montant depuis la rive du Doubs jusque vers le sommet de la colline, il y a cent à parier contre un qu'il verra paraître un grand homme à l'air affairé et important.

adjectifs évaluatifs
expression répétée

Stendhal, *Le Rouge et le Noir* (incipit), 1830.

1. Montrez que cet incipit suit le cheminement du voyageur.

2. En vous aidant notamment des repérages effectués, analysez la description de la fabrique de clous : en quoi vous semble-t-elle caractéristique d'un récit réaliste ?

À NOTER
L'incipit, qui ouvre le récit, est un moment clé : il pose le décor, les personnages, donne le ton, situe l'action. Il doit toujours être analysé avec soin.

CORRIGÉS

La Princesse de Clèves, Mme de Lafayette (1678)

1 ▸ Se démarquant du **roman-fleuve** en vogue au XVIIe siècle, Mme de Lafayette choisit un format plus court, celui de la nouvelle, pour raconter la passion malheureuse entre la Princesse de Clèves et le duc de Nemours. Elle emprunte à la **tragédie classique** sa structure et ses thèmes (la passion, la jalousie…) et à la **préciosité** son traitement fin des sentiments et son style élégant et délicat.

▸ À la fois **roman historique** (l'intrigue se déroule au milieu du XVIe siècle, à la cour d'Henri II) et **roman d'apprentissage** (on suit Mme de Clèves de son arrivée à la cour à son retrait du monde), *La Princesse de Clèves* est surtout considéré comme le premier **roman d'analyse**, peignant avec minutie la psychologie et les sentiments des personnages.

2 1. Le bal est un spectacle dans lequel chacun cherche à **voir** et à **se faire voir**. Le récit s'organise autour de deux personnages qui se voient et sont vus. Tout est **apparence**. Mais le verbe *voir* est repris en écho dans le verbe *savoir* (dernière ligne), qui implique une réelle connaissance l'un de l'autre, prochaine étape du récit.

2. **Réciprocité**, car les mêmes expressions se répètent d'un personnage à l'autre (ils ont les mêmes caractéristiques et les mêmes réactions) ; le pronom sujet devient complément d'objet, et réciproquement ; le *il* et le *elle* se confondent dans le *ils*.

3 1. Pensez, par exemple, à la scène de rencontre entre Julien Sorel et Mme de Rênal (Stendhal, *Le Rouge et le Noir*, 1830), tout en focalisation interne : on découvre Julien Sorel par le regard de Mme de Rênal, et réciproquement. Vous pouvez aussi évoquer la rencontre entre Frédéric Moreau et Madame Arnoux dans *L'Éducation sentimentale* de Flaubert (1869).

> **À NOTER**
> La découverte amoureuse de l'autre par le regard est le passage obligé du « coup de foudre ».

2. On retrouve les trois personnages du texte. Le roi est au centre ; il fait l'intercesseur entre M. de Nemours à droite et la princesse à gauche. Les deux jeunes gens, somptueusement (et symboliquement) vêtus de blanc, se regardent et se découvrent. Ils se détachent de la foule qui observe la scène et regarde les personnages qui se regardent.

Les Liaisons dangereuses, Laclos (1782)

4 Réponses **a**, **d**, **e**.

- La réponse **b** est fausse car il s'agit d'un roman épistolaire, il y a donc autant de narrateurs que d'épistoliers.
- La réponse **c** est fausse car les deux personnages principaux sont les libertins.

5 **1.** Deux antonymes réciproques (« capitulation » et « victoire ») précèdent deux termes techniques propres à la **stratégie militaire** accompagnés par les adjectifs attendus (les *manœuvres* sont toujours *savantes* et une victoire n'est belle que si la *campagne* a été *pénible*). La métaphore se termine par une belle gradation évoquant une **victoire militaire** : « succès », « triomphe », « gloire ».

2. La phrase complexe qui clôt le premier paragraphe énonce **trois pièges** dans lesquels pourrait tomber tout séducteur. Mais en même temps que Valmont explique la stratégie qu'il a mise au point pour s'en garder, il montre combien son garde-fou, « cette façon de voir », est factice car la raison (« ces réflexions sensées ») est pure construction intellectuelle ; elle se brisera contre la passion.

6 **1.** Passant du récit au théâtre, on ne peut que penser à la fameuse tirade de Dom Juan (Molière, *Dom Juan*, I, 2) dans laquelle il fait l'éloge de l'inconstance et se compare à Alexandre le Grand.

2. Le tableau de Fragonard donne lieu à deux interprétations différentes : scène amoureuse peignant le désir des deux amants, ou scène de viol, l'homme fermant le verrou et la femme essayant de l'en empêcher ? C'est cette **ambiguïté** même qui est au cœur de l'intrigue des *Liaisons dangereuses* : le libertin est celui qui révèle à la prude le désir qu'elle ressent mais qu'elle ne veut pas s'avouer.

Le Rouge et le Noir, Stendhal (1830)

7 **1.** roman d'apprentissage. **2.** réalisme. **3.** un héros romantique. **4.** Napoléon Ier et Rousseau.

8 **1.** Il suffit de suivre l'organisation du texte en trois paragraphes pour remarquer que le narrateur suit le chemin du « voyageur » qui découvre d'abord la ville de très loin (l. 1-6), puis se rapproche jusqu'à entendre les bruits de la fabrique de clous (l. 7-19). Il arrive enfin dans la grande rue, où il s'adresse à un des habitants (discours direct) et en aperçoit un autre (sans doute le maire). Le narrateur est-il ce voyageur (présence discrète du « je », l. 11) ?

2. La précision de la description et la répétition de l'expression « en apparence » traduisent le **souci d'exactitude** de l'auteur, caractéristique du roman réaliste. L'évocation du travail difficile des ouvrières ajoute une **dimension sociale**. Les adjectifs utilisés se répondent de manière antithétique (« bruyante et terrible » / « fraîches et jolies » ; « énormes » / « petits » ; « rude » / « belle »), apportant ainsi un **regard critique** propre au réalisme.

6 Les romans et récits au programme

TEST

Pour vous situer et établir votre parcours de révision 132

FICHES DE COURS

25 Abbé Prévost, *Manon Lescaut* 134

26 Personnages en marge, plaisirs du romanesque 136

27 Balzac, *La Peau de chagrin* 138

28 Les romans de l'énergie : création et destruction 140

29 Colette, *Sido* suivi de *Les Vrilles de la vigne* 142

30 La célébration du monde 144

MÉMO VISUEL 146

SUJETS GUIDÉS & CORRIGÉS

OBJECTIF BAC

5 **EXPLICATION DE TEXTE** | Colette, *Sido* (1930) 148

OBJECTIF MENTION

6 **DISSERTATION** | *Manon Lescaut* : pourquoi ce roman plaît-il ? 153

TESTEZ-VOUS

→ CORRIGÉS P. 346

Faites le point sur vos connaissances puis établissez votre **parcours de révision** en fonction de votre score. Attention, il faut parfois cocher plusieurs réponses.

1 Abbé Prévost, *Manon Lescaut* (1731)

→ FICHES 25-26

1. Manon est…

☐ a. une religieuse
☐ b. une jeune femme entretenue
☐ c. d'extraction noble

2. Pour Manon, Des Grieux renonce à…

☐ a. son honneur, sa réputation
☐ b. sa fortune
☐ c. sa famille

3. Les trahisons de Manon s'expliquent par…

☐ a. le chantage qu'elle subit
☐ b. son envie de faire souffrir Des Grieux
☐ c. son goût du luxe

4. Associez chaque personnage à ce qui caractérise sa conduite.

a. Des Grieux •	• e. l'absence totale de scrupules
b. Lescaut (frère de Manon) •	• f. la raison et la vertu
c. Tiberge •	• g. le sens de l'honneur et du rang
d. le père de Des Grieux •	• h. la passion

…/4

2 Balzac, *La Peau de chagrin* (1831)

→ FICHES 27-28

1. Au début du roman, comment Raphaël dépense-t-il son énergie ?

☐ a. Il cherche la gloire en travaillant dur.
☐ b. Il aime éperdument mais vainement Fœdora.
☐ c. Il cherche à gagner de l'argent.
☐ d. Il parcourt le monde entier.

2. La peau de chagrin apparaît comme…

☐ a. un objet banal, sans intérêt
☐ b. un objet au pouvoir magique
☐ c. une source d'angoisse

3. Quel usage Raphaël fait-il de la peau ?

☒ a. Il utilise son pouvoir pour satisfaire ses goûts de luxe et de fortune.
☐ b. Il lui demande l'immortalité.
☐ c. Il cherche à s'en débarrasser.

4. Que symbolise la peau ?

☒ a. un fantasme de toute-puissance
☐ b. la supériorité de l'animal sur l'homme
☒ c. la perte d'énergie vitale liée à tout désir

.../4

3 Colette, *Sido* (1930) et *Les Vrilles de la vigne* (1905-1908)

→ FICHES 29-30

1. Quels aspects de sa vie et d'elle-même Colette s'attache-t-elle à retranscrire dans *Sido* et *Les Vrilles de la vigne* ?

☐ a. son enfance dans la maison de Saint-Sauveur-en-Puisaye
☐ b. ses relations avec Willy
☐ c. sa carrière au music-hall
☐ d. son désir de liberté

2. Dans quels textes sont évoqués les lieux cités ci-dessous ?

a. le jardin de la maison d'enfance •	• e. « Printemps de la Riviera »
b. le milieu du spectacle •	• f. *Sido*
c. la baie de Somme •	• g. « Partie de pêche »
d. la Côte d'Azur •	• h. « Music-halls »

3. Que peut-on dire du personnage de Sido ?

☐ a. Elle joue un rôle secondaire au sein de sa famille.
☐ b. Elle connaît tout de la faune et de la flore.
☐ c. Elle voue une sorte de culte à la nature.

4. Qu'est-ce qui caractérise l'écriture de Colette ?

☐ a. une abondance d'images
☐ b. un point de vue objectif
☐ c. une grande précision lexicale

.../4

Score sur l'œuvre étudiée .../4

Parcours PAS À PAS ou EXPRESS ? → MODE D'EMPLOI P. 2

25 Abbé Prévost, *Manon Lescaut*

En bref *Ce roman propose l'une des plus célèbres histoires d'amour de la littérature française. Jugé « scandaleux » dans les années 1730, le récit connaît un véritable succès grâce au personnage éponyme, élevé au rang de mythe littéraire.*

I Premiers repères

1 L'auteur et le contexte

■ Antoine-François Prévost d'Exiles, dit l'abbé Prévost (1697-1763), eut une vie mouvementée. D'abord moine, il fut ordonné prêtre en 1726, mais abandonne dès 1728 l'état ecclésiastique et fuit à l'étranger. Endetté par amour pour une femme, il doit s'exiler à plusieurs reprises avant de revenir en France, en 1743.

■ Traducteur, historien, journaliste, il fut surtout un romancier prolifique et doit sa célébrité à son *Histoire du chevalier des Grieux et de Manon Lescaut* (tome VII des *Mémoires et aventures d'un homme de qualité qui s'est retiré du monde*). Le roman **fait scandale** lors de sa parution en 1731, mais connaît cependant un franc succès. Le personnage féminin est devenu un véritable mythe littéraire.

À NOTER
C'est exilé en Hollande que Prévost publie, en 1731, *Manon Lescaut*. L'œuvre est alors **interdite** en France et saisie, mais circule très vite sans autorisation.

2 L'histoire en résumé

■ Le chevalier des Grieux, jeune noble de dix-sept ans, destiné à une carrière ecclésiastique, s'éprend au premier regard d'une fille du peuple, Manon Lescaut. Pour elle, il quitte tout. Avide de plaisirs et de luxe, elle l'entraîne dans un milieu trouble.

■ Tous deux fuient et s'installent à Paris. Mais très vite, le couple manque d'argent. Accumulant les revers de fortune, ils enchaînent les vols pour alimenter leur train de vie et sont emprisonnés à plusieurs reprises. Leur amour est réprouvé par la société qui, rigide, ne tolère pas leurs transgressions.

■ Déportée en Louisiane, où Des Grieux la suit, Manon meurt d'épuisement. Éprouvé, Des Grieux finit par rentrer en France.

II Des clés pour l'analyse

1 Le regard subjectif et rétrospectif de Des Grieux

■ Des Grieux raconte ses aventures au marquis de Renoncour, le narrateur, qui, lui-même, retranscrit le récit du chevalier à la première personne. Le lecteur s'en remet donc à la seule perception et interprétation des faits par Des Grieux.

- Près d'un an après la mort de Manon, Des Grieux analyse rétrospectivement ses propres sentiments et motivations. Le « je » examine ses tourments. Conscient de sa déchéance progressive, il décrit les ravages de la passion et les mécanismes qui l'ont fait basculer. Déchiré entre son aveuglement passionnel et une lucidité favorisée par le recul, il livre un témoignage très partial.
- Le désir de rendre hommage à Manon le dispute au souci de plaider sa propre cause : « Je suis sûr qu'en me condamnant, vous ne pourrez pas vous empêcher de me plaindre. » Des Grieux se présente comme une victime de la « fatalité ».

2 Manon vue par Des Grieux : une héroïne ambiguë et fascinante

- Des Grieux décrit Manon comme une « charmante et perfide créature », aimant l'abondance et les plaisirs, « fidèle » et « attachée » « dans la bonne fortune », mais sur laquelle « il ne fallait pas compter dans la misère ».
- Tout en la rendant responsable de sa perte, le chevalier la défend, justifie son amoralité et prône son inconscience : « elle pèche sans malice ».
- Manon est une véritable « énigme », le lecteur ne sait rien de ses propres motivations et peine à la saisir. Malgré ses infidélités, elle semble se repentir sincèrement au moment de sa mort, purifiée par son amour pour Des Grieux.

zoOm

La chronologie des événements

▶ Première partie

1712
- Rencontre des héros
- Fuite à Paris
- Trahison de Manon avec M. de B…
- Réclusion de Des Grieux chez son père

1714-1715
- Retrouvailles et installation à Chaillot
- Ruines, triches, vol du vieux M. de G… M…
- Prison Saint-Lazare (Des Grieux), hôpital de la Salpêtrière (Manon)
- Évasions, meurtre d'un gardien

▶ Seconde partie

1715
- Vol du fils de M. de G… M…
- Emprisonnement du couple au Châtelet
- Déportation de Manon en Louisiane
- **1re rencontre entre DG et Renoncour**

1716
- Vie en Louisiane
- Duel avec Synnelet
- Mort de Manon
- Retour de DG en France

1717
- **2de rencontre entre DG et Renoncour**
- Début du récit rétrospectif de DG

26 Personnages en marge, plaisirs du romanesque

En bref *Le roman met en scène des personnages marginaux mais attachants et questionne les normes sociales et morales de l'époque.*

I Manon et Des Grieux : des héros en marge

1 La rupture avec une vie « rangée »

- Manon, « fille de rien » envoyée au couvent pour juguler un penchant précoce pour le plaisir, séduit d'emblée Des Grieux. Incapable de lui résister, ce fils issu d'une famille aristocratique abandonne sur-le-champ sa bonne éducation et son projet d'entrer dans l'ordre des chevaliers de Malte.
- Des Grieux refuse de mener l'existence vertueuse vantée par son ami Tiberge. Il fait le choix d'« une vie obscure et vagabonde » et sacrifie sa conscience, sa fortune et son honneur.

2 Des transgressions successives

- Malgré de brefs sursauts de lucidité, Des Grieux préfère le vice au risque de perdre Manon. Initié par un malfrat, Lescaut, le frère de Manon, il fréquente les milieux peu recommandables du jeu, enchaîne les vols et les tricheries, puis en vient à commettre un meurtre lors de son évasion.
- Manon et Des Grieux **transgressent** les codes sociaux et moraux de leur époque. Des Grieux renie ses valeurs religieuses, fait une mésalliance et rompt avec son père.

POUR ALLER + LOIN
Les Liaisons dangereuses (Choderlos de Laclos, 1782) proposent les échanges épistolaires de deux libertins immoraux qui mènent une vie de plaisir en manipulant leur entourage.

II Les sources du plaisir romanesque

1 Des protagonistes attachants

Le couple conserve néanmoins une pureté touchante. Manon émeut le lecteur par son insouciance et sa jeunesse. Des Grieux, âme délicate, ne s'arrache pas sans douleur à son sens de l'honneur et aux exigences de son milieu. Tels Tristan et Iseult, amants mythiques du Moyen Âge, ils vivent leur passion clandestinement.

2 Des péripéties multiples

- La narration tient en haleine le lecteur : les péripéties s'enchaînent à un rythme soutenu et empruntent au répertoire romanesque traditionnel (fuites, duels...).
- Le plaisir du récit l'emporte sur le souci de la vraisemblance, dans la veine du roman d'aventures et de la comédie d'intrigues. Prévost cherche bien, comme annoncé dans l'« Avis de l'auteur », à divertir son lecteur.

III Des héros porteurs d'une vision transgressive du monde ?

1 Une réflexion sur les valeurs

- L'auteur souhaite peindre un « exemple terrible de la force des passions » afin d'instruire le lecteur. Des Grieux donne libre cours à sa passion qui l'emporte sur la raison : « Après tout, l'amour est un bon maître ».
- Des débats philosophiques ou éthiques sur la nature de l'existence jalonnent le récit (échanges entre Des Grieux et son père, ou avec Tiberge). Entre passion et vertu, quel choix l'individu doit-il faire ? Suivre ce que lui dicte l'ordre social ou ses propres sens ? Le roman pose la question du droit au bonheur individuel.
- Par la fin tragique du roman, Prévost semble vouloir avertir le lecteur de la fatalité de la passion. Mais il plaide aussi pour disculper ses héros : la société, rigide, rend l'amour sincère impossible.

2 Une société sclérosée

- L'argent est un motif central du roman : il fait le bonheur ou le malheur du couple. Le lecteur est ainsi amené à s'interroger sur cette société corrompue qui érige l'argent en valeur suprême.
- La société de l'Ancien Régime **sanctionne sévèrement** ceux qui dérogent à ses codes – en particulier Manon, dénuée de tout appui social et condamnée d'autant plus durement. Sa mort paraît incarner son impossibilité à vivre dans une société fermée qui n'a accordé aucune légitimité à ses désirs.

POUR ALLER + LOIN
Les Misérables de Victor Hugo (1862), retracent les péripéties de Jean Valjean pour échapper à son passé de bagnard : sa rédemption morale est empêchée par une société injuste et brutale.

zoOm

Un couple de hors-la-loi

Le film s'inspire de la vie de Bonnie Parker et de Clyde Barrow, deux criminels américains des années 1930. Ces jeunes révoltés, qui braquent des banques pour échapper à l'ennui d'une société terne et oppressante, suscitent paradoxalement l'empathie du spectateur.

Photogramme tiré du film *Bonnie and Clyde*, réalisé par Arthur Penn en 1967.

27 Balzac, *La Peau de chagrin*

En bref *L'histoire de Raphaël, dont la vie dépend d'un étrange talisman, relève à la fois du roman réaliste et du conte fantastique. Par ce biais, Balzac donne à réfléchir sur l'existence humaine.*

I Premiers repères

1 L'auteur et le contexte

- Doté d'une énergie débordante, Honoré de Balzac (1799-1850) a écrit plus de quatre-vingt-dix romans.

- Pilier du mouvement réaliste, il développe une conception originale du roman. Dans *La Comédie humaine*, vaste fresque qui englobe son œuvre, il entend « faire l'inventaire de la société française » en trois grandes parties : *Études de mœurs*, *Études philosophiques* et *Études analytiques*. *La Peau de chagrin*, publiée en 1831, est son premier grand succès et figure au début de ses *Études philosophiques*.

2 L'histoire en résumé

- Première partie : « Le talisman ». Raphaël de Valentin, jeune aristocrate ruiné, au bord du suicide, s'empare d'« une peau de chagrin » chez un vieil antiquaire. Capable d'exaucer tous ses désirs, elle rétrécit à chaque vœu réalisé et écourte d'autant la vie de son propriétaire. Incrédule, Raphaël formule un premier souhait - participer à un luxueux banquet - qui se réalise aussitôt.

- Deuxième partie : « La femme sans cœur ». Raphaël fait alors le récit de sa jeunesse studieuse et de sa passion malheureuse pour Fœdora, la « femme sans cœur ». Son second vœu - disposer d'une fortune - se réalise mais la peau a rétréci. D'abord dubitatif, Raphaël est ensuite gagné par l'angoisse.

- Troisième partie : « L'agonie ». Devenu riche mais fragile, terrifié par la puissance maléfique de la peau, Raphaël vit reclus et tente de réfréner ses moindres désirs. Il trouve un bonheur éphémère dans son amour partagé pour Pauline Gaudin, mais ne peut éviter le rétrécissement de la peau. Il meurt dans les bras de la femme aimée, consumé par ses propres désirs.

II Des clés pour l'analyse

1 Un roman en prise avec la société de son temps

- L'histoire se déroule sous la monarchie de Juillet, d'octobre à décembre 1830. La bourgeoisie conservatrice, hostile à la République, a porté au pouvoir Louis-Philippe Ier, brisant l'élan de gloire qui a animé toute une génération.

■ Déçue par les soubresauts politiques du début du siècle, la jeunesse **romantique** des années 1830 peine à trouver sa place dans la société. Raphaël partage avec cette génération le malaise diffus que Musset nomme « mal du siècle ». Bridé dans ses rêves, solitaire, tourmenté, usé avant l'âge, il finit broyé par un monde qu'il abhorre : « En sondant mon âme, je la trouvais gangrenée, pourrie. Le démon m'avait imprimé son ergot au front. »

À NOTER
En marge de la société qui laisse difficilement sa chance à qui n'a ni nom ni fortune, le **héros romantique** se caractérise par une sensibilité exacerbée. Ses rêves se heurtent à une réalité décevante.

2 | Une coloration fantastique

■ Balzac qualifie volontiers son roman de « conte fantastique », « oriental ». D'emblée, la peau s'impose comme un objet intrigant : d'aspect métallique, elle est nimbée de lumière et surmontée d'une inscription en arabe. Ses propriétés mystérieuses, qui la rendent capable d'accomplir tout désir, échappent à l'entendement des scientifiques que Raphaël appelle à son aide.

■ Obnubilé par ce talisman dont il ne mesure que trop tard le danger, Raphaël détermine sa vie et ses désirs en fonction de cette peau : « La Peau de chagrin était comme un tigre avec lequel il lui fallait vivre sans en réveiller la férocité. »

■ Le récit laisse planer un climat d'incertitude propre au **fantastique** : tantôt persuadé du pouvoir de ce talisman, tantôt incrédule, Raphaël se consume, comme la peau, pour avoir noué ce pacte faustien.

À NOTER
Pour le critique Tzvetan Todorov, le **fantastique** résulte d'une hésitation du lecteur sur la nature d'un événement inhabituel, qui peut être considéré comme réel ou illusoire.

zoOm

Pactiser avec le diable

La Peau de chagrin revisite le mythe de Faust. Vieillissant, le docteur Faust vend son âme au diable pour transcender sa condition de mortel et accéder à une jeunesse éternelle qui sera la source de son malheur.
Le diable offre ici à Faust la beauté et l'amour sous les traits de la jeune Marguerite.

Fabio Cipolla, *Marguerite, Faust et Mephisto*, huile sur toile, vers 1900.

28 Les romans de l'énergie : création et destruction

En bref *Comment vivre, comment faire usage de notre énergie vitale ? C'est l'un des thèmes fondamentaux de* La Peau de chagrin.

I Qu'est-ce que l'énergie pour Balzac ?

1 Une force vitale en réserve

- Dans le système balzacien, chaque homme est doté d'un capital d'énergie propre, de force vitale innée (intellectuelle, physique et morale) qui se consomme ou se préserve, selon ses choix de vie.
- Figure de sagesse et de longévité (cent deux ans !), l'antiquaire livre le constat suivant : la nature humaine est réglée par deux forces, « Vouloir et Pouvoir », qui consument l'énergie vitale : « Vouloir nous brûle et Pouvoir nous détruit. »

À NOTER
Balzac est influencé par la **théorie vitaliste** de la médecine de l'époque qui estime que l'humain doit dépenser son énergie avec modération pour préserver son intégrité physique.

2 Une force aux usages variés selon les individus

- Certains usent de cette force vitale en avares (Fœdora), d'autres en prodigues (Raphaël, les courtisanes du roman). Terrifié par la perspective d'une vie abrégée, Raphaël prend finalement le parti d'économiser sa force vitale en menant une vie végétative permettant de stopper le resserrement de la peau.
- À l'instar de l'antiquaire qui choisit de vivre dans la sérénité, en se concentrant sur le Savoir, les hommes forts tirent parti d'une énergie canalisée et la placent au service d'une volonté supérieure.

II En quoi l'énergie est-elle une force ambivalente ?

1 L'énergie : une force créatrice…

- Dans sa jeunesse, Raphaël met son énergie au service de ses études. Avide de gloire, brûlant d'amour, il a « la prétention d'escalader le ciel sans échelle » et se sent « né pour aimer ». Il rédige à corps perdu une *Théorie de la Volonté*.
- Plus tard, il acquiert la peau de chagrin, qui peut d'abord apparaître comme une concrétisation de ce désir sans limite, de cette vitalité qui est une formidable force de création.

POUR ALLER + LOIN
Dans les ***Mémoires de deux jeunes mariées*** (1841) de Balzac, deux femmes fondent leur existence selon des principes opposés : Louise consacre son énergie à la passion amoureuse, tandis que Renée met la sienne au service de sa famille.

2 … et destructrice

- Raphaël est **porté à l'excès** dans tous les domaines, mais ses élans de jeunesse sont vite balayés par un père despotique, une société fermée et arc-boutée sur l'argent, et le cœur glacé de Fœdora. « Impuissante », son énergie « se dévor[e] elle-même ».

POUR ALLER + LOIN
Dans ***La Recherche de l'absolu*** (1834), Balthazar Claës, héros balzacien, est dominé par une obsession destructrice (trouver « l'absolu ») pour laquelle il sacrifie tout, jusqu'à sa famille.

- Si la peau semble à même de le délivrer d'une existence frustrante, Raphaël n'a pas su user de son pouvoir : il ne parvient ni à créer, ni à agir, ni véritablement à aimer. Le bonheur amoureux partagé avec Pauline finit par le consumer.
- La dépense de son énergie vitale le conduit progressivement à la mort ; la peau révèle combien la mort hante une vie usée par les désirs et les émotions fortes.

III En quoi l'œuvre propose-t-elle une réflexion sur l'existence ?

1 Du bon usage de l'énergie

Balzac expose un dilemme : pour bien vivre, doit-on mener une vie courte, mais intense, ou une vie longue et paisible, mais proche de l'ennui ? Raphaël expérimente ces deux extrêmes sans succès : vivre sans dépenser son énergie semble illusoire.

2 Une réflexion complexe

Balzac met en tension diverses manières d'être. L'antiquaire est porteur d'une voie modérée : loin de gâcher sa force vitale par le « Vouloir » et le « Pouvoir », il mise sur le Savoir, gage de longévité. Cependant, s'il a longtemps privilégié une existence fondée sur la sagesse, il revient sur son choix de vie initial : « J'avais pris l'existence au rebours. Il y a toute une vie dans une heure d'amour. » L'auteur ne délivre aucune leçon définitive et renvoie le lecteur à ses propres réflexions.

zoOm

Un ambitieux énergique

Le Rouge et le Noir (1830), roman d'apprentissage de Stendhal, décrit le parcours de Julien Sorel, fils d'un charpentier, qui réussit à sortir de sa condition. Fervent admirateur de Napoléon, Julien place toute son énergie au service d'une ambition dévorante, avant de comprendre que le bonheur ne peut être trouvé qu'à l'écart de la société, dans la passion amoureuse.

Photogramme du téléfilm *Le Rouge et le Noir*, de Jean-Daniel Verhaeghe, 1997.

29 Colette, *Sido* suivi de *Les Vrilles de la vigne*

En bref *Dans ses récits inspirés de sa propre vie, Colette nous emmène sur les traces de ses souvenirs et de ses sensations.*

I Premiers repères

1 L'auteure et le contexte

■ Sidonie Gabrielle Colette, dite Colette (1873-1954), passe son enfance dans l'Yonne. Son premier mari, l'écrivain Henry Gauthier-Villars, dit **Willy**, l'introduit dans le Tout-Paris de la Belle Époque. Avec son aide, elle publie avec succès la série des *Claudine* (1900-1903).

> **À NOTER**
> **Willy** est relecteur et correcteur du roman *Claudine à l'école* et le signe lors de sa parution en 1900. L'œuvre finit par être attribuée à Colette, sa véritable auteure.

■ Séparée en 1906 de Willy, elle entame une relation avec Missy, la fille du duc de Morny. Colette mène une vie de femme libre et indépendante. Romancière, reporter, rédactrice de publicité, épistolière et journaliste, ses activités parallèles au music-hall font néanmoins scandale.

■ Les années 1920 lui apportent la gloire littéraire avec notamment des œuvres à tonalité autobiographique, telles que *La Maison de Claudine* (1922), *La Naissance du jour* (1928) et *Sido* (1930).

2 La composition

■ *Sido* est une œuvre de maturité. L'auteure y évoque son enfance dans sa maison natale à Saint-Sauveur-en-Puisaye, dans les années 1880. L'œuvre est divisée en trois parties : la première est consacrée à Sidonie, dite « Sido », la mère de Colette ; la deuxième, « Le Capitaine », à son père Jules ; la troisième, « Les Sauvages », à son demi-frère Achille, son frère Léo et sa demi-sœur Juliette.

■ *Les Vrilles de la vigne*, œuvre de jeunesse publiée en 1908, rassemblent des chroniques composées à une époque où Colette s'affirme, libérée du contrôle de Willy. Dans ces **dix-huit courts récits** oscillant entre fiction et réalité, elle revendique ses choix et sa propre liberté.

> **À NOTER**
> Le **recueil** a souvent été modifié par Colette qui a changé l'ordre des textes, en a supprimé ou ajouté.

II Des clés pour l'analyse

1 *Sido* : un portrait de famille autobiographique

■ L'œuvre est une mosaïque de souvenirs familiaux, constituée de « petites touches » échappant à toute linéarité chronologique et se succédant d'une façon aléatoire. L'auteure évoque ainsi les « parties de campagne », moments de communion familiale, marquées par les poèmes du père et les contes de la mère.

■ Sido est un personnage central et omniprésent, vers lequel chaque protagoniste converge. Le « regard gris voltigeant » de la mère, se posant sur les beautés insoupçonnées du monde, envoûte la fille et son père.

■ Colette souhaite rendre la vie à un passé à jamais perdu, en évoquant avec nostalgie les lieux et les figures disparues : Achille, « l'aîné sans rivaux », mort quinze ans plus tôt ; la « mystérieuse demi-sœur », suicidée en 1908 ; le vieillissant Léo, ce « sylphe de soixante-trois ans ».

2 *Les Vrilles de la vigne* : des chroniques personnelles

■ Réunissant des chroniques parues dans des journaux de l'époque de 1905 à 1908, *Les Vrilles de la vigne* présentent une grande variété de formes narratives : des récits autobiographiques aux accents de poèmes en prose (« Nuit blanche », « Jour gris ») ; des « dialogues de bêtes » à l'écriture théâtrale (« Toby-Chien et la musique ») ; des extraits de journal intime (« Partie de pêche »).

■ Colette aborde des thèmes divers, notamment son désir de liberté. Elle proclame son indépendance (« Nonoche »), elle qui est parvenue à s'émanciper : « Mais j'ai rompu, d'un sursaut effrayé, tous ces fils tors qui déjà tenaient à ma chair, et j'ai fui... » (« Les Vrilles de la vigne »).

■ Les tonalités varient d'un récit à l'autre. L'auteure y livre ses sentiments les plus intimes comme le réconfort trouvé auprès de Missy (« Le Dernier Feu »). Colette fait aussi une peinture satirique de la bourgeoisie parisienne (« Belles-de-jour »).

zoom

La géographie des récits de Colette

Sido et *Les Vrilles de la vigne* peignent différents lieux essentiels dans la création littéraire de Colette.

Le Crotoy, en baie de Somme

Le Paris de la Belle Époque : Colette et Missy au Moulin Rouge

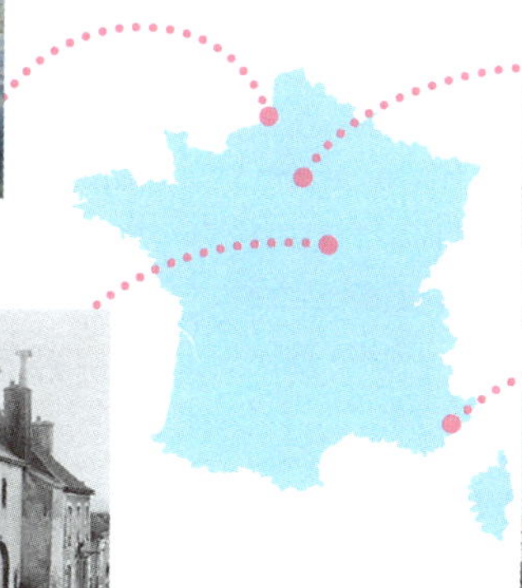

La maison natale en Bourgogne

Le Casino de Monte-Carlo

30 La célébration du monde

En bref *Dans* Sido *et dans* Les Vrilles de la vigne, *Colette chante le monde qui l'entoure et l'honore pour sa beauté.*

I Le monde célébré par Colette

1 Le jardin de l'enfance

- Le jardin de la maison familiale est au centre des souvenirs évoqués dans *Sido*. Colette vante l'« aimable vie policée » de ce lieu de paix et de sérénité aux mille et une merveilles. Sido est la figure centrale de ce jardin édénique. Elle y fait croître des fleurs par dizaines, qu'elle protège de tous les dangers.
- Ce jardin est un lieu symbolique d'initiation et de transmission entre Sido et sa fille. L'observation du merle qui mange les cerises, sans peur de l'épouvantail, est l'occasion d'une contemplation de la nature sauvage.

2 Les merveilles de l'âge adulte

- Les paysages de la baie de Somme (« En marge d'une plage blanche ») et de la Côte d'Azur (« Printemps de la Riviera ») sont aussi célébrés pour leur beauté et le plaisir auquel ils sont associés (l'amour avec Missy, l'insouciance des festivités).
- C'est aussi dans le monde des music-halls que la liberté de Colette s'épanouit : « Je veux faire ce que je veux. Je veux jouer la pantomime, même la comédie. Je veux danser nue [...]. »

II Le thème central de la nature

1 La nature, une source inépuisable de sensations

- Chaque être vivant, plante ou animal, suscite l'admiration. Les injonctions de Sido – « Regarde ! » et « Écoute ! » – invitent à se tenir à l'affût du bruit et des formes, et à faire sienne cette « solitaire ivresse du chercheur de trésor ».
- Les souvenirs visuels, tactiles et auditifs se mélangent dans un concert de **sensations** rappelant la synesthésie des « correspondances » baudelairiennes : « Les parfums, les couleurs et les sons se répondent » (*Les Fleurs du mal*, 1857). Les cris des animaux entrent en écho avec leurs couleurs sublimes.

POUR ALLER + LOIN
Dans ***La Première Gorgée de bière*** (1997), Philippe Delerm célèbre, par des évocations visuelles, auditives et gustatives, les « plaisirs minuscules » de l'existence comme celui d'« aller aux mûres ».

2 La nature, un monde harmonieux et grandiose

- Cette célébration des sensations exprime un vibrant bonheur d'être au monde : la petite Gabrielle de *Sido* vit l'aube comme une « récompense » accordée par sa mère : « c'est à cette heure que je prenais conscience de mon prix, d'un état de grâce indicible [...]. »
- Ce monde prend une dimension panthéiste : Sido, à l'image d'une prêtresse antique, déchiffre les signes secrets de la nature en convoquant « les rumeurs, les souffles et les présages [...] ».

III L'écriture de la célébration

1 La précision lexicale

La faune et la flore sont décrites précisément : ainsi en est-il du vol de l'oiseau, de la libellule, ou encore de la chauve-souris qui « nage en zigzag dans l'air ». La baie de Somme fait l'objet d'un reportage quasi journalistique (« En marge d'une plage blanche »).

POUR ALLER + LOIN

Dans ***Les Rêveries du promeneur solitaire*** (1782), Jean-Jacques Rousseau parcourt la nature en vue de recueillir des plantes, comme « le *Picris hieracioides* de la famille des composées ».

2 Des procédés poétiques

- La prose poétique de Colette célèbre le pays quitté par de saisissantes images : « Et si tu passais, en juin, entre les prairies fauchées, à l'heure où la lune ruisselle sur les meules rondes qui sont les dunes de mon pays [...]. » (« Jour gris »)
- La syntaxe privilégie l'amplitude de longues phrases envoûtantes, aptes à recréer le souvenir, qui font écho à celles de Marcel Proust (*À la recherche du temps perdu*, 1913-1927).
- L'écriture fait la part belle à la musicalité, comme en témoigne l'allitération des « trilles tremblés et cristallins » du rossignol.

zoOm

Un jardin merveilleux

L'art naïf du Douanier Rousseau s'inspire des environnements exotiques de la jungle américaine. Colorés et oniriques, ses tableaux sont de véritables odes à la nature, à l'instar des descriptions de Colette.

Le Douanier Rousseau, *Femme se promenant dans une forêt exotique*, 1905.

MÉMO VISUEL

L'œuvre

Manon Lescaut **(1731), Abbé Prévost**

- **Contexte :** le XVIIIe siècle, préromantisme
- **Genre :** roman-mémoires, récit enchâssé
- **Thème :** une passion fatale

Le parcours

Personnages en marge, plaisirs du romanesque

- La passion soudaine de Des Grieux pour Manon le précipite dans la déchéance. Les deux amants mènent alors une existence pleine de rebondissements.
- Leur relation bouscule les codes d'une société sclérosée : les amants suscitent l'empathie par leur destin tragique et leur pureté touchante.

LES ŒUVRES

L'œuvre

La Peau de chagrin **(1831), Balzac**

- **Contexte :** monarchie de Juillet (1830-1848), « mal du siècle »
- **Genre :** roman fantastique
- **Thème :** vaut-il mieux vivre intensément mais moins longtemps, ou moins intensément mais plus longtemps ?

Le parcours

Les romans de l'énergie : création et destruction

- La peau de chagrin, par ses propriétés magiques, octroie à Raphaël une capacité d'action vertigineuse.
- Mais, porté à l'excès, celui-ci ne parvient pas à user de son pouvoir et assiste, impuissant, à sa propre destruction.

L'œuvre

***Sido* (1930) et *Les Vrilles de la vigne* (1905-1908), Colette**

- **Contexte :** Belle Époque et Années folles
- **Genre :** récit autobiographique (*Sido*) ; recueil de chroniques (*Les Vrilles de la vigne*)
- **Thème de *Sido* :** l'enfance de l'auteure dans la maison familiale de Saint-Sauveur-en-Puisaye

Le parcours

La célébration du monde

- À travers le récit de merveilleux souvenirs de son enfance et de l'âge adulte, Colette célèbre le monde qui l'entoure.
- L'auteure en révèle les beautés insoupçonnées par son écriture à la fois sensuelle et poétique.

AU PROGRAMME

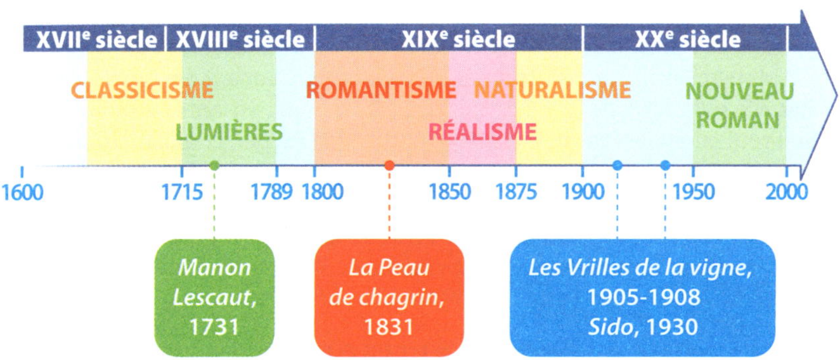

SUJET 5 | OBJECTIF BAC

EXPLICATION DE TEXTE 20 min Colette, *Sido* (1930)

À Saint-Sauveur-en-Puisaye, où Colette passa son enfance, l'arrivée de la tempête hivernale était un moment particulièrement exaltant…

LE SUJET

Lisez le texte à voix haute. Puis expliquez-le.

La narratrice se souvient de son enfance à Saint-Sauveur-en-Puisaye, et plus particulièrement des tempêtes hivernales.

Il y avait dans ce temps-là de grands hivers, de brûlants étés. J'ai connu, depuis, des étés dont la couleur, si je ferme les yeux, est celle de la terre ocreuse, fendillée entre les tiges du blé et sous la géante ombelle du panais sauvage[1], celle de la mer grise ou bleue. Mais aucun été, sauf ceux de mon enfance, ne commémore le géranium écarlate et la hampe enflammée des digitales[2]. Aucun hiver n'est plus d'un blanc pur à la base d'un ciel bourré de nues ardoisées[3], qui présageaient une tempête de flocons plus épais, puis un dégel illuminé de mille gouttes d'eau et de bourgeons lancéolés[4]… Ce ciel pesait sur le toit chargé de neige des greniers à fourrages, le noyer nu, la girouette, et pliait les oreilles des chattes… La calme et verticale chute de neige devenait oblique, un faible ronflement de mer lointaine se levait sur ma tête encapuchonnée, tandis que j'arpentais le jardin, happant la neige volante… Avertie par ses antennes, ma mère s'avançait sur la terrasse, goûtait le temps, me jetait un cri :

– La bourrasque d'Ouest ! Cours ! Ferme les lucarnes du grenier !… La porte de la remise aux voitures !… Et la fenêtre de la chambre du fond !

Mousse[5] exalté du navire natal, je m'élançais, claquant des sabots, enthousiasmée si du fond de la mêlée blanche et bleu noir, sifflante, un vif éclair, un bref roulement de foudre, enfants d'Ouest et de Février, comblaient tous deux un des abîmes du ciel… Je tâchais de trembler, de croire à la fin du monde.

Mais dans le pire du fracas ma mère, l'œil sur une grosse loupe cerclée de cuivre, s'émerveillait, comptant les cristaux ramifiés[6] d'une poignée de neige qu'elle venait de cueillir aux mains même de l'Ouest rué[7] sur notre jardin…

Colette, *Sido*, 1930.

1. Ombelle : ensemble sphérique de fleurs qui partent du même point de la tige ; panais sauvage : plante dont la racine est comestible. 2. Hampe : tige ; digitales : plantes dont les fleurs sont en forme de petites cloches. 3. Nues : nuages ; ardoisées : grises comme des ardoises. 4. Lancéolés : qui ont la forme de la pointe métallique du bout d'une lance. 5. Mousse : jeune marin. 6. Ramifiés : se divisant en petites branches. 7. Rué : qui s'est précipité avec force.

■ **Question de grammaire.** Étudiez l'expression de la négation dans la phrase : « Mais aucun été, sauf ceux de mon enfance, ne commémore le géranium écarlate et la hampe enflammée des digitales. » (l. 4-5)

LES CLÉS POUR RÉUSSIR

Faire une lecture expressive

- Faites sentir la différence de ton entre la narration, marquée par la remémoration, et le discours direct de Sido, exclamatif et injonctif.
- Le rythme du texte évolue progressivement : n'hésitez pas à exprimer le fracas de la tempête lorsqu'elle arrive !

Situer le texte, en dégager l'enjeu

- L'extrait décrit l'un des nombreux souvenirs d'enfance évoqués par la narratrice de *Sido*. Qu'est-ce qui fait son originalité ?
- Demandez-vous comment Colette célèbre les intempéries de l'hiver et quel portrait de la mère cette évocation construit en creux.

Organiser l'explication

1 Le souvenir de saisons extrêmes (l. 1-8)

- Montrez que le souvenir s'inscrit dans un passé indéfini, rendu grandiose par le regard enfantin.
- Intéressez-vous à l'évocation des saisons estivales.
- Comment les saisons hivernales sont-elles, à leur tour, évoquées ?

2 L'arrivée des tempêtes hivernales (l. 8-13)

- Comment la narratrice souligne-t-elle la présence physique de l'hiver ?
- Comment cette présence évolue-t-elle ? Quels sont les signes de la tempête qui approche ?

3 La figure maternelle au cœur de la tempête (l. 14-22)

- Étudiez la manière dont le texte devient soudain très dynamique.
- Intéressez-vous à la figure maternelle au cœur de la tempête.

Répondre à la question de grammaire

- Repérez d'abord les termes qui construisent la négation.
- Sur quel constituant de la phrase cette négation porte-t-elle ? Quelle est sa valeur ?

LE CORRIGÉ

Les titres en couleur ou entre crochets ne doivent pas figurer sur la copie.

Introduction

[présenter le contexte] Magistralement mise en œuvre par des écrivains comme Marcel Proust, l'écriture du souvenir constitue une veine littéraire importante dans la première moitié du XXe siècle. **[présenter le texte]** Dans *Sido*, Colette évoque son enfance dans un village rural de l'Yonne, et notamment le jardin de la maison familiale, marqué par la présence maternelle. **[en dégager l'enjeu]** Comment Colette, se rappelant les saisons de son enfance, célèbre-t-elle les intempéries de l'hiver ? Quel portrait de la mère cette évocation construit-elle ?

I. Le souvenir de saisons extrêmes (l. 1-8)

1. Un souvenir indéfini et démesuré

- Le texte inscrit immédiatement l'évocation du passé dans une **atmosphère merveilleuse.** L'extrait commence à l'imparfait, sur le ton indéfini du conte : « Il y avait dans ce temps-là » rappelle la formule consacrée « Il était une fois… ».

- D'emblée, l'auteure essaie de retrouver le **regard enfantin** qu'elle posait sur le monde. Le thème du cycle des saisons est annoncé : « de grands hivers, de brûlants étés ». Les adjectifs semblent mimer la sensibilité de Colette enfant, pour qui tout paraissait alors démesuré.

2. L'évocation de l'été

- L'évocation des saisons estivales est de l'ordre de la **recréation mentale**, comme le montre la subordonnée circonstancielle « si je ferme les yeux ». Elle fait la part belle aux **sensations visuelles** : « terre ocreuse », « mer grise ou bleue ».

- Cependant les saisons de l'enfance conservent un **caractère singulier**, quelque chose d'unique. L'auteure crée un contraste entre les étés plus récents et « ceux de [son] enfance ». Ces derniers font l'objet d'une véritable célébration, que renforce la **précision du lexique** : « […] ne commémore le géranium écarlate et la hampe enflammée des digitales ».

3. L'évocation de l'hiver

- Le **cycle naturel** entier des saisons est digne d'être célébré pour sa beauté, comme le montre le parallélisme entre « aucun été » (l. 4) et « Aucun hiver » (l. 5-6).

- L'évocation s'étend alors au souvenir des hivers, dont la **pureté**, symbolisée par la couleur blanche, semble disparue depuis longtemps : « Aucun hiver n'est plus d'un blanc pur […] ». Le temps de l'enfance, idéalisé, est bel et bien révolu.

- L'hiver fascine par ses **métamorphoses merveilleuses** : aux « nues ardoisées » succèdent la « tempête de flocons », puis les « mille gouttes d'eau » du dégel.

II. L'arrivée des tempêtes hivernales (l. 8-13)

1. La présence physique de l'hiver

- L'hiver se caractérise par la présence des flocons, qui recouvrent la maison tout entière et le jardin, et par un ciel tellement bas qu'il semble être en contact avec les choses : « Ce ciel pesait sur le toit [...] et pliait les oreilles des chattes... »
- Mais des **indices visuels et sonores** annoncent une évolution inquiétante : « La calme et verticale chute de neige devenait oblique, un faible ronflement de mer lointaine se levait [...]. »

2. Une tempête qui s'approche

- La narratrice glisse insensiblement de l'évocation générale des hivers au **récit d'une tempête hivernale en particulier**, qui met en scène l'enfant qu'elle a été. Son insouciance de petite fille (« j'arpentais le jardin, happant la neige volante ») contraste plaisamment avec la dangereuse tempête en train de se lever.
- Sa mère, **Sido**, apparaît comme une sorte de **prophétesse** qui communique avec la nature grâce à ses « antennes ». Comme sa fille, elle « goûte le temps », mais y lit des présages, car elle connaît le langage secret des éléments.

III. La figure maternelle au cœur de la tempête (l. 14-22)

1. Le branle-bas de combat

- D'un seul coup, **la scène devient très vivante** : il faut se protéger face aux éléments sur le point de se déchaîner. Les injonctions de la mère, rapportées au discours direct se multiplient : « **La bourrasque d'Ouest** ! Cours ! Ferme les lucarnes du grenier !... »

> **À NOTER**
> Dans la mythologie grecque, **Zéphyr** est le dieu du vent d'ouest. Dans l'œuvre de Colette, Sido, telle une déesse, se situe au centre de la rose des vents.

- L'enfant se prend alors au jeu, comme le montre la métaphore du « mousse exalté du navire natal » obéissant aux **ordres de son capitaine**. Les apparitions d'un « vif éclair, [d']un bref roulement de foudre », repris sous la forme d'allégories (« enfants d'Ouest et de Février »), sont attendues par la petite fille « enthousiasmée » et avide de frissons.
- Le **plaisir enfantin** réside dans la fausse croyance que tout peut s'écrouler : « Je tâchais de trembler, de croire à la fin du monde. »

2. Une mère protectrice

- Au milieu de cette tempête, la mère apparaît comme une figure rassurante, véritable **déesse protectrice** du foyer. Sa **sérénité contemplative** (« l'œil sur une grosse loupe cerclée de cuivre ») contraste avec le déchaînement des éléments (« dans le pire du fracas » ; « l'Ouest rué sur notre jardin »).
- Le texte se clôt sur l'image marquante de Sido qui « [...] s'émerveillait, comptant les cristaux ramifiés d'une poignée de neige », où s'expriment tout à la fois une tendre ironie et une vive admiration pour cette mère hors du commun.

Conclusion

[faire le bilan de l'explication] Dans ce texte, Colette célèbre la beauté des hivers de son enfance, intimement liés au souvenir d'une mère « puissante » qui paraît commander aux éléments. **[mettre le texte en perspective]** De cette figure maternelle, qui semble vivre en osmose avec la nature, la narratrice a bel et bien hérité ce regard attentif posé sur le monde, à l'origine d'œuvres comme *Sido* ou *Les Vrilles de la vigne*.

Réponse à la question de grammaire

« Mais aucun été, sauf ceux de mon enfance, ne commémore le géranium écarlate et la hampe enflammée des digitales. »

- La **négation syntaxique** est exprimée par la locution négative, formée du déterminant indéfini *aucun* (qui détermine le nom *été*), et de l'adverbe *ne*.
- La négation est **partielle** car elle porte sur un seul constituant de la phrase (son sujet), et non sur la phrase entière. Elle a une valeur descriptive.
- La négation est nuancée par le groupe prépositionnel en apposition « sauf ceux de mon enfance » : Colette souligne ainsi la **singularité** de ces lointaines saisons estivales, qui sont les seules à ne pas être concernées par la négation.

DES QUESTIONS POUR L'ENTRETIEN

Lors de l'entretien, vous devrez présenter une autre œuvre que vous avez lue au cours de l'année. L'examinateur introduira l'échange et peut vous poser quelques questions sous forme de relances. Les questions ci-dessous ont été conçues à titre d'exemples.

1 Je vous remercie pour votre présentation des *Rêveries du promeneur solitaire* de Rousseau. Quel lien pouvez-vous faire entre cette œuvre et le texte étudié ?

L'œuvre de Rousseau et le texte de Colette donnent une place essentielle au regard posé sur la nature : regard rétrospectif et poétique pour Colette, regard philosophique pour Rousseau. Celui-ci se détache ainsi des affres de la vie quotidienne, afin de se livrer à ses méditations, « seul sur la terre, n'ayant plus de frère, de prochain, d'ami, de société que [lui]-même ».

2 Quel regard Rousseau pose-t-il sur les plantes qu'il découvre au fur et à mesure de ses « promenades » ?

Rousseau pose un regard de connaisseur sur les plantes qu'il découvre : il les observe de manière précise et les classifie scientifiquement. Elles sont pour lui une source de plaisir et de fascination.

3 Dans cette œuvre, de quelle manière l'expérience du monde amène-t-elle à la réflexion philosophique ?

Les diverses expériences et anecdotes dont parle Rousseau (par exemple, la découverte de la grotte isolée dans la septième promenade) sont propices à une réflexion profonde sur l'être humain et son rapport au bonheur.

SUJET 6 | OBJECTIF MENTION

DISSERTATION 4 h

Manon Lescaut : pourquoi ce roman plaît-il ?

Le roman de Prévost doit son succès à des protagonistes ambivalents. Pris dans les filets de leur passion, ne sont-ils pas à la fois immoraux et touchants ?

LE SUJET

Dans ses *Pensées*, Montesquieu évoque en ces termes *Manon Lescaut* : « Je ne suis pas étonné que ce roman, dont le héros est un fripon et l'héroïne une catin qui est menée à la Salpêtrière, plaise, parce que toutes les actions du héros, le chevalier Des Grieux, ont pour motif l'amour qui est toujours un motif noble, quoique la conduite soit basse. »
Ce point de vue de Montesquieu sur *Manon Lescaut* correspond-il à votre lecture du texte de l'abbé Prévost ?

Vous répondrez à cette question dans un développement argumenté, en vous appuyant sur votre lecture du roman *Manon Lescaut* de Prévost, sur les textes que vous avez étudiés dans le cadre du parcours associé et sur votre culture personnelle.

LES CLÉS POUR RÉUSSIR

Analyser les termes du sujet

- **que ce roman [...] plaise :** qu'il suscite l'émotion, l'intérêt
- **fripon, catin, conduite [...] basse :** termes dépréciatifs qui qualifient les héros d'immoraux
- **l'amour [...] motif noble :** termes évoquant la grandeur de la passion qui sublime les actes

Dégager la problématique

Comment les deux héros du roman parviennent-ils à nous émouvoir malgré leur conduite condamnable ? Peut-on expliquer par d'autres raisons la séduction qu'exerce le roman ?

Construire le plan

1 Des héros peu fréquentables…

- Pourquoi Manon apparaît-elle comme une « catin » ?
- Montrez la nature des « friponneries » de Des Grieux.
- Démontrez que la société dans laquelle ils évoluent est elle-même corrompue.

2 … mais ennoblis par l'amour qu'ils se portent

- Étudiez l'amour plein d'insouciance de Manon et celui, passionnel, de Des Grieux.
- Étudiez en quoi ce couple, sous l'emprise d'un amour puissant, nous fait oublier ses bassesses et nous touche.

3 Un roman qui plaît pour plusieurs raisons

- En quoi les aventures romanesques des deux amants offrent-elles un vrai plaisir de lecture ?
- Au-delà du divertissement, quelle réflexion le roman suscite-t-il ? Quel débat éthique propose-t-il ?

LE CORRIGÉ

Les titres en couleur ou entre crochets ne doivent pas figurer sur la copie.

Introduction

[amorce] Au XVIIIe siècle, alors que le genre romanesque est souvent décrié pour ses invraisemblances, voire son immoralité, *Manon Lescaut* connaît un grand succès. **[citation du sujet]** L'écrivain Montesquieu, philosophe précurseur des Lumières, dit ne pas s'étonner que « ce roman dont le héros est un fripon et l'héroïne une catin […] plaise » et avance une explication : « parce que toutes les actions du héros […] ont pour motif l'amour ». **[problématique]** Comment ces amants parviennent-ils à nous émouvoir malgré leur conduite condamnable ? Peut-on expliquer par d'autres raisons la séduction qu'exerce le roman ? **[annonce du plan]** Dans le développement qui suit, nous nous attacherons à étayer le point de vue de Montesquieu, puis nous nous demanderons quels autres ressorts le roman met en œuvre pour nous plaire.

I. Des héros peu fréquentables…

1. Manon, une « catin »

- Manon Lescaut est présentée comme une **jeune fille pauvre, fort séduisante**, envoyée au couvent par ses parents « pour arrêter […] son penchant au plaisir ».
- Malgré son très jeune âge, elle semble plus « expérimentée » que Des Grieux et se révèle progressivement comme un **être amoral**, usant de ses charmes et prête à se vendre au plus offrant, afin de s'assurer une vie confortable.

▸ Avide des divertissements que la société lui offre, Manon **détourne son amant** d'un « système de vie paisible et solitaire ». Aidée par son frère, elle lui fait fréquenter des milieux corrompus et le pousse à trouver des expédients douteux, pour assurer son train de vie.

POUR ALLER + LOIN
Le comportement de Manon fait écho à celui de la prostituée **Nana**, héroïne éponyme du roman d'Émile Zola (1880), qui exploite son amant, le comte Muffat, et le fait déchoir.

2. Des Grieux, un « fripon »

▸ Jeune gentilhomme de bonne éducation, Des Grieux **se métamorphose dès le premier regard échangé avec Manon** : il renonce sur-le-champ à sa vie studieuse et tranquille et abandonne la carrière ecclésiastique à laquelle il se destinait.

▸ Conscient des faiblesses de Manon (« il ne fallait pas compter sur elle dans la misère »), mais prêt à tout pour elle, le jeune homme tombe dans le « précipice des passions » : de mensonges en calculs puis en escroqueries, il **s'affranchit progressivement des règles sociales et morales**, jusqu'à commettre le meurtre d'un gardien dans le but de s'échapper de la prison où il est enfermé.

3. Une société pervertie par l'argent

▸ La bassesse des deux héros s'explique en partie par l'immoralité des milieux qu'ils fréquentent : Prévost décrit une **haute société dissolue, où l'argent règne en maître** et finit par corrompre tous les individus. Au sein de la Ligue de l'Industrie, Des Grieux apprend à devenir un **tricheur** professionnel. De son côté, le riche et « vieux voluptueux » M. de G... M... n'a aucun scrupule à acheter les faveurs de Manon.

▸ La perversion de la haute société touche les **autres catégories sociales** : les domestiques du couple dérobent l'argent de Des Grieux et le précipitent dans la pauvreté.

[transition] Ces héros font ainsi preuve d'une morale douteuse. Mais, le « motif noble » de l'amour, comme le décrit Montesquieu, grandit les deux personnages.

II... mais ennoblis par l'amour qu'ils se portent

1. L'amour insouciant de Manon, la passion de Des Grieux

▸ L'innocence de Manon et son **amour affectueux et léger** pour Des Grieux contrastent avec sa vie dissolue. C'est un personnage paradoxal et énigmatique, « une princesse parmi les filles de joie », qui ne correspond pas aux caractéristiques traditionnelles d'une « catin ». Déportée en Amérique, elle est touchée par l'infini dévouement de son amant et se convertit finalement à l'amour véritable, avant de mourir.

▸ Des Grieux, lui, éprouve d'emblée une **vive passion**. Les trahisons successives de Manon ne provoquent que des sursauts temporaires de lucidité : impuissant, aveuglé par son amour, il pardonne et revient à sa belle infidèle.

2. Des personnages émouvants

▸ Le couple inspire des **sentiments de sympathie** : tous – que ce soit Renoncour, l'aubergiste ou le Gouverneur de La Nouvelle-Orléans – succombent au charme de ces amants si bien assortis. Leurs fautes sont considérées comme des malheurs auxquels chacun compatit, y compris le lecteur.

▸ Les trahisons de Manon, motivées par un manque d'argent, peuvent se justifier par son **souci humain de s'arracher à la misère**.

- La passion de Des Grieux est présentée comme une puissance aliénante et **tragique**, incitant le lecteur à l'indulgence. Au contraire des libertins cyniques des *Liaisons dangereuses* (Choderlos de Laclos, 1782) qui simulent l'amour pour mieux manipuler leurs proies, Des Grieux conserve une **pureté de cœur** touchante.

CITATION

« Le fil rouge de la tragédie reste tendu d'un bout à l'autre de cette œuvre légère et lui donne sa noblesse profonde. » Jean Cocteau, « Manon » dans *La Revue de Paris*, octobre 1947.

[transition] L'amour rend ainsi leur dignité à ces personnages, malgré leur « conduite [...] basse ». Mais d'autres raisons rendent le roman plaisant.

III. Un roman qui plaît pour plusieurs raisons

1. Une intrigue romanesque riche en rebondissements

- La conduite transgressive des héros est source de péripéties qui tiennent en haleine le lecteur. Les rebondissements s'enchaînent en effet à un rythme effréné : escroqueries, arrestations, enlèvements, évasions se succèdent et participent du **plaisir de la narration**.
- Le parcours des deux amants devient ainsi une **aventure rocambolesque** digne du **roman picaresque** : Prévost cherche à **divertir** le lecteur.

MOT CLÉ

Le **roman picaresque**, genre espagnol né au XVIe siècle, raconte les aventures d'un personnage de basse extraction – le *picaro* –, anti-héros désargenté qui se livre à des compromissions, en marge de la société.

2. Un questionnement moral intéressant

- Le roman n'est pas seulement distrayant ou touchant. Dans son « Avis de l'auteur », Prévost annonce son intention d'« instruire » le lecteur. Le récit est effectivement jalonné de **débats éthiques** sur le choix entre raison et vertu. La question est posée : ne faut-il pas préférer la passion, malgré ses désordres, à une conduite fondée sur la raison et le respect des conventions sociales ?
- Le couple ne parvient pas à trouver sa place dans ce **monde rigide**, marqué par l'**ordre moral** qui rejette leur mésalliance et leur union hors du cadre de l'Église. Tels Tristan et Iseult, les héros sont contraints de vivre en cachette.
- Le roman semble, à bien des égards, faire l'**apologie de la passion**. À travers Des Grieux, Prévost proclame le triomphe de la sensibilité innocente. Il soulève également le problème de la **liberté** et des droits au **bonheur de l'individu** dans la société des dernières années du règne de Louis XIV.

Conclusion

[synthèse] Ainsi, le lecteur se laisse charmer par ces héros peu fréquentables à qui il pardonne tout, car le puissant amour gagne toujours. Les péripéties s'accumulent jusqu'à la rédemption finale : à bien des égards, le roman semble inciter à cultiver la passion, malgré ses désordres. Il interroge ainsi les chemins qui mènent au bonheur, dans une société très normée.

[ouverture] Les héros sensibles et passionnés de Prévost annoncent le XIXe siècle romantique, qui fait triompher l'expression des émois individuels, comme dans *Adolphe* (1816) de Benjamin Constant.

Le théâtre, du XVIIe au XXIe siècle

7 Le théâtre : histoire littéraire et outils d'analyse

TEST

Pour vous situer et identifier les fiches à réviser 160

FICHES DE COURS

31 Le genre théâtral 162
32 Le théâtre au XVIIe siècle 164
33 Le théâtre aux XVIIIe et XIXe siècles 166
34 Le théâtre aux XXe et XXIe siècles 168
35 Analyser un extrait de théâtre 170
MÉMO VISUEL 172

EXERCICES & CORRIGÉS

- *Le Malade imaginaire*, Molière (1673) 174
- *Le Mariage de Figaro*, Beaumarchais (1784) 175
- *Rhinocéros*, Ionesco (1959) 176

TESTEZ-VOUS

→ CORRIGÉS P. 347

Faites le point sur vos connaissances puis établissez votre **parcours de révision** en fonction de votre score.

1 Maîtriser les caractéristiques du théâtre

→ FICHES 31 et 35

1. Quelles sont les visées d'un texte dramatique ?

☐ a. raconter une histoire dans laquelle on voit les personnages agir, on les entend parler

☐ b. devenir un spectacle

☐ c. offrir un moment de divertissement et de réflexion

2. Qu'est-ce qui distingue une répartie d'une tirade ?

☐ a. La première est plus courte que la seconde.

☐ b. La première est en prose, la seconde est en vers.

☐ c. La première est adressée à un interlocuteur, la seconde met en scène un personnage qui délibère seul.

3. Quels sont les enjeux d'un monologue ?

☐ a. permettre au personnage de se livrer sans détour

☐ b. délivrer des informations sur ce qui s'est déroulé hors scène

☐ c. rappeler que le théâtre n'est qu'illusion

4. Quelles sont les fonctions de la scène d'exposition ?

☐ a. plaire et instruire

☐ b. introduire les personnages et l'intrigue

☐ c. présenter le cadre spatio-temporel du drame

5. Qu'appelle-t-on dénouement ?

☐ a. la dernière scène d'une pièce de théâtre

☐ b. la résolution de l'intrigue

☐ c. le moment où le héros va trouver la mort

.../5

2 Le théâtre classique

→ FICHE 32

1. Que recouvre la règle des trois unités ?

☐ a. les unités de temps, de lieu et d'action

☐ b. la division en trois actes

☐ c. l'enchaînement de l'exposition, du nœud et du dénouement

2. Qu'est-ce que la bienséance ?

☐ a. la vraisemblance de l'action

☐ b. le fait d'être bien assis au théâtre

☐ c. le respect de la sensibilité et de la morale du spectateur

3. Une tragédie classique est…

☐ a. une pièce qui se finit mal.

☐ b. une pièce qui met en scène des personnages de haut rang.

☐ c. une pièce qui respecte les préceptes théorisés par Aristote.

4. Une comédie classique est…

☐ a. une pièce qui met en scène des personnages de basse condition.

☐ b. un spectacle de pur divertissement.

☐ c. une pièce qui châtie les mœurs par le rire. …/4

3 Le théâtre depuis le XVIIe siècle

→ FICHES 33 et 34

1. Au nom de quel principe le drame romantique voit-il le jour ?

☐ a. Le réalisme : il s'agit de rapprocher le théâtre des préoccupations des spectateurs.

☐ b. La dualité de l'homme : la pièce doit dévoiler sa dimension à la fois grotesque et sublime.

☐ c. Le refus de l'héritage classique : le cortège des règles briderait la liberté du dramaturge.

2. À quelle époque fait-on remonter la naissance de la mise en scène ?

☐ a. au Grand Siècle, notamment avec Molière qui écrit, joue et encadre sa propre troupe

☐ b. à la représentation de la pièce *Hernani* de Victor Hugo, supervisée par l'écrivain lui-même à grand renfort de notes et de schémas

☐ c. au XXe siècle, quand l'inflation des didascalies sur la partition théâtrale réclame cette nouvelle fonction

3. Sous l'appellation « Nouveau théâtre », on regroupe :

☐ a. des dramaturges qui se sont collectivement élevés contre les traditions dramatiques

☐ b. des auteurs favorables à un théâtre engagé

☐ c. des pièces mettant en scène le drame de l'incommunicabilité …/3

Score total …/12

31 Le genre théâtral

En bref *Étymologiquement, le mot **théâtre** renvoie à l'action de regarder. Dès l'Antiquité, il est conçu comme un spectacle qui requiert des acteurs pour endosser les rôles écrits par le dramaturge.*

I Le texte de théâtre

Le texte de théâtre est principalement composé des paroles des personnages effectivement prononcées sur scène (les répliques). Il comprend également les indications silencieuses (les didascalies, souvent signalées par une typographie particulière).

1 Une situation d'énonciation particulière

- On parle de double énonciation car :
  - l'auteur et le personnage qui parle sont simultanément énonciateurs ;
  - le personnage s'adresse aux autres personnages comme aux spectateurs.
- L'illusion théâtrale repose sur l'acceptation par le public de conventions dramatiques : il accepte de croire à ce qui se passe sur scène même s'il sait que tout est faux (personnages, décors, intrigue...).

2 Les différents types de répliques

Analyser le type de répliques permet notamment de caractériser les relations entre les personnages.

- Brève, la réplique prend le nom de répartie. La tirade, elle, se singularise par sa longueur et affiche souvent une dimension argumentative.
- La stichomythie institue un dialogue où les personnages se répondent vers par vers et met en valeur débats d'idées et conflits affectifs.
- Le monologue met en scène un personnage seul, délibérant avec lui-même.
- L'aparté, constitué de propos que le personnage tient pour lui-même à l'insu des autres, peut prendre la forme d'une adresse explicite au public.

3 La structure d'une pièce

- Une pièce est traditionnellement découpée en actes ; ceux-ci sont divisés en scènes, rythmées par les entrées et sorties des personnages.
- Trois temps forts s'enchaînent en général :
  - l'exposition, qui permet de présenter l'action et ses protagonistes ;
  - le nœud, où le conflit initial, nourri de **péripéties**, a pris sa pleine mesure ;
  - le dénouement, qui intervient au dernier acte et a pour fonction de liquider le conflit.

MOT CLÉ

Les **péripéties** désignent les épisodes de l'action. Brutales, elles prennent le nom de coups de théâtre ; si elles viennent relancer l'action, on les appelle rebondissements.

II Du texte à la représentation

Écrit par le dramaturge, le texte de théâtre est co-créé par les artistes qui permettent sa représentation sur scène.

1 La mise en scène

- Elle est l'œuvre du metteur en scène qui dirige la transformation du texte en spectacle. Cette fonction, qui n'a pas toujours existé, est aujourd'hui jugée cardinale.
- C'est la **mise en scène**, en effet, qui apporte à la pièce sa dimension visuelle que les didascalies du texte – si abondantes soient-elles – ne peuvent suffire à suggérer. Par ses choix, le metteur en scène nous livre sa lecture de la pièce.

À NOTER
Le terme de **« mise en scène »** est utilisé pour la première fois pour qualifier le travail de Victor Hugo, qui supervise à grand renfort de dessins et de prescriptions de jeu l'adaptation de *Hernani* sur scène.

2 L'incarnation des personnages

- Les comédiens, eux, sont chargés d'incarner les êtres de fiction que sont les personnages de la pièce, simplement définis, dans le texte, par leurs paroles.
- L'interprétation qu'ils donnent de leur personnage – et qui se traduit par un ton, une gestuelle, des mouvements – est essentielle dans la perception du sens de la pièce par le spectateur.

zoOm

Tartuffe de Molière

Mise en scène de *Tartuffe* de Molière par Ariane Mnouchkine à Avignon en 1995.

Dans sa mise en scène de *Tartuffe* en 1995, Ariane Mnouchkine propose une lecture politique de la pièce : elle transforme le faux dévot en extrémiste se servant de la religion pour prendre le pouvoir.

32 Le théâtre au XVIIe siècle

En bref *Sous le règne de Louis XIII, la scène se trouve dominée par la pastorale et la tragi-comédie. Au milieu du siècle, l'esthétique classique consacre la tragédie et la comédie en les ramenant aux règles strictes de la dramaturgie antique.*

I Le théâtre baroque

S'affranchissant de toutes les règles et laissant cohabiter comique et tragique, le théâtre baroque affirme une grande liberté et promeut des **formes nouvelles**.

- **La tragi-comédie** convie à un spectacle que ne contraint nul précepte formel : les actions nombreuses et surprenantes se soucient peu de vraisemblance, comme c'est le cas dans *Le Cid* de Corneille.
- **La pastorale** plonge le spectateur dans le monde idyllique des amours chastes.
- **La tragédie** prend le nom de « poème dramatique » en référence aux longues tirades qui s'y enchaînent.

II Le théâtre classique

1 L'esthétique classique

Une pièce classique est traditionnellement découpée en actes, interrompus par des entractes et divisés en scènes que rythment les entrées et les sorties des personnages. En cours dès 1640, l'esthétique classique repose sur différents codes et règles inspirés de la *Poétique* d'Aristote.

- La **règle des trois unités** impose :
  - l'**unité de temps** : l'action de la pièce doit se dérouler dans la limite de vingt-quatre heures ;
  - l'**unité de lieu** : l'action doit se déployer dans un lieu unique (antichambre d'un palais, salon d'une demeure…) ;
  - l'**unité d'action** : l'action doit se concentrer autour d'une intrigue principale à laquelle peuvent néanmoins se soumettre des intrigues secondaires.
- La **bienséance** désigne un ensemble de règles qui garantissent le respect de la sensibilité esthétique et morale du public ; le sang ni la mort ne se peuvent représenter sur scène.
- La **vraisemblance** renvoie à la crédibilité de l'action : les évènements et les situations vécus par le personnage doivent paraître possibles dans la réalité.

EXEMPLE
Dans *Phèdre* de Racine, la mort violente d'Hippolyte est rapportée par le récit du confident Théramène pour ne pas heurter la sensibilité des spectateurs.

2 La tragédie

■ Aristote définit la tragédie comme imitation d'actions propres à inspirer terreur et pitié au spectateur. Elle se caractérise par :
- des **personnages de haut rang** ;
- un **sujet noble**, emprunté à la mythologie ou à l'Histoire ;
- un **dénouement généralement malheureux** ou funeste avec la mort du héros ;
- ses fonctions : **plaire, émouvoir** et provoquer la **catharsis**.

> **MOT CLÉ**
> La **catharsis** désigne chez Aristote la purgation des passions. Elle prévient *l'hybris* définie comme la démesure dont se rend coupable celui qui outrepasse sa condition d'humain.

■ **Corneille et Racine** sont les éminents représentants du théâtre tragique au XVIIe siècle : le premier fait incarner à ses personnages des valeurs héroïques tel Auguste dans *Cinna* ; le second s'intéresse davantage à la faiblesse humaine et aux passions rendues sensibles par la pureté du style comme dans *Phèdre*.

3 La comédie

■ La comédie est l'**imitation du ridicule des hommes**. Elle se caractérise par :
- des personnages issus de la **bourgeoisie** ou de **catégories plus modestes** ;
- des sujets empruntés au **quotidien** ;
- un **dénouement heureux** qui prend souvent la forme d'un mariage ;
- ses fonctions : **faire rire** le spectateur de manière à le corriger de ses travers.

■ **Molière** incarne à lui seul le théâtre comique au XVIIe siècle : de la farce avec *Les Fourberies de Scapin* à la grande comédie telle *Le Misanthrope*, qui fustige l'hypocrisie des rapports sociaux, en passant par la comédie de caractère comme *Le Malade imaginaire*, qui donne le spectacle de l'hypocondrie d'Argan.

zoOm

Les différents types de comédies

Selon son propos et sa visée, la comédie offre plusieurs visages.

Types de comédie

- **Comédie de mœurs :** traite des défauts de certains groupes sociaux contemporains de l'auteur
- **Comédie d'intrigue :** multiplie les coups de théâtre et les quiproquos (méprises, malentendus)
- **Comédie ballet :** intègre des chorégraphies dans l'action en guise d'intermèdes
- **Comédie de caractère :** dresse le portrait d'un type humain à travers celui d'un personnage en action

33 Le théâtre aux XVIIIe et XIXe siècles

En bref *Souhaitant dépasser l'opposition classique entre la tragédie et la comédie, les dramaturges ont, dès le XVIIIe siècle, inventé un troisième genre, celui du drame. Dans la première moitié du XIXe siècle, celui-ci devient une des formes d'expression de la révolution romantique.*

I Le siècle des Lumières : un théâtre en transition

1 Entre permanence…

- Au XVIIIe siècle, le théâtre s'écrit en référence au classicisme : la tragédie reste l'étalon. Cependant, les auteurs comme Voltaire adaptent ce genre ancien aux combats philosophiques de leur temps.

- La comédie, de son côté, creuse le sillon dessiné par Molière : Marivaux, dans *Les Fausses Confidences* notamment, reprend le personnage du valet rusé et, dans *L'Île des esclaves*, il s'inspire de la ***commedia dell'arte*** pour affiner le comique moliéresque.

MOT CLÉ
La ***commedia dell'arte*** désigne un genre de théâtre comique né en Italie au XVIe siècle, où des acteurs improvisent, masqués, à partir de canevas déterminés et de rôles définis.

2 … et renouveau

- Face à la lassitude des spectateurs, un nouveau modèle dramatique apparaît, sous l'impulsion de Beaumarchais avec *Le Mariage de Figaro* et Diderot dans *Le Fils naturel*, qui prend le nom de « comédie sérieuse » ou « drame bourgeois », pièce en prose intermédiaire entre tragédie et comédie.

- Dans ce type de pièce, les personnages sont contemporains du public et se définissent avant tout par le statut qu'ils occupent à la fois dans la société et au sein de la famille.

- S'éloignant des intrigues historiques et politiques des tragédies, le théâtre entre dans l'intimité familiale et plante ses décors dans des intérieurs bourgeois.

- Le registre verse dans le pathétique : l'auteur cherche à susciter la compassion et à enseigner la vertu au spectateur.

II Le XIXe siècle : révolutions théâtrales

1 Le drame romantique

- Le drame romantique remet en question la définition stricte des genres issue du classicisme. En 1830, *Hernani*, de Victor Hugo, donne ainsi lieu à une véritable bataille entre les partisans du théâtre classique et ceux du théâtre romantique.

- Le drame romantique se caractérise par :
- sa **liberté de création** qui s'affranchit des règles de temps et de lieu ;
- sa volonté de **mélanger les genres** et les registres en proposant une alliance de « grotesque » et de « sublime », en miroir de la vie humaine ;
- son souci d'**ancrer la scène dans la temporalité historique** en évoquant des détails caractéristiques d'une « couleur locale » ;
- sa préférence pour des **héros passionnés**, persévérants en dépit de la fatalité.

2 L'après-romantisme

- À la fin du XIXe siècle, le drame symboliste se distingue de ceux, bourgeois ou romantique, qui l'ont précédé : il se fonde sur une certaine **indétermination temporelle**, privilégie les **atmosphères mystérieuses** et se rapproche, par son art de la suggestion, de la poésie. En 1892, *Pelléas et Mélisande* de Maeterlinck en donne une illustration.

- Sur la même période, un **théâtre « de boulevard »** voit le jour sous la plume de **Labiche et Feydeau** : des comédies satiriques, anciennement appelées vaudevilles, mêlent quiproquos bouffons, situations grivoises et parfois chansons pour le seul plaisir des spectateurs.

- L'**avant-garde provocatrice** incarnée par **Alfred Jarry** et son *Ubu Roi* (1896) renverse les codes du théâtre, préfigurant les grands bouleversements du XXe siècle. *Ubu Roi* raconte en effet, sur un mode outrancier, les tribulations d'un dictateur grotesque qui impose à ses sujets un régime qui s'apparente aux totalitarismes à venir.

zoOm

La bataille d'*Hernani*

Albert Besnard, *La Première d'Hernani*, huile sur toile, 1903.

Le spectacle se situe dans la salle, avant même le lever de rideau : la polémique divise les gradins entre « Classiques », partisans d'une stricte observance des règles et du respect de la hiérarchie des genres, et les « Romantiques » aspirant à une révolution dramaturgique.

34 Le théâtre aux XXe et XXIe siècles

En bref *En tournant le dos à la tradition, la dramaturgie contemporaine s'interroge sur son propre fonctionnement et s'attache à rendre compte des désordres de l'Histoire.*

I Le théâtre à l'épreuve des deux Guerres mondiales

1 La réécriture des mythes antiques

Les mythes antiques sont revisités par les dramaturges à la lumière des épisodes marquants du siècle : Cocteau avec *La Machine infernale* (1934), Giraudoux avec *Electre* (1937) et Anouilh avec *Antigone* (1944) livrent, sur un mode humoristique et anachronique, une **méditation sur la condition humaine.**

2 Les dramaturges engagés

- Philosophe existentialiste, **Jean-Paul Sartre** incarne dans ses pièces les concepts clés de sa pensée : le **rapport à l'Autre** et la **responsabilité de chacun vis-à-vis de ses propres actes** se trouvent littéralement dramatisés dans *Huis clos* (1944), par exemple.
- Fondateur de la philosophie de l'Absurde, qui procède du sentiment d'une existence injustifiée, **Albert Camus** réfléchit par la voix de ses personnages au **drame de l'individu** et leur fait jouer **la révolte**, seule issue à l'épreuve du non-sens, comme dans *Les Justes* (1949).

3 Le théâtre de l'Absurde

- À partir des années 1950, le **sentiment de l'absurde** gagne non seulement les thèmes du théâtre mais également ses formes. Entérinant une crise majeure des valeurs issues du rationalisme et de l'humanisme, le **Nouveau Théâtre** met en scène le problème de **l'incommunicabilité** entre les êtres et de la cruauté des rapports humains.

> **À NOTER**
> L'expression **« Nouveau Théâtre »** est une référence au mouvement du Nouveau Roman qui proposait de renouveler les codes de l'écriture romanesque en rupture avec le réalisme (→ FICHE 23).

- **L'action se réduit alors à la seule expression, soutenue par la mise en scène.** Dans *Pour un oui ou pour un non* de N. Sarraute, l'action se nourrit de tout ce que ne dit pas le dialogue, de tous les sous-entendus de la parole, de toutes les tensions cachées sous les mots.
- Le **langage des corps** se substitue souvent à la parole, qui apparaît comme vaine. Ainsi, dans *Rhinocéros* de Ionesco, la transformation progressive des personnages en pachydermes manifeste l'échec du discours rationnel.

■ Le décor, les objets, l'inscription physique des comédiens dans l'espace, et plus largement **la scénographie**, prennent une place décisive en raison même de la mise en question de la parole et du sens. Chez Beckett, les didascalies prescrivent les moindres gestes, déplacements, mimiques, qui pourraient s'apparenter à des notes de mise en scène.

II Le théâtre au XXIe siècle

■ Au XXIe siècle, le théâtre poursuit ses **réflexions métaphysiques sur le langage et les rapports humains** en proposant de nombreuses mises en scène de B.-M. Koltès (*La Solitude dans les champs de coton*, 1987) ou encore de J.-L. Lagarce (*Juste la fin du monde*, 1990). Il affirme aussi sa **dimension spectaculaire**, comme en témoignent les mises en scène que W. Mouawad a données de son œuvre (*Incendies*, 2003).

■ Échappant aux dramaturges, **le théâtre devient l'affaire des metteurs en scène** qui puisent dans le répertoire légué par les siècles passés et le revisitent : **Ariane Mnouchkine** et sa troupe proposent ainsi depuis plus de quarante ans une nouvelle forme de création dramatique au **Théâtre du Soleil**, inspirée des formes antiques et nourrie d'influences étrangères.

zoOm

En attendant Godot de Beckett

Mise en scène d'*En attendant Godot* de Beckett
par Jean Pierre Vincent au théâtre des Bouffes du Nord en 2015.

La mise en scène de Jean Pierre Vincent s'applique à mettre en œuvre scrupuleusement les didascalies de la partition théâtrale d'*En attendant Godot*, conformément au vœu de Beckett. Le dépouillement du décor, l'arbre, la chaussure abandonnée, la neutralité des costumes – éléments mentionnés dans les indications scéniques – révèlent une humanité livrée à elle-même, réduite à l'essentiel. Le langage du corps y est aussi signifiant que celui parlé sur scène.

35 Analyser un extrait de théâtre

En bref *Après une première lecture, quelles sont les questions à se poser pour mieux comprendre une scène de théâtre et dégager des axes d'analyse ?*

Étape 1 Caractériser l'extrait

1 Quelle est la fonction de la scène ?

- Appuyez-vous sur le paratexte ou les didascalies pour situer le passage dans l'économie générale de la pièce : se trouve-t-on dans l'exposition ? au cœur de l'intrigue ? au dénouement ?

> **MOT CLÉ**
> **L'économie** d'une œuvre désigne sa structure et l'organisation interne de ses parties.

- Identifiez l'enjeu de la scène sur le plan dramatique : est-elle collective ? Fait-elle avancer l'action ? Apporte-t-elle un éclairage psychologique nouveau sur un personnage ? Est-elle le lieu d'un affrontement, d'une méprise ?
- S'il s'agit d'un monologue, déterminez sa fonction : informatif ou lyrique, il marque une pause dans l'action ; délibératif, il crée une tension dramatique.

2 Quelle est la forme de la scène ?

- Le texte est-il en vers ou en prose ? Combien de personnages parlent ? Quel est le type de répliques utilisé ?
- Dans le cas d'un dialogue, pensez à analyser :
  - son organisation (répartition de la parole, présence d'un meneur de jeu) ;
  - son contenu (conflit, débat, déclaration amoureuse...) ;
  - l'enchaînement des répliques (rapide, laborieux, fluide, illogique)...

Étape 2 Analyser la scène selon son genre

Le paratexte, les thèmes clés et la tonalité du texte permettent le plus souvent de déterminer le genre de l'extrait. Utilisez alors vos connaissances pour étudier comment le dramaturge s'approprie les codes de ce genre et dans quel but.

1 S'il s'agit d'une scène de tragédie

- Thèmes récurrents :
  - la fatalité, force supérieure face à laquelle le héros ne peut rien ;
  - les passions et leurs conséquences destructrices qui anéantissent la volonté humaine et se traduisent pas une souffrance tant morale que physique.
- Visée : inspirer de la crainte et de la pitié au spectateur ; susciter de la compassion pour le sort des personnages (tonalité pathétique).

2 S'il s'agit d'une scène de comédie

■ Éléments récurrents :
- situations du quotidien (tromperie, fâcherie, travestissement, mariage...) ;
- personnages-types : ingénue, servante rusée, valet entremetteur, vieux barbon...

■ Ressorts comiques :

Types de comiques	Situations associées
Comique de situation	Personnage caché, travestissement, quiproquo...
Comique de caractère	Satire d'un personnage qui présente un trait de caractère excessif (l'avare, le malade imaginaire...)
Comique de gestes	Gifles, coups de bâtons, mimiques...
Comique de mots	Jeux de mots, répétitions, mots déformés...

■ Visée : faire rire, tourner en dérision les défauts des personnages ou les vices de la société pour amener le public à les désapprouver et à se corriger.

3 S'il s'agit d'une scène du théâtre de l'Absurde

■ Thèmes récurrents :
- l'absence de progression de l'action : absence d'exposition, de nœud et de dénouement, impression d'éternelle répétition ;
- la contestation de la notion de personnage : protagonistes sans consistance, interchangeables et parfois anonymes, dénués de psychologie cohérente.

■ Visée : donner à réfléchir et susciter la pitié du spectateur devant l'impossible communication et la déchéance humaine.

Étape 3 Étudier les personnages

■ Prenez appui sur les didascalies pour déterminer la posture des personnages : costumes, gestuelles, mimiques, tons...

■ Interrogez-vous sur le rôle des personnages dans l'action : quelle place occupent-ils dans l'intrigue ? Sont-ils adjuvants ou opposants ?

■ Étudiez leur parole : que révèle-t-elle de leur personnalité ? du groupe social auquel ils appartiennent ? Dans quelle mesure véhicule-t-elle la pensée du dramaturge ?

Étape 4 Imaginer la mise en scène

■ Appuyez-vous sur les indications scéniques. Déduisez du dialogue théâtral les gestes et les déplacements des personnages, leur manière d'être et de parler, leur attitude par rapport aux autres, leur caractère.

■ Anticipez les réactions du public (le metteur en scène peut s'y conformer ou, au contraire, les déjouer).

MÉMO VISUEL

LE THÉÂTRE

Les mots clés

Pour identifier la scène

- **genre :** comédie, tragédie, drame…
- **fonction :** scène d'exposition, nœud, dénouement, aveu…
- **tonalité :** dramatique, lyrique, polémique, comique, pathétique, absurde…

Pour caractériser le texte théâtral

- **thème :** fatalité, passions, amour, mariage, mœurs…
- **langage :** niveau de langue, expressivité, implicite…
- **modalités :** dialogue, monologue, récit théâtral, tirade, réparties, stichomythie…
- **didascalies :** (rôle, importance…)

Quelques œuvres clés à connaître

XVIIe siècle

- *Le Cid*, Corneille (1637)
- *Dom Juan*, Molière (1665)
- *Le Bourgeois gentilhomme*, Molière (1670)
- *Phèdre*, Racine (1677)

XVIIIe siècle

- *Le Jeu de l'amour et du hasard*, Marivaux (1730)
- *Le Fils naturel*, Diderot (1757)
- *Le Mariage de Figaro*, Beaumarchais (1778)

XIXe siècle

- *Hernani*, Victor Hugo (1830)
- *Les Caprices de Marianne*, Musset (1833)
- *Pelléas et Mélisande*, Maeterlinck (1892)
- *Ubu Roi*, Alfred Jarry (1896)

DU XVIIe AU XXIe SIÈCLE

La méthode

Comment analyser un extrait de théâtre ?

1. Identifier le **genre** dramatique
2. Déterminer la **forme** et la **fonction** de l'extrait
3. Caractériser les **personnages** (personnages types, personnages historiques…)
4. Analyser les **procédés dramatiques**
5. Étudier la relation établie avec le **public**

Les principaux courants

Quels sont les courants à connaître ?

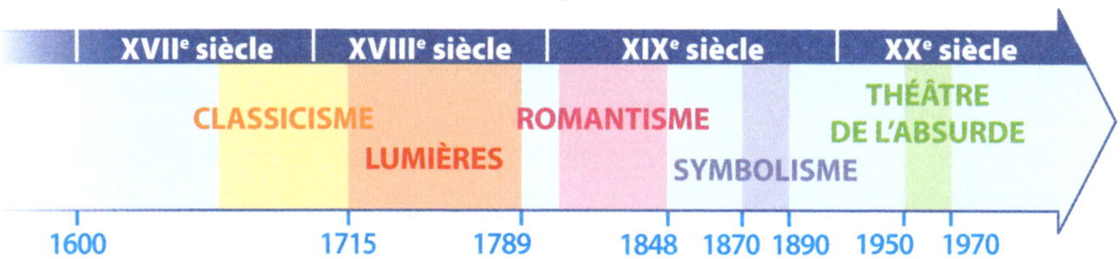

XXe - XXIe siècles

- *Le Soulier de Satin*, Claudel (1929)
- *Rhinocéros*, Eugène Ionesco (1958)
- *Oh les beaux jours*, Samuel Beckett (1963)
- *Dans la solitude des champs de coton*, Bernard-Marie Koltès (1987)
- *Incendies*, Wajdi Mouawad (2003)

EXERCICES

Le Malade imaginaire, Molière (1673)

→ FICHE 32

1 Complétez ce texte avec les mots proposés.

satire • corriger • mœurs • caractère • ballet • action • critique

- Comédie-......... en trois actes et en prose, *Le Malade imaginaire* est la dernière œuvre dramatique de Molière, créée en 1673.
- L'intrigue dresse le portrait d'Argan, un hypocondriaque hanté par la peur de la maladie et de la mort. C'est le .... du personnage éponyme qui détermine en grande partie l'..........
- Sa servante, Toinette, élabore une mise en scène pour .... son maître de ses angoisses hyperboliques.
- La .... moliéresque touche autant la médecine que l'hypocrisie des comportements. Mêlant .... et musique, la pièce distrait autant qu'elle châtie les ....

2 Lisez l'extrait et répondez aux questions.

À la fin de la scène 1, Argan se lamentait que sa servante Toinette n'arrive pas assez vite pour s'occuper de lui. Celle-ci finit par venir, mais joue avec les nerfs de son maître.

TOINETTE, *en entrant dans la chambre* – On y va.

ARGAN – Ah, chienne ! ah, carogne[1]... !

TOINETTE, *faisant semblant de s'être cogné la tête* – Diantre soit fait de votre impatience ! vous pressez si fort les personnes, que je me suis donné un grand coup de la tête contre la carne[2] d'un volet.

ARGAN, *en colère* – Ah ! traîtresse... !

TOINETTE, *pour l'interrompre et l'empêcher de crier, se plaint toujours en disant* – Ha !

ARGAN – Il y a...

TOINETTE – Ha !

ARGAN – Il y a une heure...

TOINETTE – Ha !

ARGAN – Tu m'as laissé...

TOINETTE – Ha !

ARGAN – Tais-toi donc, coquine, que je te querelle.

TOINETTE – Çamon[3], ma foi ! j'en suis d'avis, après ce que je me suis fait.

ARGAN – Tu m'as fait égosiller[4], carogne.

TOINETTE – Et vous m'avez fait, vous, casser la tête : l'un vaut bien l'autre, quitte à quitte, si vous voulez.

ARGAN – Quoi ? coquine...

TOINETTE – Si vous querellez, je pleurerai.

ARGAN – Me laisser, traîtresse...

TOINETTE, *toujours pour l'interrompre* – Ha !

ARGAN — Chienne, tu veux…
TOINETTE — Ha !
ARGAN — Quoi ? Il faudra encore que je n'aie pas le plaisir de la quereller.

Molière, *Le Malade imaginaire*, Acte I, scène 2, 1673.

1. Carogne : femme méchante, hargneuse. **2.** Carne : angle. **3.** Çamon : c'est vrai.
4. Égosiller : se fatiguer la gorge à crier.

1. Molière mobilise les différents types de comique dans cet extrait : illustrez-les.

2. Observez les mots soulignés : pourquoi peut-on parler de comédie dans la comédie ?

3 Prolongement artistique et culturel

1. Pourriez-vous citer d'autres personnages comiques du théâtre de Molière dont le caractère porte à rire ? Sur quoi repose leur force comique ?

2. L'acteur Michel Bouquet a incarné Argan dans *Le Malade imaginaire* mis en scène par Georges Werler au Théâtre de la Porte Saint-Martin en 2009. En quoi le costume du comédien vous paraît-il approprié au rôle ?

Mise en scène : Georges Werler ; décors : Agostino Pace ; costumes : Pascale Bordet ; lumières : Jacques Puisais.

Le Mariage de Figaro, Beaumarchais (1784)

→ FICHE 33

4 Choisissez la réponse qui convient parmi les affirmations proposées.

1. *Le Mariage de Figaro* est :

- ☐ **a.** la suite du *Barbier de Séville*, comédie de Beaumarchais
- ☐ **b.** un journal créé par Beaumarchais
- ☐ **c.** un opéra de Beaumarchais

2. Le titre laisse pressentir que la pièce relève du genre :

- ☐ **a.** du drame sérieux
- ☐ **b.** de la tragédie
- ☐ **c.** de la comédie

3. Le nom de Figaro laisse présager :

- ☐ **a.** un personnage aux origines espagnoles
- ☐ **b.** un personnage de valet
- ☐ **c.** un rôle type de la commedia dell'arte

5 Lisez l'extrait puis répondez aux questions.

Figaro croit que Suzanne, qu'il a épousée le jour même, a accordé un rendez-vous galant à son maître, le Comte Almaviva.

FIGARO, *seul, se promenant dans l'obscurité, dit du ton le plus sombre.* — Ô femme ! femme ! femme ! créature faible et décevante !… nul animal créé ne peut manquer à son instinct : le tien est-il donc de tromper ?… Après m'avoir obstinément refusé quand je l'en pressais devant sa maîtresse ; à l'instant qu'elle me donne sa parole, au milieu même de la cérémonie... Il riait en lisant, le perfide ! Et moi comme un benêt... Non, monsieur le Comte, vous ne l'aurez pas... vous ne l'aurez pas. Parce que vous êtes un grand seigneur, vous vous croyez un grand génie !... Noblesse, fortune, un rang, des places, tout cela rend si fier ! Qu'avez-vous fait pour tant de biens ? Vous vous êtes donné la peine de naître, et rien de plus. Du reste, homme assez ordinaire ; tandis que moi, morbleu ! perdu dans la foule obscure, il m'a fallu déployer plus de science et de calculs, pour subsister seulement qu'on en a mis depuis cent ans, à gouverner toutes les Espagnes : et vous voulez jouter... On vient... c'est elle...ce n'est personne. – La nuit est noire en diable, et me voilà faisant le sot métier de mari, quoique je ne le sois qu'à moitié ! (*Il s'assied sur un banc.*) Est-il rien de plus bizarre que ma destinée ? Fils de je ne sais pas qui, volé par des bandits, élevé dans leurs mœurs, je m'en dégoûte et veux courir une carrière honnête ; et partout je suis repoussé. [...]

Beaumarchais, *Le Mariage de Figaro* (V, 3), 1784.

1. À qui Figaro s'adresse-t-il successivement dans ce début de monologue particulièrement rythmé ?

2. Observez les mots surlignés : quelle image donnent-ils du personnage ? Quel est l'intérêt d'une telle présentation ?

À NOTER
Ce monologue de Figaro fait partie des plus longs de l'histoire du théâtre (il ne s'agit ici que d'un extrait).

6 **Prolongement artistique et culturel.**

1. Citez d'autres monologues qui font office d'autoportraits dans les pièces que vous avez lues.

2. Le peintre Jean-Marc Nattier a fait le portrait de Beaumarchais (ci-contre). Comment l'artiste insuffle-t-il un caractère naturel à son modèle ?

Jean-Marc Nattier, *Portrait de Beaumarchais*, 1755.

Rhinocéros, Ionesco (1959)

→ FICHE 34

7 **Choisissez la ou les réponse(s) qui conviennent.**

1. La date de création de *Rhinocéros* situe la pièce dans :

☐ **a.** le théâtre classique ☐ **b.** le théâtre symboliste ☐ **c.** le théâtre de l'Absurde

2. Le titre de la pièce :

☐ **a.** intrigue à cause de l'absence de déterminant.

☐ **b.** inquiète en raison du caractère dangereux du pachyderme.

☐ **c.** annonce une pièce allégorique.

8 Analysez l'extrait en répondant aux questions.

Dans Rhinocéros, *Ionesco met en scène la transformation progressive d'une population en animaux éponymes. Seul Bérenger résiste jusqu'au bout à l'épidémie et ne se transforme pas. C'est sur son monologue singulier que se clôt la pièce.*

BÉRENGER : [...] Je n'ai pas de corne, hélas ! Que c'est laid, un front plat. Il m'en faudrait une ou deux, pour rehausser mes traits tombants. Ça viendra peut-être, et je n'aurai plus honte, je pourrai tous aller les retrouver. Mais ça ne pousse pas ! *(Il regarde les paumes de ses mains)* Mes mains sont moites. Deviendront-elles rugueuses ? *(Il enlève son veston, défait sa chemise, contemple sa poitrine dans la glace.)* J'ai la peau flasque. Ah, ce corps trop blanc et poilu ! Comme je voudrais avoir une peau dure et cette magnifique couleur d'un vert sombre, une nudité décente, sans poils, comme la leur ! *(Il écoute les barrissements.)* Leurs chants ont du charme, un peu âpre, mais un charme certain ! Si je pouvais faire comme eux. *(Il essaie de les imiter.)* Ahh, ahh, brr ! Non, ce n'est pas ça ! Essayons encore, plus fort ! Ahh, ahh, brr non, non, ce n'est pas ça, que c'est faible, comme cela manque de vigueur ! Je n'arrive pas à barrir. Je hurle seulement. Ahh, ahh, brr ! Les hurlements ne sont pas des barrissements ! Comme j'ai mauvaise conscience, j'aurais dû les suivre à temps. Trop tard maintenant ! Hélas, je suis un monstre, je suis un monstre. Hélas, jamais, je ne deviendrai rhinocéros, jamais, jamais ! Je ne peux plus changer. Je voudrais bien, je voudrais tellement, mais je ne peux pas. Je ne peux plus me voir. J'ai trop honte ! *(Il tourne le dos à la glace.)* Comme je suis laid ! Malheur à celui qui veut conserver son originalité ! *(Il a un brusque sursaut.)* Eh bien tant pis ! Je me défendrai contre tout le monde ! Ma carabine, ma carabine ! *(Il se retourne face au mur du fond où sont fixées les têtes de rhinocéros, tout en criant :)* Contre tout le monde, je me défendrai ! Je suis le dernier homme, je le resterai jusqu'au bout ! je ne capitule pas !

RIDEAU

Eugène Ionesco, *Rhinocéros* (III, monologue final), 1959.

1. Bérenger est englué dans un dilemme, à la manière des héros tragiques. En vous aidant notamment des éléments surlignés, expliquez quels procédés traduisent son affolement et le basculement dans l'absurde.

2. En vous appuyant sur les lignes 21 à 26, montrez que ce monologue final ne répond que partiellement aux attentes d'un dénouement.

9 Prolongement artistique et culturel.

Pour titre de sa pièce, Ionesco a choisi le nom d'un mammifère massif. Expliquez ce choix en vous aidant de la gravure ci-contre. Qu'est-ce que le terme laisse augurer de la pièce et de la mise en scène ?

Dürer, *Rhinocéros*, 1515.

CORRIGÉS

Le Malade imaginaire, Molière (1673)

1 ▸ Comédie-**ballet** en trois actes et en prose, *Le Malade imaginaire* est la dernière œuvre dramatique de Molière, créée en 1673.

▸ L'intrigue dresse le portrait d'Argan, un hypocondriaque hanté par la peur de la maladie et de la mort. C'est le **caractère** du personnage éponyme qui détermine en grande partie l'**action**.

▸ Sa servante, Toinette, élabore une mise en scène pour **corriger** son maître de ses angoisses hyperboliques.

▸ La **critique** moliéresque touche autant la médecine que l'hypocrisie des comportements. Mêlant **satire** et musique, la pièce distrait autant qu'elle châtie les **mœurs**.

2 1. Molière combine les différents types de comique dans cet extrait :

▸ Le **comique de mots** se concentre dans les répliques d'Argan à travers les jurons disproportionnés qu'il adresse à Toinette : « chienne », « carogne », « traitresse », « coquine ». Par ses réponses, la servante fait naître à son tour un comique de répétition liée aux multiples occurrences de l'interjection « Ha ! ».

▸ Conflictuel et animé, le dialogue entre les deux protagonistes dévoile un **comique de situation et de gestes** : les modalités interrogatives et exclamatives et les points de suspension donnent vie à la polémique ; les didascalies lui ajoutent une dimension dramatique.

▸ L'emportement du maître envers sa domestique laisse sourdre un **comique de caractère** lié à l'égoïsme du premier.

2. La scène produit une **mise en abyme** de la comédie. Tout d'abord, Toinette feint de s'être cognée par la faute d'Argan et joue par conséquent la comédie à son maître. Elle apparaît aussi comme maîtresse de la parole dans la mesure où

elle conduit le dialogue par ses interruptions. Par son impertinence, la servante dirige également son maître et le pousse à camper le rôle d'un homme acariâtre et contesté dans son pouvoir.

3 1. Parmi les personnages comiques du théâtre de Molière, on peut citer :
– le valet éponyme des ***Fourberies de Scapin*** qui incarne le type du domestique plus **rusé** que son maître ;
– **M. Jourdain** dans *Le Bourgeois gentilhomme* dont le comique repose sur le **ridicule** et l'**extravagance** ;
– **Orgon** dans *Tartuffe* qui, par sa **naïveté** et son **irascibilité** offre un contrepoint comique à la noirceur morale du personnage éponyme ;
– **Harpagon** dans *L'Avare* dont le défaut (l'**avarice**) est donné en spectacle par le dramaturge pour le plus grand plaisir du spectateur.

2. L'acteur Michel Bouquet a incarné Argan dans *Le Malade imaginaire* mis en scène par Georges Werler au Théâtre de la Porte Saint-Martin en 2009. Le comédien apparaît largement grimé et rougeaud comme s'il était pris de fièvre ; son accoutrement (kimono et bonnet de nuit) rappelle le rouge de sa figure et connote une sorte de délire. Cette tenue d'intérieur signe le retranchement du personnage dans sa folie intérieure et la privation de contacts avec la société.

Le Mariage de Figaro, Beaumarchais (1784)

4 1. a. ; 2. c ; 3. a, b.

5 1. Bien que Figaro soit seul en scène, l'énonciation fait apparaître **plusieurs destinataires fictifs** : la **« femme »** triplement invoquée à l'ouverture, qui est en réalité son épouse Suzanne ; **« monsieur le Comte »**, apostrophé à plusieurs reprises par le pronom personnel de la deuxième personne du pluriel ; et **lui-même**, comme le révèle la question rhétorique finale où apparaît le déterminant possessif « ma ».

À NOTER
Ces changements de destinataire permettent de distinguer trois mouvements dans le texte (l. 1 à 15, l. 16 à 20 et l. 21 à 25).

2. ▸ Figaro apparaît **profondément désemparé**. Les interrogations oratoires manifestent sa désorientation. Se traitant de « benêt », il brosse un **portrait dévalorisé** de lui-même. Pourtant, le récit de sa destinée l'apparente aussi à un héros romanesque qui a bravé de nombreux obstacles (« Il m'a fallu déployer plus de science et de calculs pour subsister seulement... »).

▸ Une telle présentation facilite l'**identification du public** populaire au personnage et garantit, du moins, une forme de compassion pour Figaro de la part du spectateur qui ne peut être insensible à sa mélancolie. Le monologue devient un instrument pour révéler la psychologie du personnage en l'absence d'accès à son intériorité.

6 **1.** Parmi les **monologues** les plus célèbres, on peut citer : celui de Rodrigue à la scène 6 de l'acte I du *Cid* ; celui d'Hermione dans la scène 1 de l'acte V d'*Andromaque* ; celui d'Harpagon dans la scène 7 de l'acte IV de *L'Avare* de Molière, de Sosie dans la scène première d'*Amphitryon* ; celui de la reine dans la scène 2 de l'acte II de *Ruy Blas* de Hugo…

2. Sur un fond neutre et sombre, le visage du dramaturge **ressort avec force**. Par le caractère statique de la silhouette et la représentation de trois-quarts en habits simples, le peintre donne l'illusion de la personne de Beaumarchais, comme si ce dernier prenait la pose sous nos yeux. La direction du regard et son intensité confèrent au portrait une **dimension humaine**, encore rehaussée par la coloration rosée des pommettes.

Rhinocéros, Ionesco (1959)

7 **1.** c ; **2.** a, b et c.

8 **1.** Le lexique qu'emploie Béranger le donne englué dans une sorte de **dilemme** qui rappelle l'**univers de la tragédie**. L'éloge des rhinocéros transparaît à travers des termes mélioratifs (l. 10) et traduit la volonté du personnage de se conformer au modèle dominant. La transformation paraît souhaitée mais elle se trouve aussitôt frappée d'irréalité avec l'utilisation du conditionnel. Il n'est donc pas question de résignation chez Bérenger, ni d'acceptation de sa destinée à la manière des héros tragiques. Au contraire, l'**absurdité de sa condition** le submerge comme en témoigne l'affolement de son langage (répétitions, interjections, exclamations, cris…) et le caractère dérisoire de sa gestuelle.

2. Le spectateur s'attend à **comprendre**, dans ce monologue final, les origines de la rhinocérite et les raisons qui ont conduit le personnage central à opposer une résistance tout au long de la pièce. Pourtant, il n'en est rien. Dans le dernier mouvement, le lexique de la guerre (« ma carabine », « je me défendrai », « je ne capitule pas ») laisse présager un ultime face-à-face mais l'issue de la lutte demeure **en suspens** puisque le rideau tombe sur ce sursaut de révolte. Au reste, le geste de Bérenger apparaît bien dérisoire : que ferait-il d'une carabine face à une meute de rhinocéros ? La pièce donne l'impression de **se suspendre plus que de se clore ou se conclure.**

9 Le terme de *rhinocéros* fait surgir l'image d'un gros mammifère venu d'Afrique ou d'Asie. La lourdeur de l'animal, son caractère physiquement imposant, son aspect sauvage, mis en valeur dans la gravure de Dürer, ont de quoi **inquiéter et interpeller** le spectateur. La peau épaisse de l'animal, de couleur sombre et semblable à une armure, peut rappeler l'uniforme militaire. S'agit-il, pour Ionesco, de renvoyer à la réalité concrète du pachyderme ? Dans ce cas, la mise en scène se fera **naturaliste**. Le rhinocéros n'est-il qu'une image de la violence d'idéologies qui privent les individus de leur libre-arbitre ? La mise en scène sera alors **stylisée**.

8 Les pièces de théâtre au programme

TEST

Pour vous situer et établir votre parcours de révision 182

FICHES DE COURS

36 Corneille, *Le Menteur* 184
37 Mensonge et comédie 186
38 Musset, *On ne badine pas avec l'amour* 188
39 Les jeux du cœur et de la parole 190
40 Sarraute, *Pour un oui ou pour un non* 192
41 Théâtre et dispute 194
MÉMO VISUEL 196

SUJETS GUIDÉS & CORRIGÉS

OBJECTIF BAC
7 EXPLICATION DE TEXTE | Musset, *On ne badine pas avec l'amour* 198
OBJECTIF MENTION
8 DISSERTATION | Le mensonge en question chez Corneille 203

TESTEZ-VOUS

→ CORRIGÉS P. 347

Faites le point sur vos connaissances puis établissez votre **parcours de révision** en fonction de votre score.

1 *Le Menteur*, Corneille (1644)

→ FICHES 36-37

1. *Le Menteur* est :

☐ a. une comédie autour d'un mariage.

☐ b. une tragi-comédie, puisque Dorante n'épouse finalement pas celle qu'il aimait.

☐ c. une tragédie dans laquelle un gentilhomme perd son honneur à force de mensonges.

2. L'intrigue repose sur :

☐ a. un travestissement de Clarice en Lucrèce.

☐ b. un imbroglio lié à un échange hasardeux de billets.

☐ c. un quiproquo dans lequel une prétendante est prise pour une autre.

3. Vrai ou faux ?	VRAI	FAUX
a. Dorante a servi dans la guerre de Trente Ans.	☐	☐
b. Clarice se fait passer pour Lucrèce afin de connaître la réalité des sentiments du galant.	☐	☐
c. Alcippe est tué au cours d'un duel.	☐	☐

4. Reliez chaque personnage à son identité dans la pièce.

a. Cliton •	• e. « la plus belle des deux », aux dires du cocher
b. Clarice •	• f. le valet de Dorante
c. Orphise •	• g. la prétendue femme de Dorante
d. Lucrèce •	• h. la promise d'Alcippe

…/4

2 *On ne badine pas avec l'amour*, Musset (1834)

→ FICHES 38-39

1. Vrai ou faux ?	VRAI	FAUX
a. Camille accueille Perdican avec froideur.	☐	☐
b. Les adultes aident Camille et Perdican à se réconcilier.	☐	☐
c. Rosette est la sœur de lait de Camille.	☐	☐
d. À la fin de la pièce, Camille et Perdican peuvent enfin vivre leur amour.	☐	☐

2. Qu'est-ce qui dresse Camille et Perdican l'un contre l'autre ?

☐ a. la haine ☐ b. l'indifférence ☐ c. le dépit ☐ d. l'orgueil

3. Quel reproche Perdican adresse-t-il à Camille ?

☐ a. de ne pas croire à « l'amour des hommes », à l'amour terrestre

☐ b. de ne pas croire en Dieu

☐ c. d'être trop superficielle

4. Associez les personnages suivants à leur principal défaut.

a. Bridaine et Blazius • • d. l'orgueil
b. Dame Pluche • • e. un goût immodéré pour les plaisirs
c. Camille et Perdican • • f. la rigidité morale

…/4

3 *Pour un oui ou pour un non*, Sarraute (1981)

→ FICHES 40-41

1. Vrai ou faux ?

	VRAI	FAUX
a. Au début de la pièce, H. 2 semble distant, ce qui trouble H. 1.	☐	☐
b. F. et H. 3 permettent à H. 1 et H. 2 de se départager.	☐	☐
c. H. 2 a déjà un « casier judiciaire » – la réputation de rompre « pour un oui ou pour un non ».	☐	☐
d. H. 2 est présenté par H. 1 comme un « écorché », « un peu persécuté ».	☐	☐
e. H. 1 et H. 2 se réconcilient à la fin de la pièce.	☐	☐

2. Associez chaque personnage à la phrase qui le blesse et le fait réagir.

a. H. 1 •
b. H. 2 •

• c. « C'est bien… ça… »
• d. « Pour moi, tu vois… la vie est là… »
• e. « Tu pourras trouver en bas, chez la papetière, de jolies cartes postales… »
• f. « là où tu es tout est… je ne sais pas comment dire… inconsistant, fluctuant… »

3. Quelles sont les marques de la « sous-conversation » entre les personnages ?

☐ a. l'intonation adoptée

☐ b. le rythme de parole, les silences

☐ c. les non-dits

☐ d. les gestes qui accompagnent les mots

4. Quelles sont les particularités de l'écriture de Sarraute dans cette pièce ?

☐ a. La ponctuation exclamative est envahissante.

☐ b. Les personnages ne finissent souvent pas leurs phrases.

☐ c. Les phrases sont faites de nombreux sous-entendus.

…/4

Score sur l'œuvre étudiée …/4

Parcours PAS À PAS ou EXPRESS ? → MODE D'EMPLOI P. 2

36 Corneille, *Le Menteur*

En bref *Comédie baroque,* Le Menteur *de Corneille fait de l'illusion le moteur de l'action dramatique et l'instrument d'une réflexion sur le théâtre comme art du trompe-l'œil.*

I Premiers repères

1 L'auteur et le contexte

- Né en 1606 à Rouen dans une famille bourgeoise, Corneille embrasse la carrière des lettres dans l'espoir d'être anobli. Il retire de sa formation auprès des Jésuites, un goût pour le théâtre et une morale de la volonté individuelle.
- Dramaturge prolifique, il écrit plus de trente pièces et connaît, sous le règne de Louis XIII, une gloire qui s'éclipse à la cour du Roi Soleil. Corneille reçoit notamment la protection de Richelieu dans la **querelle du *Cid*** en 1637-1638.

MOT CLÉ
La **querelle du *Cid*** est une polémique littéraire autour des questions de vraisemblance et d'unité d'action, dont Corneille se serait affranchi dans sa pièce, selon ses détracteurs. En rendant un jugement modéré sur la tragi-comédie, l'Académie met fin aux désaccords.

- Avec *Le Menteur*, créée en 1644, Corneille revient à la comédie, après une série de pièces tragiques, et célèbre la liberté de création avant que ne s'imposent les règles du classicisme. À cette date, Louis XIV n'a que cinq ans ; Anne d'Autriche et Mazarin assument la Régence face à la contestation du pouvoir par l'aristocratie frondeuse.
- En écho à cette situation politique troublée, l'esthétique baroque véhicule alors dans les arts la vision d'un monde en mouvement perpétuel, où rien ne peut prétendre à une réalité fiable, à l'instar de Dorante, éternel menteur.

2 L'intrigue en résumé

- Riche en péripéties, l'action du *Menteur* met en scène un jeune homme ambitieux, en quête d'une aventure galante, qui rencontre deux jeunes filles ; il en vient à les confondre et se trouve conduit, par une série de quiproquos et de mensonges, à épouser celle qu'il n'avait pas choisie initialement.
- L'intrigue de la comédie repose sur un quiproquo initial : Dorante, se trompant de prénom, juge que Clarice (qu'il prend pour Lucrèce) est plus belle que Lucrèce (qu'il pense être Clarice) ; cette confusion donne lieu, en réaction, à un imbroglio.

II Des clés pour l'analyse

1 Une comédie d'un genre nouveau

- *Le Menteur* permet à Corneille de renouer avec « quelque chose de plus enjoué » (*Épître*). Il trouve l'inspiration de ce divertissement dans *La Vérité suspecte* (1625), pièce de l'Espagnol J. R. de Alarcón, dont il modifie notamment le dénouement.

- Si l'**espagnolade** est alors en vogue, Corneille fuit toutefois le pittoresque pour ancrer la scène dans le Paris contemporain. Son souci de vraisemblance le pousse, au mépris de la bienséance, à traiter de sujets, jugés alors triviaux, tels la prostitution (I, 1), le rôle de l'argent (IV, 9), la réalité des sentiments…

> **MOT CLÉ**
> Une **espagnolade** désigne une œuvre littéraire ou artistique évoquant la culture hispanique sous ses aspects les plus pittoresques.

- Versifiés, les dialogues relèvent plutôt d'une prose rimée. Les personnages principaux usent d'un langage précieux, conforme à l'esthétique galante de l'époque ; en contrepoint, les répliques des domestiques se signalent par la familiarité.

2 Une pièce baroque

- Comédie d'intrigue, *Le Menteur* se nourrit de l'inconstance amoureuse des personnages et met au jour, au gré des actes, les désirs changeants et la métamorphose des sentiments. Si un mariage scelle le dénouement, *La Suite du Menteur* révèle la versatilité de Dorante, qui s'enfuit avec la dot.

- La propension au mensonge de Dorante, son langage fait de séduction et d'inventions, où se combinent métaphores, traits d'esprit et mots à double entente, créent une sorte de vertige baroque.

- Ressort de la dramaturgie, le mensonge se trouve, contre toute ambition moralisatrice du théâtre, assimilé moins à un vice qu'à une habitude sociale. Léger et divertissant, il se révèle finalement comme une voie d'accès à la vérité des êtres.

zoOm

Du *Menteur* de Corneille au *Dom Juan* de Molière

Par sa qualité de séducteur et son refus d'être prisonnier de l'amour, Dorante annonce Dom Juan, le manipulateur libertin de la comédie éponyme de Molière : ses inventions et manigances lui garantissent une forme de liberté où son désir s'exprime sans détours.

37 Mensonge et comédie

En bref *Dans sa pièce Le Menteur, Corneille met au cœur du dispositif dramatique un personnage qui ne cesse de malmener la vérité et de trouver des accommodements avec le réel. Toutefois, le mensonge y apparaît comme le meilleur ressort de la théâtralité.*

I Le menteur, personnage central de la comédie

1 Un menteur compulsif

- Le caractère affabulateur de Dorante apparaît dès sa première rencontre avec les « Dames ». Étudiant fraîchement débarqué de Poitiers, Dorante prétend en effet avoir « quitté les guerres d'Allemagne » où il s'est « fait quatre ans craindre comme un tonnerre » (III, 3). Le titre de la comédie se trouve ainsi justifié dès son ouverture et le penchant du protagoniste à la **mystification**, mis en avant.

MOT CLÉ
La **mystification** désigne l'acte ou les propos destinés à abuser la crédulité d'une personne, à s'amuser des gens en les trompant.

- Ce trait de personnalité semble assimiler la pièce à une comédie de caractère : le personnage anime le drame par ses extravagances et ses manipulations langagières, à l'instar du récit de la prétendue collation donnée à une femme.
- Cependant, les affabulations de Dorante constituent surtout le ressort d'une comédie d'intrigue, qu'elles nourrissent de méprises et de quiproquos. Elles repoussent toujours davantage la manifestation de la vérité et la résolution du nœud : l'acte III dévoile que Dorante n'est ni pourvoyeur de fête, ni ancien soldat, ni mari d'Orphise ; mais c'est par de nouveaux mensonges qu'il se sort de ce mauvais pas et relance l'action.

2 Les raisons du mensonge

Les mensonges du protagoniste sont protéiformes. Tantôt rusé, tantôt manipulateur, opportuniste ou libertin, Dorante ment autant par « coutume », c'est-à-dire par habitude prise dans les relations sociales, que par plaisir.

Les mensonges ont plusieurs objectifs :

- un but stratégique : ils visent à séduire Clarice ou à éviter le mariage envisagé par Géronte ;
- une valeur provocatrice : ils soulignent la naïveté d'un Cliton ou les certitudes ridicules d'un Alcippe, Dorante bousculant ainsi l'ordre social et la bienséance ;
- une fonction poétique : ils se détachent de toute visée pragmatique ou d'ambition morale et donnent l'impression de vivre des rêves éveillés.

Moins enclin à dissimuler qu'à inventer, le menteur apparaît dès lors peu condamnable.

II Le mensonge aux sources de la comédie

1 Affabulation et comique

Le mensonge permet ici de décliner les différents types de comique.

- Le comique de gestes naît des prétendues hésitations de Sabine à recevoir « la pluie », ou des allées et venues de Dorante entre ses deux amantes (V, 6).
- Le comique de mots s'incarne dans le langage galant imité de la préciosité. Dorante file la métaphore guerrière face à Clarice (v. 176-177).
- Le comique de situation prend sa source dans l'écart entre les propos tenus et la réalité observée (Alcippe surgit alors que Dorante vient de le déclarer mort).
- Le comique de mœurs résulte de la **peinture des aristocrates** oisifs ou des valets vénaux.
- Le comique de caractère se moque de la jalousie d'Alcippe, l'amant de Clarice, ou de la complaisance paternelle de Géronte (v. 1585).

POUR ALLER + LOIN
Dans *Les Fausses Confidences* (1737) de Marivaux, les **mensonges du valet Dubois** constituent un ressort comique puissant : sources de quiproquos entre les protagonistes, ils mettent en lumière le ridicule des caractères et permettent la critique des ambitions bourgeoises.

2 Mensonge théâtral et vérité baroque

- Si Dorante, véritable anti-Rodrigue, s'écarte de la morale héroïque défendue par Corneille dans *Le Cid*, il parvient néanmoins à divertir le spectateur.
- Le mensonge n'est pas le contraire de la vérité, mais parfois sa face cachée et inséparable, celle qui n'est pas ordinairement exposée à la lumière, comme le reconnaît Clarice : « On dirait qu'il dit vrai, tant son effronterie/Avec naïveté pousse une menterie » (III, 5).
- Dans une illusion propre au baroque, *Le Menteur* célèbre la comédie comme un art d'inventer librement dans un monde conçu comme un théâtre, où chacun se joue des apparences et où la réalité n'est pas plus fiable que le mensonge.

zoOm

Une affiche emblématique

L'affiche présente une série de visages gigognes, de profil et bouche ouverte, et prépare le spectateur aux mensonges de Dorante sur son identité ; mais c'est aussi une invitation, par la mise en abyme, à lire la comédie comme une réflexion en miroir sur l'illusion théâtrale.

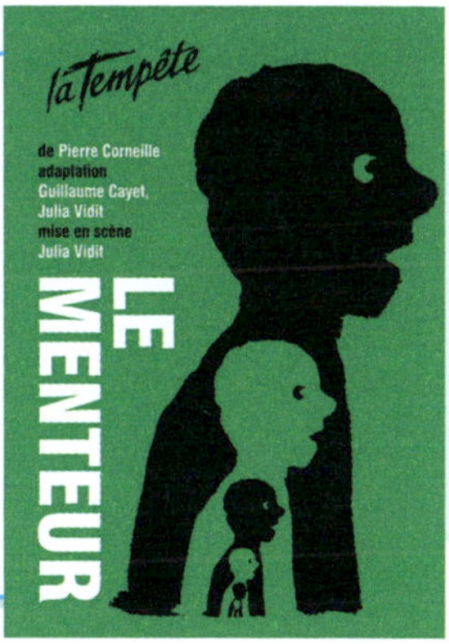

Affiche du *Menteur* au Théâtre de la Tempête (2018), mise en scène de Julia Vidit.

38 Musset, *On ne badine pas avec l'amour*

En bref *Alors que sa propre vie sentimentale est un échec, Musset nous invite à réfléchir aux mécanismes complexes et cruels du sentiment amoureux, tout en renouvelant le genre de la comédie.*

I Premiers repères

1 L'auteur et le contexte

- Alfred de Musset (1810-1857), issu d'une famille noble et cultivée, fréquente les cercles romantiques. Après l'échec de sa *Nuit vénitienne* (1830), Musset rassemble dans son *Spectacle dans un fauteuil* des pièces écrites entre 1832 et 1834, destinées à être lues « dans un fauteuil » plutôt que vues sur scène, parmi lesquelles *On ne **badine** pas avec l'amour* (1834).

> **À NOTER**
> **Badiner** signifie agir d'une façon plaisante, légère, avec fantaisie et gaieté, sans y attacher d'importance.

- La pièce est écrite par Musset alors que sa liaison passionnée et tumultueuse avec George Sand le plonge dans le désespoir. Teintée de mélancolie et d'amertume, l'œuvre poétique et théâtrale de Musset fait écho à ses difficultés affectives personnelles.
- Dans sa *Confession d'un enfant du siècle* (1836), l'auteur mêle considérations autobiographiques et analyse quasi-sociologique du « mal du siècle », un désenchantement existentiel propre à sa génération. Élu à l'Académie française en 1852, il meurt cependant dans une certaine indifférence en 1857.

2 L'intrigue en résumé

- Dans un château de fantaisie, le Baron réunit – après dix ans de séparation – pour les marier, son fils Perdican, qui a terminé ses études à l'université, et sa nièce Camille, à peine sortie du couvent.
- Perdican se heurte très vite à la froideur de sa cousine qui, tentée par une vie vouée à Dieu, s'enquiert de sa vision de l'amour, mais se voit confortée dans sa peur de l'inconstance humaine. Surprenant une lettre de Camille, envoyée à une de ses amies religieuses, dans laquelle elle le dépeint comme un amoureux éploré, Perdican se venge en courtisant la sœur de lait de Camille, Rosette, au vu et au su de Camille.
- Comprenant son stratagème et l'amour que Perdican lui porte, celle-ci encourage d'abord son cousin à séduire Rosette, avant de faire volte-face. Les jeunes gens s'avouent finalement leur amour irrépressible, alors que Rosette assiste cachée à la scène. Cette dernière perd la vie en comprenant qu'elle n'a été qu'une pièce dans leur jeu cruel. Les cousins se quittent définitivement.

II Des clés pour l'analyse

1 Une pièce-proverbe

■ En sous-titrant sa pièce « **proverbe** », Musset la rattache à un type de comédie courte alors en vogue dans les salons mondains.

À NOTER
À l'origine, le **proverbe** est un divertissement de société qui consiste à improviser une courte comédie à partir d'un canevas illustrant un proverbe que le public doit retrouver.

■ Cependant, l'auteur s'éloigne du simple et bref divertissement en étoffant et en complexifiant l'intrigue et la psychologie des personnages. La pièce se rapproche du drame romantique, et son dénouement tragique confirme l'avertissement annoncé par le titre : il ne faut pas prendre l'amour à la légère !

2 Une inspiration romantique

Difficilement classable, la pièce présente des caractéristiques qui la situent dans la mouvance romantique.

■ Musset ne respecte ni l'**unité** de temps (les trois actes de la pièce correspondent à trois journées) ni l'unité de lieu (multiplication des espaces intérieurs et extérieurs).

À NOTER
Dans la préface de *Cromwell* (1830), **Victor Hugo** théorise le **drame romantique**, qui se libère des unités de temps, de lieu et de ton, chères aux classiques. L'auteur le définit comme une « harmonie des contraires », mêlant le « sublime » et le « terrible » de la tragédie ainsi que le « grotesque » et le « bouffon » de la comédie.

■ L'intrigue mêle les registres : passages comiques et tirades lyriques se côtoient. Peu à peu, l'atmosphère s'assombrit, jusqu'à la catastrophe finale, digne d'une tragédie.

■ Si les personnages secondaires sont des fantoches, caricatures risibles des travers de l'humanité, les jeunes personnages principaux, pétris de contradictions, en lutte avec eux-mêmes, présentent une sensibilité toute romantique.

zoOm

Une scénographie symbolique

Dans la mise en scène de Jean Liermier, les décors sauvages deviennent oniriques, parfois cauchemardesques : ils symbolisent les tourments amoureux des personnages, jusqu'au point de non-retour. Le metteur en scène souhaite « faire de la philosophie en trois dimensions » pour mieux expliciter « les mécanismes des êtres humains ».

On ne badine pas avec l'amour, mise en scène de Jean Liermier, 2023.

39 Les jeux du cœur et de la parole

En bref *Se questionner sur les jeux du cœur et de la parole permet d'observer les décalages qui existent entre les sentiments amoureux et les mots exprimés, et d'examiner les jeux cruels qui en résultent.*

I Deux jeunes cœurs tourmentés

1 Une jeunesse désenchantée

- Âgés d'une vingtaine d'années, Perdican et Camille ont connu un parcours différent, mais tous deux semblent **prématurément désenchantés**.
- De l'amour, Camille ne connaît que les **peines**, apprises par ses compagnes de couvent. Plus expérimenté, Perdican pose un **regard sans illusions** sur l'humanité : « le monde n'est qu'un égout sans fond où les phoques les plus informes rampent et se tordent sur des montagnes de fange [...] » (II, 5).

2 Des personnages aveuglés

- S'il porte un regard désabusé sur le monde, le duo s'illusionne aussi sur lui-même. La **peur d'aimer**, la **pudeur** et l'**amour-propre** se mêlent pour brouiller les postures.
- Les personnages peinent à cerner et à **assumer leurs vrais sentiments**. Perdican ne perçoit ni la détresse, ni l'amour de Camille, lorsqu'elle le sonde sur sa conception de l'amour (II, 5). Épris l'un de l'autre depuis l'enfance, ils mettent trois actes, pour s'avouer – d'abord à eux-mêmes, puis à l'autre – leur passion.
- Sous un **masque d'indifférence** et de détachement, les deux protagonistes, deux âmes inquiètes et écorchées, cachent une **sensibilité à fleur de peau**.

3 Deux visions de l'amour

- Profondément déçue par l'inconstance des hommes qui mettent à mal son rêve d'amour pur et éternel, Camille se réfugie en **Dieu** auquel Perdican ne croit pas.
- Aux yeux de ce dernier, l'amour terrestre, certes imparfait, ne lui semble pourtant pas moins « sublime ». Perdican invite au **deuil d'un absolu** inaccessible ici-bas. Ces **visions antagonistes** semblent séparer le couple de manière irrémédiable.

II Des jeux cruels

1 Un langage trompeur

- Chacun cherche à éprouver la vérité de l'autre. Leurs paroles se dégradent parfois en « **persiflage** » ou en **railleries** qui visent à blesser l'autre.

- Camille et Perdican ne parviennent ni à se comprendre, ni à se livrer. Seule Rosette, jeune paysanne au cœur pur, s'exprime sans détours ni artifices.
- Le badinage galant de Perdican, interchangeable d'une femme à l'autre, sème le trouble sur ses sentiments réels.

2 Le piège de l'amour-propre

- Plus amoureux qu'ils ne se l'avouent, les jeunes gens s'enferment dans un rôle et multiplient les stratagèmes pour confondre l'autre, avec une certaine perversion.
- Avouer – et s'avouer – ses sentiments, c'est se montrer vulnérable, à la merci de l'autre qui peut en jouer. La froideur dédaigneuse de Camille **pousse** Perdican, piqué au vif, dans les bras de Rosette qu'il feint d'aimer, par pure vengeance. Blessée par Perdican qui a abîmé ses rêves d'absolu, elle le **repousse** avec cynisme lorsqu'il lui déclare enfin son amour (III, 6).

> **CITATION**
> « Camille et Perdican se **donnent des coups** – avec des mots – et le conflit, ou la relation, change à chaque coup. » (Jean-Pierre Vincent, metteur en scène, 2006)

- Froideur simulée, lettre interceptée, rendez-vous espionnés et dialogues en trompe-l'œil complexifient l'énonciation. Tour à tour, Camille et Perdican se retrouvent à épier des confidences humiliantes pour eux. Les personnages cachent leur jeu et chacun est trompé par celui de l'autre, jusqu'à s'y perdre.
- Par vanité et incapacité à faire face à leurs émotions, l'amour des deux protagonistes se dégrade en vengeance cruelle.

3 Une issue tragique

- Au moment où les actes et les mots finissent par révéler les véritables sentiments, la comédie vire au drame : Rosette meurt de ces jeux cruels, anéantissant ainsi ironiquement toute possibilité d'union pour le couple qui paie le prix de son inconséquence et de son égoïsme.
- Capricieux, immatures, ces « deux enfants insensés » qui font du bonheur un « jouet », s'interdisent d'être heureux. Perdican en fait le constat amer : « Il a bien fallu que la vanité, le bavardage et la colère vinssent jeter leurs rochers informes sur cette route céleste, qui nous aurait conduits à toi dans un baiser ! » (III, 8). Le titre de la pièce renvoie bien aux dangers de ce jeu fatal.

zoOm

Les sentiments au théâtre

Marivaux, dramaturge du XVIIIe siècle, est célèbre pour son « marivaudage », langage galant et subtil qui reflète les difficultés des personnages à clarifier leurs sentiments et à s'exposer à l'autre. Dans *Le Jeu de l'amour et du hasard* (1730), les protagonistes, comme chez Musset, multiplient les stratégies pour s'éprouver.

40 Nathalie Sarraute, *Pour un oui ou pour un non*

En bref *Durant la seconde moitié du XXe siècle, Sarraute remet l'intime au centre de la représentation théâtrale : sa pièce* Pour un oui ou pour un non *est centrée sur un malentendu infime aux conséquences majeures.*

I Premiers repères

1 L'autrice et le contexte

- Nathalie Sarraute (1900-1999) est une femme de lettres française d'origine russe. Elle publie en 1939 son premier recueil de textes brefs, ***Tropismes***.

MOT CLÉ
La querelle de *Pour un oui ou pour un non* se fonde sur ces « **tropismes** », définis par Sarraute comme des mouvements fugaces souvent instinctifs et indéfinissables dont l'intention peut être déchiffrée maladroitement par autrui.

- Dans *L'Ère du soupçon* (1956), Sarraute explore la crise que traverse le roman traditionnel ; elle se rapproche des théoriciens et écrivains du « Nouveau Roman ». Pour l'autrice, la psychologie des personnages doit aller au-delà des archétypes pour permettre de révéler les « états inexplorés » de leur conscience.
- À partir de 1964, elle écrit des pièces de théâtre comme *Le Silence* ou encore *Le Mensonge*, dont l'enjeu central devient progressivement la question du langage. C'est également le cas en 1982 avec *Pour un oui ou pour un non*.

2 L'intrigue en résumé

- Deux amis, H. 1 et H. 2, perdus de vue, se retrouvent. H. 2 (« qui rompt pour un oui ou pour un non ») avoue à H. 1 s'être éloigné de lui en raison de l'intonation méprisante perçue dans l'une de ses réactions passées (« C'est bien... ça... ») portant sur un de ses succès.
- Reprochant à H. 1 de l'avoir piégé par sa « condescendance », H. 2 demande à un couple de voisins (H. 3 et F.) de se faire les juges de la querelle. Ceux-ci, confus par les fondements subjectifs de la dispute, se retirent.
- L'échange tourne alors au conflit : H. 1 accuse à son tour H. 2 d'être « jaloux » de son bonheur et d'avoir tenté de le « piéger » en se tenant sciemment à l'écart du monde, par son attitude « poétique ».
- La pièce se termine sur une impasse entre « deux camps adverses » irréconciliables, symbolisée par les dernières répliques : « H. 1 : Oui./H. 2 : Non ! ».

II Des clés pour l'analyse

1 Un drame du langage

■ Dans la pièce, le langage constitue un mode de communication miné, marqué par l'incompréhension réciproque. Le « rôle principal » est dévolu à une poignée de mots et à la manière de les prononcer.

■ Les personnages se méfient d'une parole pleine de chausse-trapes, où chaque formule constitue potentiellement le support d'une accusation : ainsi de « C'est bien... ça... », mais aussi de « La vie est là... » ou du souvenir des « cartes postales » qui auraient pu remplacer la contemplation du paysage selon H. 1.

■ Les locuteurs se débattent en permanence avec le langage. La parole est **porteuse du drame** qui se joue sur scène, déployant son caractère menaçant et laissant voir ses failles : des intonations mal comprises, des choses incorrectement nommées, des formules toutes faites, des « guillemets » ironiques.

À NOTER
Le terme « **logodrame** » (littéralement « drame du langage ») désigne les pièces postmodernes, comme ici celle de Sarraute, où l'intrigue réside dans le fait même de parler ou de se taire.

2 Une opposition radicale entre deux visions du monde

■ La pièce est construite comme un duel fait d'attaques, d'esquives et de contre-attaques où chacun défend de plus en plus agressivement sa propre compréhension des paroles prononcées.

■ Les deux amis se déchirent en apparence sur des broutilles ; au départ, H. 1 est convaincu de pouvoir comprendre et guérir H. 2 par le langage. Mais progressivement apparaît au grand jour une opposition radicale, une « lutte à mort » entre deux stéréotypes (→ ZOOM).

zoOm

Deux personnages antithétiques

H. 1	H. 2
Homme mondain, bonne situation, promotion, « paternité comblée », « voyage » pour son travail	« Marginal » qui travaille juste ce qu'il faut pour « vivoter »
Tendance à classer, à catégoriser, à nommer et « coter » les choses	Refus des « listes » et de nommer les choses, utilisation de métaphores
Appartient au camp « où les hommes luttent »	Dans le camp des « ratés »
Monde « stable » et « solide », « fermé de tous côtés »	Détachement impressionniste ; monde « inconsistant, fluctuant » ; regard poétique, mais n'écrit rien de peur d'être « récupéré »
L'homme mondain qui dit « oui » à la société et à sa superficialité	Le dilettante retiré du monde qui dit « non » aux conventions sociales

41 Théâtre et dispute

En bref *Dans la pièce de Sarraute, le conflit est au cœur de l'intrigue ; il prend la forme familière, mais aussi très cruelle, d'une dispute entre deux amis.*

I La dispute, au cœur de l'intrigue théâtrale

1 Un moteur dramaturgique efficace

- La **dispute** constitue un élément dramaturgique particulièrement efficace en montrant l'opposition entre deux personnages sur une thématique ; celle-ci devient alors l'enjeu majeur de la pièce.

À NOTER
Étymologiquement, la « dispute » (du verbe latin *disputare)* signifie : « **mettre au net**, estimer après un examen approfondi ». Le débat animé doit parvenir à une vérité.

- Chez Sarraute, c'est le langage et l'utilisation qui en est faite, qui deviennent l'objet de la querelle entre les deux protagonistes. Contrairement à ce qu'affirme H. 2, ce ne sont pas « juste des mots ».
- Les aveux de l'un se heurtent à l'incompréhension de l'autre. Le dialogue alterne entre des moments plus calmes et des pointes acérées (la prise à témoin des voisins, la citation de Verlaine mal à propos, la violence exacerbée du souvenir des Écrins).
- On retrouve ce type d'altercation dans *Le Misanthrope* (1666) de Molière lorsqu'Alceste reproche à Philinte son hypocrisie sociale : « Je veux qu'on soit sincère, et qu'en homme d'honneur,/On ne lâche aucun mot qui ne parte du cœur. » (acte I, scène 1)

2 Un moyen de révéler des vérités au grand jour

- La dispute au théâtre peut avoir un rôle révélateur : les personnages disent tout ce qu'ils ont sur le cœur, dévoilant leur vrai visage derrière le masque social.
- Dans la pièce *Le Prénom* (2010) de Matthieu Delaporte et Alexandre de La Patellière, un dîner familial tourne mal à la suite de l'annonce du choix d'un prénom discutable pour l'enfant à naître. La parole se délie alors, laissant libre cours à toutes les rancœurs et rivalités familiales.
- La pièce de Sarraute est également le cadre d'un véritable règlement de compte. Les accrocs du langage exacerbent la violence des répliques et la méfiance réciproque des deux amis.

II Les différents registres de la dispute

1 La dispute, procédé comique par excellence

■ La dispute au théâtre peut donner lieu à des confrontations comiques ou burlesques qui entraînent immédiatement l'adhésion du spectateur. C'est le cas dans cette pièce de Sarraute où perce « en sourdine » une tonalité comique, notamment dans les exagérations plaisantes de H. 2, ou dans la perplexité des voisins appelés pour régler le différend entre les deux hommes.

■ Dès le XVIIe siècle, Molière mettait déjà le procédé en œuvre dans *Les Femmes savantes* lorsque les **deux pédants**, Trissotin et Vadius, commencent par échanger des propos élogieux, mais finissent par s'insulter copieusement, Vadius avouant qu'il déteste un sonnet de Trissotin.

À NOTER
Le motif de la dispute au théâtre prend ici une **valeur satirique** : à travers les personnages, c'est le type moral du pédant vaniteux et ridicule qui est dépeint par le dramaturge.

2 Des disputes qui virent au tragique

■ La pièce de Sarraute se teinte de tragique lorsque la rupture semble inéluctable entre les deux amis. Leur opposition se transforme en « lutte à mort » entre deux « camps ennemis » : aucune conciliation n'est plus possible à la fin de l'œuvre – même si, paradoxalement, l'accord se fait enfin sur cette rupture définitive. Les dernières répliques de la pièce incarnent cette impasse : « Oui./Non ! ».

■ Chez Bernard-Marie Koltès, les retrouvailles familiales peuvent également tourner au tragique sous la forme d'une dispute entre le frère et la sœur : dans *Le Retour au désert* (1988), Adrien et Mathilde semblent voués à rejouer un affrontement quasi-mythologique qui n'aura jamais de fin.

zoOm

Une amitié en sursis

Dans *« Art »* (1994), de Yasmina Reza, trois amis se déchirent autour d'un tableau d'art contemporain, un carré blanc sur fond blanc, que l'un d'entre eux vient d'acquérir à prix d'or. La parole est perfide et vindicative et l'incompréhension mène à la violence physique. Un espoir de réconciliation demeure cependant à l'issue de la pièce.

Yasmina Reza, *« Art »*, 1994, mise en scène de Patrice Kerbrat (2018).

MÉMO VISUEL

LES ŒUVRES

L'œuvre

Le Menteur, Corneille (1644)

- **Genre :** comédie d'intrigue
- **Contexte :** XVIIe siècle, théâtre baroque
- **Thème :** le mensonge dans les rapports amoureux, familiaux et sociaux
- **Visées :** divertir le spectateur et l'inviter à une réflexion sur ce lieu d'illusion qu'est le théâtre

Le parcours

Mensonge et comédie

- Le mensonge apparaît comme le moteur de la comédie et la source du comique.
- La comédie se donne comme un lieu de mensonge à double titre : elle le met en scène et produit elle-même une illusion de vérité.

L'œuvre

On ne badine pas avec l'amour, Musset (1834)

- **Genre :** comédie-proverbe, drame romantique
- **Mouvement :** XIXe siècle, romantisme
- **Thème :** les tumultes du cœur et de l'orgueil
- **Visée :** mettre en scène une forme de tragique intérieur, lié à la confusion de sentiments difficilement avouables

Le parcours

Les jeux du cœur et de la parole

- Deux jeunes gens, à la sensibilité exacerbée et aux prises avec des sentiments qu'ils peinent à identifier et à s'avouer, sondent avec cruauté et maladresse le cœur de l'être aimé.
- Ces jeux du cœur et de la parole ont une issue fatale.

L'œuvre

***Pour un oui ou pour un non*, Sarraute (1982)**

- **Genre :** pièce de théâtre
- **Mouvement :** 2de moitié du XXe siècle, Nouveau Théâtre
- **Thème :** une amitié mise à mal par l'interprétation de quelques mots d'apparence anodine
- **Visée :** montrer les limites du langage dans l'expression précise des mouvements intérieurs de la conscience

Le parcours

Théâtre et dispute

- L'intrigue repose sur la dispute de deux amis au sujet d'une expression malheureuse : « C'est bien... ça... ».
- Le langage, incapable de traduire précisément la pensée des interlocuteurs, dissimule une « sous-conversation » qui vire au tragique.

AU PROGRAMME

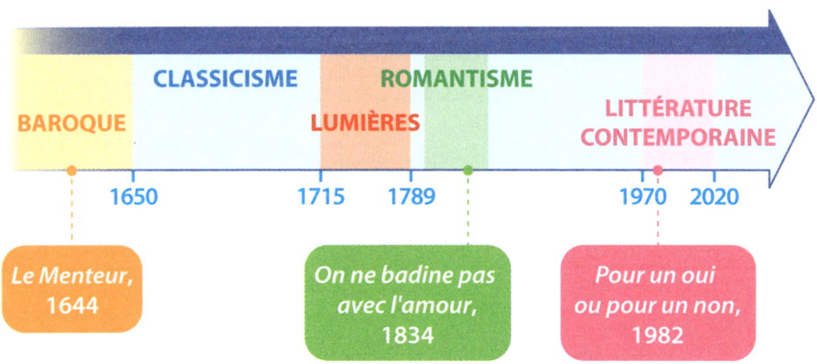

SUJET 7 | OBJECTIF BAC

EXPLICATION DE TEXTE 20 min

Musset, *On ne badine pas avec l'amour* (1834)

Les intrigues de théâtre abondent en objets volés, surpris par un œil indiscret. Dans *On ne badine pas avec l'amour*, c'est une lettre interceptée qui fait basculer la pièce dans la tragédie.

LE SUJET

Lisez le texte à voix haute. Puis expliquez-le.

Déçue par Perdican, Camille semble confortée dans sa vocation religieuse et confie ses projets à une de ses amies de couvent, dans une lettre qui tombe dans les mains du jeune homme.

PERDICAN, *seul.*

– Que ce soit un crime d'ouvrir une lettre, je le sais trop bien pour le faire. Que peut dire Camille à cette sœur ? Suis-je donc amoureux ? Quel empire a donc pris sur moi cette singulière fille, pour que les trois mots écrits sur cette adresse me fassent trembler la main ? Cela est singulier ; Blazius, en se débattant avec dame Pluche, a fait sauter le cachet[1]. Est-ce un crime de rompre le pli ? Bon, je n'y changerai rien.

Il ouvre la lettre et lit.

« Je pars aujourd'hui, ma chère, et tout est arrivé comme je l'avais prévu. C'est une terrible chose ; mais ce pauvre jeune homme a le poignard dans le cœur, il ne se consolera pas de m'avoir perdue. Cependant j'ai fait tout au monde pour le dégoûter de moi. Dieu me pardonnera de l'avoir réduit au désespoir par mon refus. Hélas ! ma chère, que pouvais-je y faire ? Priez pour moi ; nous nous reverrons demain, et pour toujours. Toute à vous du meilleur de mon âme. Camille. »

Est-il possible ? Camille écrit cela ? C'est de moi qu'elle parle ainsi ? Moi au désespoir de son refus ? Eh ! bon Dieu ! si cela était vrai, on le verrait bien ; quelle honte peut-il y avoir à aimer ? Elle a fait tout au monde pour me dégoûter, dit-elle, et j'ai le poignard dans le cœur ? Quel intérêt peut-elle avoir à inventer un roman pareil ? Cette pensée que j'avais cette nuit, est-elle donc vraie ? Ô femmes ! Cette pauvre Camille a peut-être une grande piété ; c'est de bon cœur qu'elle se donne à Dieu, mais elle a résolu et décrété qu'elle me laisserait au désespoir. Cela était convenu entre les bonnes amies, avant de partir du couvent. On a décidé que Camille allait revoir son cousin, qu'on le lui voudrait faire épouser, qu'elle refuserait, et que le cousin serait désolé.

Cela est si intéressant, une jeune fille qui fait à Dieu le sacrifice du bonheur d'un cousin ! Non, non, Camille, je ne t'aime pas ; je ne suis pas au désespoir. Je n'ai pas le poignard dans le cœur, et je te le prouverai. Oui, tu sauras que j'en aime une autre, avant que de partir d'ici. Holà ! brave homme !

Entre un paysan.

Allez au château, dites à la cuisine qu'on envoie un valet porter à Mlle Camille le billet que voici.

Il écrit.

LE PAYSAN – Oui, monseigneur.

Il sort.

PERDICAN – Maintenant, à l'autre. Ah ! je suis au désespoir ! [...]

Alfred de Musset, *On ne badine pas avec l'amour*, acte III, scène 2, 1834.

1. Cachet : cire qui porte l'empreinte d'un cachet (matière dure gravée avec laquelle on imprime une marque).

■ **Question de grammaire** : Étudiez la construction de l'interrogation dans la phrase suivante : « Quel intérêt peut-elle avoir à inventer un roman pareil ? » (l. 19-20)

LES CLÉS POUR RÉUSSIR

Faire une lecture expressive

- Rendez le trouble et la curiosité de Perdican, d'abord intrigué par la lettre.
- Lisez la lettre de Camille en laissant transparaître le ton étonné ; soulignez ensuite la stupéfaction de Perdican, lorsqu'il reprend notamment les mots de sa cousine pour s'en indigner.
- Faites sentir la rancœur et le dépit final du jeune homme.

Situer le texte, en dégager l'enjeu

- Le procédé de la lettre interceptée est fréquent au théâtre : questionnez-vous sur son intérêt.
- Cherchez à montrer en quoi ce monologue, centré sur une lettre qui n'aurait pas dû être lue, s'avère révélateur de l'orgueil des personnages et déterminant pour la suite.

Organiser l'explication

1 Les tergiversations de Perdican (l. 1-7)

- Examinez les scrupules de Perdican et la manière dont il les balaie.
- Montrez que Perdican n'est pas au clair avec ses sentiments.

2 La lettre de Camille (l. 8-15)

- Quelle image Camille donne-t-elle de Perdican ?
- Quel rôle s'arroge-t-elle ?

3 La vive réaction de Perdican, piqué au vif (l. 16-36)

- À quoi voit-on que Perdican est blessé dans son orgueil ?
- Soyez attentif à la vengeance que le personnage prépare.

Répondre à la question de grammaire

- Repérez les marqueurs de l'interrogation.
- Identifiez sa portée et son intérêt.

LE CORRIGÉ

Les titres en couleur ou entre crochets ne doivent pas figurer sur la copie.

Introduction

[présenter le contexte] Le Baron désire marier son fils Perdican à sa nièce Camille, après dix ans d'éloignement durant lesquels les jeunes gens ont grandi et affiné leur vision de l'amour. **[présenter le texte]** Craignant l'inconstance des hommes, Camille, qui rêve d'un amour pur et éternel, écrit, à une de ses amies religieuses, une lettre qui tombe entre les mains de Perdican. **[en dégager l'enjeu]** Comment ce **monologue**, qui résulte de la découverte d'une lettre interceptée, traduit-il la nature tourmentée de Perdican, tiraillé entre amour et amour-propre ? **[annonce du plan]** Nous examinerons d'abord les hésitations du jeune homme à ouvrir un courrier qui ne lui est pas destiné, puis la découverte de son contenu. Nous verrons enfin que Perdican, blessé dans son amour-propre, prend une décision tragique.

> **MOT CLÉ**
> Un **monologue** est une scène où un personnage parle seul : il exprime ainsi ses émotions (fonction expressive), prend une décision (fonction délibérative) ou fournit diverses informations au public (fonction informative).

I. Les tergiversations de Perdican (l. 1-7)

- Détenant une lettre qui ne lui est pas adressée, Perdican, bien éduqué, exprime d'abord ses **scrupules** par une hyperbole : il qualifie sa tentation de « crime » à deux reprises (l. 2 et 6).
- Sa curiosité est néanmoins très vive, elle le pousse à s'interroger sur ses **propres sentiments**, comme en témoignent les questions insistantes et rhétoriques : « Suis-je donc amoureux ?... ».

> **À NOTER**
> Perdican, tout au long de la pièce, peine à **mettre au clair** ses sentiments : c'est déjà le cas dans son monologue de la scène 1 de l'acte III.

- Il s'étonne lui-même de la réaction disproportionnée et suspecte suscitée par ces « trois mots » qui lui font « trembler la main », signe d'un **vif trouble intérieur**. Perdican se résout cependant à ouvrir la lettre, déjà décachetée lors de la dispute entre les adultes, ce qui l'aide ainsi à lever son dilemme.

II. La lettre de Camille (l. 8-15)

- Perdican surprend ainsi les **confidences de Camille**, adressées à une « chère » amie de couvent ; il lit la lettre à haute voix.
- Camille exprime sa résolution inébranlable de se vouer à Dieu et **dramatise la situation** par l'emploi d'un lexique tragique : Perdican est présenté comme un « pauvre jeune homme », « le poignard dans le cœur » et « réduit au désespoir ».
- La jeune femme choisit consciemment Dieu alors qu'elle aurait pu vivre une histoire d'amour : « j'ai fait tout au monde pour le dégoûter de moi ». Le sort de Perdican est évoqué au futur de certitude, sur un ton péremptoire : « il ne se consolera pas. » Camille se présente sous des **traits flatteurs** à sa confidente. Par orgueil, elle accentue la détresse supposée de Perdican, qu'elle aurait rêvé transi d'amour.
- La question rhétorique « Que pouvais-je y faire ? » donne le sentiment qu'une force supérieure a poussé Camille à cette extrémité : pourtant, sa **détermination apparente** semble davantage liée à son **amertume** qu'à sa foi en Dieu : Perdican, et les hommes en général, la déçoivent.

III. La vive réaction de Perdican (l. 16-36)

- Perdican ne réagit pas tant au choix religieux de Camille qu'au **portrait dégradant** qu'elle fait de lui. Sa stupéfaction outrée perce à travers la ponctuation expressive : « Moi au désespoir de son refus ? », « j'ai le poignard dans le cœur ? ». Il refuse le portrait peu flatteur que Camille dresse de lui, en s'arrogeant à ses dépens le beau rôle, et dénonce le « roman » bâti par Camille. En écho au « pauvre jeune homme » de la lettre, il taxe sa cousine de « pauvre Camille », tout en clamant son **dépit** dans une apostrophe ironique : « Ô femmes ! » (l. 21).
- Perdican se sent victime d'un **complot féminin** fomenté par Camille (« tout est arrivé comme je l'avais prévu ») et ses « bonnes amies » : « elle a résolu et décrété », « On a décidé que ». Il démonte les **rouages de cette conspiration** dans une énumération accablante qui conduit à son sacrifice (l. 24-25) et en vient à ironiser sur ce qui s'est tramé dans son dos : « Cela est si intéressant, une jeune fille qui fait à Dieu le sacrifice du bonheur d'un cousin ! » (l. 26-27). L'hostilité de Perdican pour la religion renforce sa colère, qui le pousse à prêter à Camille des intentions qu'elle n'a pas.
- La fin de son monologue met en place sa **vengeance**. Sa détermination s'exprime par des phrases courtes, incisives, en écho à la question inaugurale « Suis-je donc amoureux ? » : « Non, non, Camille, je ne t'aime pas [...] et je te le prouverai. » (l. 28) Ses sentiments semblent s'être radicalement transformés. Aveuglé par son amour-propre, blessé par les mots de Camille, Perdican est désormais prêt à se jeter dans les bras d'une autre.
- La réplique finale de Perdican dévoile pourtant les **sentiments qu'il se cache** : « Ah ! je suis au désespoir ! », faisant écho aux mots prononcés plus haut : « je ne t'aime pas, je ne suis pas au désespoir » (l. 27-28). Insistantes, ces négations trahissent ses sentiments pour Camille.

À NOTER
Perdican est ici victime d'ironie tragique : il se méprend sur ses **propres sentiments**. Il comprendra trop tard son amour pour Camille – et Rosette en mourra.

Conclusion

[faire le bilan de l'explication] Ainsi cette lettre interceptée permet-elle à Perdican de découvrir au spectateur les propres sentiments du personnage : tiraillé entre amour et amour-propre, le jeune homme, blessé par Camille qui s'arroge le beau rôle en le sacrifiant à Dieu, devient le jouet d'émotions qui les conduiront à leur perte. **[mettre le texte en perspective]** Le billet qu'il écrit achève de faire basculer l'intrigue dans la tragédie. À ce jeu d'*ego* froissés et de sentiments qu'ils ne parviennent pas à s'avouer, une jeune innocente sera tragiquement sacrifiée.

Réponse à la question de grammaire

« Quel intérêt peut-elle avoir à inventer un roman pareil ? » (l. 19-20)

- Cette phrase se termine par un point d'interrogation, associé à une intonation montante. L'ordre sujet-verbe est inversé selon une inversion simple : « peut-elle ». Il s'agit donc bien d'une **interrogation directe**.
- Le déterminant interrogatif « quel » introduit cette interrogation qui est de **portée partielle** ; il s'agit d'une question ouverte. En effet, la réponse attendue ne saurait être « oui » ou « non ». Sur le plan pragmatique, cette interrogation appelle une réponse.

DES QUESTIONS POUR L'ENTRETIEN

Lors de l'entretien, vous devrez présenter une autre œuvre lue au cours de l'année. L'examinateur introduira l'échange et vous posera quelques questions. Celles ci-dessous sont des exemples.

1 Je vous remercie pour votre présentation de *Cyrano de Bergerac* (1898) d'Edmond Rostand. Pourriez-vous dégager des points communs entre les personnages de Roxane et de Camille ?

Toutes deux se font une très haute idée de l'amour et attendent un engagement fort. Camille rêve d'un amour pur, éternel, absolu ; Roxane attend de Christian qu'il sache bien parler d'amour, car c'est une jeune femme cultivée, adepte de poésie, qui fréquente les salons précieux de son époque.

2 Que pensez-vous du stratagème mis en place par Cyrano pour aider Christian à séduire Roxane ?

C'est un stratagème ingénieux : Cyrano prête son éloquence à Christian, par exemple dans la scène du balcon où c'est Cyrano, contrefaisant sa voix, qui déclare son amour à Roxane à la place du jeune homme.

3 Comment la sincérité du cœur et celle de la parole se rejoignent-elles dans le dénouement de l'œuvre ?

Au seuil de la mort, Cyrano peut enfin confesser à Roxane qu'il l'a toujours aimée en secret. La lecture de la lettre révèle les véritables sentiments de « celui qui souffle et qu'on oublie », celui qui s'est sacrifié pour ne pas trahir le souvenir de Christian.

SUJET 8 | OBJECTIF MENTION

DISSERTATION 4 h

Le mensonge en question chez Corneille

« Ô l'utile secret que mentir à propos ! » s'exclame Dorante (II, 6). Qu'est-ce qui le pousse à mentir ainsi dans la pièce ?

LE SUJET

Pourquoi Dorante joue-t-il la comédie ?

Vous répondrez à cette question dans un développement structuré en prenant appui sur *Le Menteur* de Corneille et sur les textes étudiés dans le cadre du parcours.

LES CLÉS POUR RÉUSSIR

Analyser les termes du sujet

- **Jouer la comédie** : cette expression figurée renvoie au métier de comédien ; elle désigne l'adoption d'une attitude feinte pour dissimuler ce que l'on est ou ce que l'on pense, autant qu'une propension à l'invention.
- **Pourquoi** : l'adverbe interrogatif invite à s'interroger à la fois sur les causes de cette attitude comme sur les intentions du personnage.

Dégager la problématique

Le mensonge, chez Dorante, est-il seulement le fait de sa psychologie ? La pièce de Corneille n'est-elle qu'une comédie de caractère ?

Construire le plan

1 Dorante : un menteur né

- Répertoriez les scènes où le mensonge apparaît, chez Dorante, comme une seconde nature.
- Dans quelle mesure *Le Menteur* pourrait être considérée comme une comédie de caractère ?

2 Dorante : le mensonge en action

- Montrez que les mensonges de Dorante soutiennent l'intrigue de la comédie.
- Soulignez le lien entre mensonges et comique.

3 Dorante : comédien et poète ?

- Mettez en évidence la mise en abyme à l'œuvre dans l'écriture dramaturgique.
- Expliquez en quoi les mensonges de Dorante relèvent de l'invention poétique.

LE CORRIGÉ

Les titres en couleur ou entre crochets ne doivent pas figurer sur la copie.

Introduction

[amorce] En intitulant sa pièce *Le Menteur* (1644), Corneille met l'accent sur un trait psychologique du personnage au centre de l'action dramatique. Tantôt hâbleur, tantôt imposteur, Dorante anime toute l'intrigue par ses mensonges. **[sujet]** Mais pourquoi joue-t-il la comédie ? **[reformulation du sujet]** Si les affabulations du protagoniste relèvent de sa personnalité, elles paraissent aussi répondre à des nécessités dramaturgiques. **[problématique]** Le drame cornélien se donne-t-il comme une comédie de caractère ou d'intrigue ? **[annonce du plan]** Pour le déterminer, il s'agira d'abord de voir en Dorante un menteur né, puis de montrer que le personnage incarne le mensonge en action, pour s'interroger, enfin, sur la fonction poétique du mensonge.

I. Dorante : un menteur né

LE SECRET DE FABRICATION

Dans cette première partie, on étudie la personnalité du menteur et la manière dont la comédie s'organise autour de ce trait psychologique.

1. Le sens de la comédie

- Parce que les « hautes fictions [lui] sont bien naturelles » comme l'admet Cliton à la scène 6 de l'acte I, Dorante ne cesse d'emprunter des identités pour les **besoins de la séduction** : il est capable d'endosser l'habit du soldat comme le costume du galant.
- Le goût de la comédie chez Dorante s'enracine en et hors de lui : il **ment par défi**, reconnaissant qu'il « aime à braver ainsi les conteurs de Nouvelles » (v. 362) ; à la scène 3 de l'acte III, Philiste suggère toutefois qu'il est également **« menteur par coutume »**, c'est-à-dire qu'il en a pris l'habitude dans le jeu des relations sociales.

2. Un trait de caractère déterminant

- Dans la **comédie de caractère**, un trait psychologique détermine le déroulement de l'action. Dans *Le Menteur*, toute l'intrigue est ainsi organisée autour du défaut de Dorante ; les autres rôles se répartissent entre ceux qui le subissent ou cherchent à le corriger.

À NOTER

La comédie de caractère a été magistralement illustrée par Molière dans *L'Avare*, qui est parvenu à dépasser la caricature dans la **peinture des types humains**. La correction des mœurs y est plus poussée que chez Corneille.

- Le jeune homme manifeste, par ses affabulations, son **souci de gloire** en même temps qu'il cherche à **séduire** Clarice, à **impressionner** son rival Alcippe, à **souligner la crédulité** de son valet et à **contourner les décisions paternelles.**
- Géronte reproche à son fils la comédie qu'il joue : « Est-il vice plus bas, est-il tache plus noire,/Plus indigne d'un homme élevé pour la gloire ? » (v. 1521-1522). Quant à Cliton, comme Sganarelle face à Dom Juan dans la pièce éponyme de Molière, il s'effarouche des audaces mensongères de son maître. Pourtant, si Corneille reconnaît « que les actions de Dorante ne sont pas bonnes

moralement » (« Épître » de *La Suite du Menteur*), les mensonges de son personnage viennent s'intégrer à la morale héroïque du dramaturge : il n'affabule pas par lâcheté ; **il invente plus qu'il ne dissimule**.

[transition] Naturellement porté à mentir par le jeu des circonstances, Dorante s'affirme sur scène comme un comédien virtuose, de sorte que ses mensonges sont mis au service de l'action.

II. Dorante : le mensonge en action

LE SECRET DE FABRICATION

Dans cette deuxième partie, on montre que le mensonge de Dorante nourrit l'action dramatique et qu'il est la source du comique.

1. Le héros d'une comédie d'intrigue

- La comédie d'intrigue met l'accent sur l'action en déplaçant l'intérêt vers l'enchaînement des **quiproquos** et des **rebondissements**. La *comedia* espagnole en a donné le modèle à Corneille, où les actions requièrent davantage d'attention que les personnages et où l'argument repose sur l'amour. Ce type de comédie suppose l'usage du mensonge. L'imbroglio se noue à partir de **stratagèmes** et **substitutions** qui engendrent une cascade de méprises.

- Personnage clé de l'intrigue galante à l'espagnole, Dorante incarne l'**amoureux extravagant**. Ses mensonges déterminent alors la conduite de l'action. Né de la confiance trop vite accordée au propos d'un cocher, le quiproquo initial, qui veut que Lucrèce soit plus belle que Clarice, donne l'occasion à Dorante de s'inventer des rôles qui ont pour effet d'alimenter des malentendus – Alcippe prenant Dorante pour l'amant secret de Clarice, par exemple.

2. Une force comique

- Destinée à plaire par le tourbillon des actions, la comédie d'intrigue mobilise au premier chef le **comique de situation** : dans *Le Menteur*, il prend sa source dans les discordances entre les propos tenus et la réalité observée. C'est le cas notamment à la scène 2 de l'acte IV lorsqu'Alcippe surgit sur scène alors que Dorante vient de déclarer qu'il l'a tué au cours d'un duel.

- Par ses mensonges, Dorante assure l'avancée autant que le **dynamisme de la comédie** : le **comique de gestes** résulte des choix de mise en scène, tel le va-et-vient de Dorante entre ses deux amantes à la scène 6 de l'acte V ; le **comique de mœurs** se révèle à travers la satire enjouée des jeunes aristocrates ou les valets vénaux, à l'instar de Sabine ; le **comique de mots** se retrouve dans la parodie de la pastorale mise dans la bouche de Dorante, prompt à faire naître des mondes (ex. le récit de la collation : I, 5).

À NOTER

Au siècle suivant, dans *Les Fausses Confidences*, Marivaux prête la même **virtuosité** au personnage de Dubois qui, par ses paroles mensongères, emmène toute la comédie à sa suite.

[transition] Figure centrale d'une comédie d'intrigue, Dorante en assure par ses feintes la progression dramatique et la dimension comique. Mais ses mensonges ne revêtent-ils pas d'abord une fonction poétique ?

III. Dorante : comédien et poète ?

LE SECRET DE FABRICATION

Dans cette troisième partie, on montre que la comédie de Dorante donne lieu à une mise en abyme du théâtre et relève de l'esthétique baroque.

1. Une comédie dans la comédie

- **Théâtre dans le théâtre**, *Le Menteur* met en scène un comédien jouant dans une comédie. Cette mise en abyme est particulièrement sensible dans la scène 5 de l'acte II, où le public peut reconnaître dans la parade verbale burlesque que le fils sert à son père les faux-semblants dont use le théâtre lui-même pour divertir la salle.

- Ce principe de mise en abyme crée un **mouvement perpétuel** entre vérité et mensonge et amène le spectateur à **s'interroger sur la réalité**. Quand Dorante transporte le public dans l'atmosphère hors scène des guerres d'Allemagne, à la scène 3 de l'acte I, il joue le Matamore, mais fait référence simultanément à une vérité historique, la guerre de Trente Ans, identifiable par le spectateur.

À NOTER

La **mise en abyme** permet de convoquer le *theatrum mundi*, l'idée que les spectateurs ne sont eux-mêmes que les acteurs du « grand théâtre du monde ».

- Créateur de fable, Dorante apparaît donc comme un **double du dramaturge**.

2. L'imagination d'un poète

- Les mensonges de Dorante endossent souvent une valeur purement poétique : ils élaborent des **univers imaginaires** et font vivre des **rêves éveillés** dans lesquels Corneille délègue à son protagoniste une véritable virtuosité dramaturgique. Philiste voit clair dans le « talent de bien imaginer » de Dorante et le soupçonne de leur servir une « pièce [...] fort complète, et des plus à la mode » (V, 1).

- Poussé au-delà de lui-même, Dorante vit ainsi dans les **marges de la réalité** à la manière des magiciens qui peuplent la scène baroque. Étranger aux règles qui corsètent son être social, personnage libertin, il se caractérise par une imagination foisonnante et un raffinement ostensible. Les fictions dont il se fait l'auteur n'en atteignent pas moins une **forme de vérité** : « On dirait qu'il dit vrai, tant son effronterie/Avec naïveté pousse une menterie » reconnaît Clarisse, à la scène 5 de l'acte III.

Conclusion

[synthèse] En mettant en scène un comédien, Corneille donne une comédie de caractère, tout en exploitant les ressorts de la comédie d'intrigue. Les mensonges de Dorante célèbrent finalement cet art de l'illusion qu'est le théâtre, selon l'esthétique baroque. **[ouverture]** À l'âge classique, Molière a dit sa dette à l'égard de l'auteur du *Menteur* en multipliant dans *L'École des femmes* les récits romanesques pour rapprocher les amoureux et déjouer les visées d'un barbon jaloux.

Réussir les épreuves

Réussir les épreuves

9 Maîtriser les outils de l'analyse littéraire

TEST

Pour vous situer et identifier les fiches à réviser 210

FICHES DE COURS

42 Analyser le lexique 212
43 Analyser les phrases 214
44 Étudier l'énonciation 216
45 Identifier la tonalité d'un texte 218
MÉMO VISUEL 220

EXERCICES & CORRIGÉS

• Analyser la structure des phrases 222
• Analyser l'énonciation 223
• Identifier la tonalité d'un texte 223
• Bilan 224

TESTEZ-VOUS

→ CORRIGÉS P. 347

Faites le point sur vos connaissances puis établissez votre **parcours de révision** en fonction de votre score.

1 Analyser le lexique

→ FICHE 42

1. Qu'est-ce qu'un réseau lexical ?

☐ a. un synonyme de champ lexical

☐ b. un ensemble de synonymes

☐ c. un ensemble de termes qui relèvent d'un même champ thématique

☐ d. les diverses connotations d'un terme

2. Qu'est-ce qu'un antonyme ?

☐ a. ce qui précède le nom

☐ b. un mot qui a le sens contraire d'un autre mot

☐ c. un oxymore

3. À quel type de lexique appartient le mot *pitoyable* ?

☐ a. appréciatif

☐ b. évolutif

☐ c. affectif

☐ d. abstrait

.../3

2 Analyser les phrases

→ FICHE 43

1. Dans cette phrase, combien comptez-vous de propositions ?

> Quand la campagne de Rome fut ruinée par l'égout romain, Rome épuisa l'Italie, et quand elle eut mis l'Italie dans son cloaque, elle y versa la Sicile, puis la Sardaigne, puis l'Afrique.
>
> Victor Hugo, *Les Misérables*, 1862.

☐ a. 1 ☐ b. 2 ☐ c. 3 ☐ d. 4

2. Qu'est-ce qu'une incise ?

☐ a. une interjection

☐ b. une phrase exclamative

☐ c. une proposition insérée dans une autre proposition

3. Dans la phrase ci-dessous, les deux propositions sont :

> Cette fois il s'abattit la face contre le pavé, et ne remua plus.
>
> Victor Hugo, *Les Misérables*, 1862.

☐ a. coordonnées ☐ b. juxtaposées ☐ c. subordonnées

.../3

3 Étudier l'énonciation

→ FICHE 44

1. Dans la phrase « Prends ce livre », le démonstratif « ce » est :

☐ a. un déictique ☐ b. un modalisateur ☐ c. un marqueur de la subjectivité

2. Reliez chaque élément de la colonne de gauche au type d'énoncé qui convient.

a. passé simple •
b. présent d'énonciation •
c. présent de narration •
d. marques de la subjectivité •
e. pronoms de 1re et 2e pers. •
f. *ici*, *hier* •

• énoncé ancré dans la situation d'énonciation
• énoncé coupé de la situation d'énonciation

.../2

4 Identifier la tonalité d'un texte

→ FICHE 45

1. Lisez l'extrait et cochez les propositions qui conviennent.

> Hélas ! qui peut savoir le destin qui m'amène ?
> L'amour me fait ici chercher une inhumaine.
> Mais qui sait ce qu'il doit ordonner de mon sort,
> Et si je viens chercher ou la vie ou la mort ?
>
> Racine, *Andromaque*, 1667.

Il s'agit d'un texte ☐ a. tragique ☐ b. pathétique ☐ c. lyrique

2. Quelles sont les caractéristiques de la tonalité polémique ?

☐ a. Elle utilise un lexique violent.
☐ b. Elle vise à convaincre le lecteur.
☐ c. Elle permet de faire rire le lecteur.
☐ d. Elle implique le lecteur.

.../2

5 Reconnaître les figures de style

→ MÉMO VISUEL

Cochez la (ou les) bonne(s) figure(s) de style.

1. « Paris est tout petit / C'est là sa vraie grandeur » (Prévert)

☐ a. litote ☐ b. antithèse ☐ c. allégorie

2. « La musique souvent me prend comme une mer » (Baudelaire)

☐ a. antiphrase ☐ b. comparaison ☐ c. synecdoque

3. « Je me suis baigné dans le Poème de la mer » (Rimbaud)

☐ a. métaphore ☐ b. chiasme ☐ c. métonymie

4. « Des cadavres dessous et dessus des fantômes » (Hugo)

☐ a. chiasme ☐ b. allégorie ☐ c. comparaison

.../4

Score total .../14

42 Analyser le lexique

En bref *La connaissance d'un lexique adapté est nécessaire tant pour la compréhension et l'analyse des textes que pour la précision de l'expression écrite et orale.*

I Champ lexical et réseau lexical

Les mots du langage désignent des réalités du monde, qu'elles soient concrètes ou abstraites (les idées).

- On appelle **champ lexical** l'ensemble des termes désignant une même réalité : *guerre, arme*. Les termes peuvent être reliés entre eux par dérivation, *guerre, guerrier.* Attention, il ne suffit pas de relever un champ lexical, il faut l'analyser pour mettre à jour les **sous-thèmes** et les **relations de sens**.

- Le **réseau lexical** est un champ lexical étendu aux autres termes qui, par leur **connotation** ou leur emploi en contexte, relèvent de la même thématique. Ainsi *guerrier, armes, munition, fusil* font partie du champ lexical de la guerre et *mutilation, hôpital, panique* font partie de son réseau lexical.

> **MOT CLÉ**
> **Connotation :** charge affective et subjective ajoutée à la dénotation d'un terme (la définition du dictionnaire) en fonction de la culture personnelle du lecteur.

II Polysémie, synonymie, antonymie

- Un même terme peut avoir **plusieurs sens**, il est dit **polysémique.** La polysémie permet de jouer sur différents niveaux de sens.

  … formaient une **harmonie** telle qu'il n'y eut jamais en enfer (Voltaire)

  Voltaire utilise le double sens d'harmonie, « formation musicale » et « entente, paix », pour faire réfléchir le lecteur.

- Des termes différents peuvent recouvrir une même réalité, ils sont dits **synonymes**. Cependant, il y a toujours une nuance de sens entre les synonymes. Dans une **énumération** ou une **gradation** (→ MÉMO VISUEL), on doit être attentif à l'apport de chacun des termes.

  Je vois partout […] la force, la brutalité, la cruauté, le sadisme (Césaire)

  Chaque terme de la gradation ajoute une nuance au précédent.

- Des termes peuvent avoir des relations **de sens opposé**, ils sont dits **antonymes** (*généreux, avare*). Ils sont employés dans les **antithèses** et les **oxymores** (→ MÉMO VISUEL).

  Cette obscure clarté qui tombe des étoiles (Corneille)

  La juxtaposition des mots « obscure » et « clarté » constitue un oxymore.

III Les types de lexique

Les mots d'une langue sont multiples et il existe de nombreuses manières de les classer. Il faut savoir reconnaître et utiliser au moins **quatre types de lexique**.

■ Le **lexique appréciatif** permet d'exprimer une appréciation :

- si elle est positive, on parle de lexique mélioratif (*admirable, magnifique*) ;
- si elle est négative, on parle de lexique péjoratif (*fade, néfaste, borné*).

> **À NOTER**
> Les lexiques appréciatif et affectif se retrouvent dans l'expression de la subjectivité.

■ Le **lexique évaluatif** permet d'exprimer un jugement de valeur sur une échelle graduée (*grand/petit, chaud/froid*) dans divers domaines : esthétique (*beau*), moral (*bon*), etc.

■ Le **lexique affectif** permet d'exprimer la manière dont on est affecté par quelque chose. C'est le lexique des sentiments et des émotions (*admiration, souffrance, pitié, pitoyable*...).

■ Le **lexique abstrait** est le lexique des opérations de la pensée (*réfléchir, méditer, notion, concept, réflexion*...), du jugement (*apprécier, concéder, réfuter, rejeter*...), de la morale ou de la philosophie (*liberté, conscience, être, déterminisme, vertu, devoir*...), des catégories artistiques (*baroque, classique*...), du sentiment esthétique (*beau, sublime*), etc.

zoom

Exemple d'analyse lexicale

« Le monocle du général, resté entre ses paupières comme un éclat d'obus dans sa figure vulgaire, balafrée et triomphale, au milieu du front qu'il éborgnait comme l'œil unique du cyclope, apparut à Swann comme une blessure monstrueuse qu'il pouvait être glorieux d'avoir reçue, mais qu'il était indécent d'exhiber. »

Proust, *Un amour de Swann*, 1914.

- champ lexical de la guerre
- réseau lexical de la guerre
- réseau lexical de l'œil

Dans ce passage, Proust associe deux réseaux lexicaux dans une double comparaison qui dévalorise le « général ». Tout ce qui relève de la guerre et qui pourrait être considéré comme « glorieux » devient « indécent », grâce à l'image qui associe le monocle à un éclat d'obus, puis à « l'œil unique du cyclope ».

43 Analyser les phrases

En bref *La phrase est une unité complète et autonome, construite selon un ensemble de règles syntaxiques qu'il convient d'analyser. Elle peut aussi être étudiée selon sa modalité et son rythme.*

I Syntaxe de la phrase

→ FICHE 61

- Une phrase peut comporter une ou plusieurs proposition(s) :
  - une phrase constituée d'une seule proposition est une **phrase simple** ;
  - une phrase constituée de plusieurs propositions est une **phrase complexe**.
- Les propositions d'une phrase complexe peuvent être **indépendantes** :
  - **coordonnées** par une conjonction de coordination (*Je sors car il fait beau.*) ou un adverbe (*Il neige, alors je prends les skis.*) ;
  - ou **juxtaposées** à l'aide d'un signe de ponctuation (*Il la voit, il en tombe amoureux, il lui déclare sa flamme.*).
- Les propositions peuvent aussi être liées par une relation de **subordination** : *Je dors quand je le peux./J'aime le livre que je lis.*

II Types et formes de phrase

1 Les trois types de phrases

On distingue **trois types d'actes de langage**. Toute phrase relève de l'un de ces types.

Type	Acte de langage	Exemple
déclaratif	présenter ce que l'on dit comme vrai (assertion)	Le petit chat (GS) est mort (GV).
interrogatif → FICHE 64	poser une question (interrogation)	Voulez-vous qu'en ami je vous ouvre mon cœur ? [inversion du sujet]
impératif	donner un ordre (injonction)	Songez à me répondre. [verbe à l'impératif avec sujet implicite]

2 Les formes de phrase

Ces formes sont **facultatives**.

Forme	Caractéristique	Exemple
négative → FICHE 65	contient une négation du type *ne... pas*	N'allez **pas** de grâce éventer mon secret. [phrase impérative négative]
passive	verbe (principal) conjugué à la voix passive	Son cœur **est dévoré** par la jalousie. [v. *dévorer* à la voix passive]

Forme	Caractéristique	Exemple
exclamative	se termine par un point d'exclamation	Oh comme les enfants grandissent en peu d'années !
emphatique	constituant mis en relief	**Et moi de vous revoir**, je suis bien aise aussi. [élément mis en relief]
impersonnelle	verbe (principal) conjugué à la voix impersonnelle	Il **se trame** un complot dans l'ombre. [v. *se tramer* à la voix impersonnelle]

III Étude du rythme

Le rythme d'une phrase est fonction de sa longueur et de sa construction, généralement indiquée par la ponctuation.

- Le rythme binaire consiste à grouper les propositions par deux segments égaux : *Tu viens et je suis heureux.* Le rythme ternaire les regroupe par trois.

  Le loriot siffle, l'hirondelle gazouille, le ramier gémit. (Chateaubriand)

- Au-delà d'un regroupement de trois éléments, on parle d'accumulation ou de rythme accumulatif. Il est souvent utilisé dans les descriptions.

À NOTER
Si l'on étudie toujours **le rythme** dans la poésie, il ne faut pas oublier de l'étudier aussi pour un texte en prose. Si celui-ci présente beaucoup d'effets rythmiques, on pourra parler de **prose poétique** ou de **récit poétique**.

zoom

Les propositions subordonnées

Les propositions subordonnées

Relatives :
- *qui, que, quoi, dont, où*
- *lequel, auquel, duquel…*

Complétives :
- conjonctives : *que, à ce que, de ce que*
- interrogatives indirectes : *si, pourquoi, comment, quel…*

Circonstancielles :
- temps : *avant que, après que, pendant que…*
- cause : *parce que, puisque…*
- but : *pour que, afin que…*
- conséquence : *de sorte que…*
- opposition : *alors que, tandis que…*
- concession : *bien que, quoique…*
- condition : *si, au cas où…*

44 Étudier l'énonciation

En bref *L'énonciation est l'acte individuel de production d'un énoncé par un locuteur. On peut chercher à analyser les textes en fonction de leur type d'énonciation.*

I La situation d'énonciation

Tout énoncé s'inscrit dans une situation d'énonciation. Un locuteur produit un énoncé, dans un lieu et temps donné, adressé à quelqu'un (l'allocutaire ou destinataire). On peut définir **deux types d'énonciation**.

- Quand il est nécessaire de connaître les conditions de l'énonciation pour comprendre l'énoncé, on parle d'**énoncé ancré dans la situation d'énonciation**. Pour comprendre l'énoncé *je suis ici*, l'allocutaire doit savoir qui est le « je » et où il se trouve, c'est-à-dire la situation dans laquelle l'énoncé a été produit.
- Quand il n'est pas nécessaire de connaître les conditions de l'énonciation, on parle d'**énoncé coupé ou d'énonciation historique**. Pour comprendre l'énoncé *Louis XIV est mort en 1715*, il n'est pas nécessaire de connaître les conditions de l'énonciation.

II L'énoncé ancré dans la situation d'énonciation

On le reconnaît à la présence des éléments suivants :

- Le **système de la 1re et de la 2e personne** : pronoms personnels (*je, me, tu, te, nous, vous*), déterminants et pronoms possessifs (*mon, ma, mes, notre, nos, le mien... ; ton, ta, tes, vos, votre, le tien...*).
- Les **déictiques** : termes qui ne se comprennent que s'ils sont accompagnés d'un geste. *Prends ce livre* ne se comprend que si le locuteur désigne du doigt le livre en question. Les déterminants et les pronoms démonstratifs (*ce, cet, cette, ces, celui-là*) et les adverbes de lieu (*ici*), et de temps (*maintenant*) sont typiquement des déictiques.

À NOTER
Certaines grammaires regroupent sous l'appellation « **déictiques** » tous les termes qui ne se comprennent qu'à l'intérieur d'une situation d'énonciation.

- Les temps verbaux : le **présent d'énonciation** correspond au moment même de l'énonciation ; le **passé composé** est utilisé pour évoquer un moment du passé.
- Les **modalisateurs** : ils indiquent le degré d'adhésion de l'énonciateur à son énoncé : *il pleuvra sans doute, peut-être, certainement...* Les modalisateurs peuvent être des adverbes (*probablement, certainement...*), des locutions adverbiales (*peut-être, sans doute...*), des auxiliaires de mode (*devoir, pouvoir, vouloir...*), certains adjectifs qualificatifs (*possible, certain, probable...*). Le conditionnel peut aussi indiquer une distance de l'énonciateur à son énoncé : *On pourrait dire qu'il a raison, mais...*

- Les **marques de la subjectivité** : utilisation d'un lexique appréciatif, évaluatif, affectif (→ FICHE 42).
- Les **marques du jugement** : verbes de jugement (*je pense, je crois, j'affirme*...).

III L'énoncé coupé de la situation d'énonciation

Il s'oppose point par point à l'énoncé ancré dans la situation d'énonciation. On le reconnaît à la présence des éléments suivants :

- Le **système de la 3e personne** : pronoms personnels (*il, ils*), déterminants possessifs (*son, sa, sien ; leurs*).
- Les temps verbaux : le **présent de narration** et le **passé simple.**
- Des indices spatio-temporels : dates et lieux précis qui permettent un **repérage absolu** dans le temps et dans l'espace.
- L'**absence de modalisateurs**, **de déictiques et de marques de la subjectivité** et du jugement.

CONSEIL
Dans un texte apparemment objectif, il faut être attentif à la présence de modalisateurs qui révèlent une prise de position de l'auteur, du narrateur, ou du locuteur.

zoOm

L'implicite

On appelle *implicite* ce qui n'est pas énoncé clairement mais ce que le récepteur du message doit comprendre par lui-même. On distingue deux sortes d'implicite : le présupposé et le sous-entendu. En voici des exemples tirés de *À la Recherche du temps perdu* de Proust.

Implicite

Présupposé :
« Je savais maintenant que j'aimais Albertine »
- **posé** : le narrateur aime Albertine.
- **présupposé** : le narrateur aimait sans doute Albertine auparavant, mais il n'en avait pas conscience.

Sous-entendu :
« Vous ne tuez pas vos malades, vous au moins ! »
- **contexte** : phrase adressée par Madame Verdurin au docteur Cottard, qu'elle apprécie, à propos du docteur Potain qu'elle n'aime pas
- **sous-entendu** : le docteur Potain tue ses malades, il n'est pas un bon médecin.

45 Identifier la tonalité d'un texte

En bref *Tout texte fait ressentir un type d'émotion au lecteur. Analyser la tonalité, c'est chercher à identifier la nature de cette émotion et comprendre ce qui, dans le texte, la provoque.*

I Émouvoir

■ **Tonalité lyrique.** Expression forte des sentiments sur des thèmes comme l'amour, la mort la nature. Le texte est à la première personne. Le **lyrisme** peut être déploration (lyrisme élégiaque) ou hymne joyeux.

> **À NOTER**
> Le **lyrisme** est emblématique de la poésie, cependant tous les poèmes ne sont pas lyriques et on peut trouver du lyrisme dans tous les autres genres.

■ **Tonalité pathétique.** Caractérise un texte qui cherche à faire ressentir au lecteur le sentiment de la pitié et de la compassion. On le reconnaît à l'expression de la souffrance physique ou morale, à des images violentes, à des invocations. Il joue sur la capacité d'identification du lecteur.

■ **Tonalité tragique.** Le héros tragique est en prise au destin ou à des forces qui le dépassent. Le lexique, noble et solennel, fait référence aux dieux, au destin, à une fatalité. Il est évidemment à l'œuvre dans les tragédies. On parle d'ironie tragique, quand le héros, cherchant à trouver une issue favorable, prend des décisions qui vont se retourner contre lui et le mènent là où le destin l'attend.

■ **Tonalité épique.** En relation avec l'épopée, c'est une narration d'épisodes guerriers, qui tend à magnifier les combats et les exploits des héros jusqu'à les diviniser. L'exemple typique est l'*Iliade*, d'Homère. On emploie volontiers l'hyperbole et les procédés de l'amplification.

II Faire rire

■ **Tonalité comique.** La visée est le rire. Il joue sur le décalage entre ce qui est attendu et ce qui est produit. On le reconnaît précisément à trois types de comique : le comique de mots (jeux de mots, inventions langagières, répétitions), de gestes (gesticulations, poursuites, chutes...) et de situation (situations incongrues, quiproquos...). On le trouve dans les comédies, mais pas seulement.

■ **Tonalité satirique.** La visée est la critique. On se moque d'une catégorie professionnelle ou sociale, en la mettant en situation. Ainsi, Molière fait la satire des médecins dès qu'il en a l'occasion.

■ **Tonalité ironique.** L'ironie fait entendre le contraire de ce qui est énoncé. Jeu sur le second degré, elle suppose la complicité de l'interlocuteur qui accepte de décrypter le sens. L'ironie se définit par l'antiphrase. L'ironie peut servir une visée critique. Voltaire l'utilise beaucoup.

III Convaincre

■ **Tonalité didactique.** Sa visée est l'enseignement, la pédagogie. On le reconnaît à une argumentation claire qui cherche à guider le lecteur dans sa compréhension. On peut trouver des impératifs et tous les modes d'expression du conseil.

■ **Tonalité polémique.** Le mot vient du grec *polémos* qui veut dire « guerre ». Il caractérise un débat conflictuel, une argumentation menée de manière violente. Les mots servent d'armes. On cherche l'implication du destinataire.

IV Déstabiliser

■ **Le fantastique.** Irruption d'éléments surnaturels dans le réel. On ne sait pas si ces événements sont explicables rationnellement ou non. L'angoisse ressentie est due au doute qui est maintenu jusqu'à la fin du récit. Le lexique de l'étrangeté et de la peur est employé. Le texte est souvent à la première personne ou en focalisation interne, et le lecteur suit le narrateur dans ses doutes et ses peurs.

CITATION
« Le fantastique, c'est l'hésitation éprouvée par un être qui ne connaît que les lois naturelles, face à un événement en apparence surnaturel. » (Todorov)

■ **Le merveilleux.** C'est le monde des contes de fées. Dans le monde merveilleux, il est naturel que les humains côtoient fées, ogres et animaux qui parlent… Contrairement au fantastique, le surnaturel ne provoque pas l'angoisse.

zoOm

Les tonalités en peinture

Chagall, *Le Triomphe de la musique – Le concert*, 1957.

Les tonalités n'affectent pas seulement les textes, mais aussi les œuvres visuelles. Ainsi de ce tableau de Chagall, qui représente toutes les thématiques du **lyrisme** (l'amour, la nature, la ville, la musique), et dont les modes d'expression (la couleur, le mouvement, la composition) se mettent au service de la **célébration du monde**.

MÉMO VISUEL

LES FIGURES

Figures d'analogie

Comparaison	Deux éléments sont mis en relation par un outil explicite (comme, ressembler, semblable…). Le poète est **semblable** au prince des nuées. (Baudelaire)
Métaphore	Comparaison sans outil de comparaison. **Bergère** ô tour Eiffel le **troupeau** des ponts **bêle** ce matin (Apollinaire)
Personnification	Attribution de caractéristiques humaines à des objets. Tu lis les prospectus les catalogues les affiches qui **chantent** tout haut (Apollinaire)
Allégorie	Représentation d'une idée abstraite sous une forme concrète. […] et l'Angoisse atroce, despotique, / Sur mon crâne incliné plante son drapeau noir. (Baudelaire)

Figures de substitution

Métonymie	Rapprochement de deux mots ayant un rapport de contiguïté ou un rapport logique. ***boire un verre, croiser le fer, être une fine lame…***
Synecdoque	Sorte de métonymie qui permet de dire le tout par sa partie. ***un trois-mâts (= un bateau à trois mâts)***
Périphrase	Figure qui consiste à substituer à un nom, une expression complexe. ***L'oiseau de Jupiter*** désigne l'aigle.

Figures d'opposition

Oxymore	Co-occurrence, dans le même groupe syntaxique, de deux termes de sens opposé. Le **soleil noir** de la mélancolie (Nerval)
Antithèse	Co-occurrence de deux termes de sens contraire dans une phrase ou un ensemble de phrases. Songe aux cris des **vainqueurs,** songe aux cris des **mourants.** (Racine)
Antiphrase	Figure de l'ironie qui consiste à signifier le contraire de ce que l'on dit. **Quel beau temps !** (alors qu'il pleut)

DE STYLE

Figures d'atténuation et d'amplification

Euphémisme	Évocation détournée d'un fait pour en atténuer la violence. Il est **parti** (= Il est mort).
Litote	Figure qui consiste à dire peu pour dire beaucoup. Va, **je ne te hais point**. (Corneille)
Gradation	Énumération ordonnée suivant un ordre croissant ou décroissant (le dernier terme est souvent hyperbolique). C'est un **roc** !... C'est un **pic** !... C'est un **cap** ! Que dis-je, c'est un cap ?… C'est une **péninsule** ! (Rostand)
Hyperbole	Emploi de termes exagérés par rapport à la réalité qu'ils désignent. *souffrir **mille morts***
Anaphore	Répétition en début de vers d'un même mot ou groupe syntaxique. **Voilà** comme Pyrrhus vint s'offrir à ma vue **Voilà** par quels exploits il sut se couronner ; Enfin **voilà** l'époux que tu me veux donner. (Racine)

EXERCICES

Analyser la structure des phrases

→ FICHE 43

1 Lisez le texte et répondez aux questions.

Harlem, cette admirable bambochade[1] qui résume l'école flamande, Harlem peint par Jean-Breughel, Peeter-Neef, David-Téniers et Paul Rembrandt.

Et le canal où l'eau bleue tremble, et l'église où le vitrage d'or flamboie, et le stoël[2] où sèche le linge au soleil, et les toits, verts de houblon.

Et les cigognes qui battent des ailes autour de l'horloge de la ville, tendant le col du haut des airs et recevant dans leur bec les gouttes de pluie.

Et l'insouciant bourguemestre qui caresse de la main son double menton, et l'amoureux fleuriste qui maigrit, l'œil attaché à une tulipe.

Et la bohémienne qui se pâme sur sa mandoline, et le vieillard qui joue du Rommelpot[3], et l'enfant qui enfle une vessie.

Et les buveurs qui fument dans l'estaminet borgne, et la servante de l'hôtellerie qui accroche à la fenêtre un faisan mort.

Aloysius Bertrand, « Harlem », *Gaspard de la nuit*, 1842

1. bambochade : genre pictural qui représente, parfois de manière caricaturale, des foires, des assemblées de village, des fêtes populaires.
2. stoël : balcon de pierre. 3. Rommelpot : instrument de musique.

conjonction « et » — pronoms relatifs

a. Quel est l'effet produit par les répétitions surlignées ?

b. Quelle est la particularité syntaxique des phrases de ce poème en prose ?

c. En fonction de vos réponses aux questions précédentes, expliquez en quoi ce poème est comparable à un tableau.

d. Observez le tableau : qu'a-t-il en commun avec le poème ?

AIDE
Aloysius Bertrand cite quatre peintres de l'école flamande, mais ce que le poète décrit ne correspond à aucun tableau en particulier : il « résume » en un poème le style des quatre peintres.

David Téniers Le Jeune, *Vie quotidienne et joie de vivre en Flandre*, 1648.

Analyser l'énonciation

→ FICHE 44

2 a. **En vous appuyant sur l'étude des verbes et des pronoms personnels, dites à quel(s) type(s) d'énonciation ce texte appartient.**

Après un court dialogue entre Jacques et son maître, le récit commence.

Jacques commença l'histoire de ses amours. C'était l'après-dîner : il faisait un temps lourd ; son maître s'endormit. La nuit les surprit au milieu des champs ; les voilà fourvoyés. Voilà le maître dans une colère terrible et tombant à grands coups de fouet sur son valet, et le pauvre diable disant à chaque coup : « Celui-là était apparemment encore écrit là-haut... »

Vous voyez, lecteur, que je suis en beau chemin et qu'il ne tiendrait qu'à moi de vous faire attendre un an, deux ans, trois ans, le récit des amours de Jacques, en le séparant de son maître et en leur faisant courir à chacun tous les hasards qu'il me plairait. Qu'est-ce qui m'empêcherait de marier le maître et de le faire cocu ? d'embarquer Jacques pour les îles ? d'y conduire son maître ? de les ramener tous les deux en France sur le même vaisseau ? Qu'il est facile de faire des contes ! mais ils en seront quittes l'un et l'autre pour une mauvaise nuit, et vous pour ce délai.

Diderot, *Jacques le fataliste*, 1875

verbes au passé simple
pronoms des première et deuxième personnes

b. **Comment comprenez-vous l'utilisation de ce(s) type(s) d'énonciation dans ce début de roman ?**

Identifier la tonalité d'un texte

→ FICHE 45

3 En vous aidant notamment des repérages effectués dans le texte, déterminez la tonalité du texte.

Aucun homme n'a reçu de la nature le droit de commander aux autres. La liberté est un présent du Ciel, et chaque individu de la même espèce a le droit d'en jouir aussitôt qu'il jouit de la raison. Si la nature a établi quelque autorité, c'est la puissance paternelle : mais la puissance paternelle a ses bornes ; et dans l'état de nature, elle finirait aussitôt que les enfants seraient en état de se conduire. Toute autre autorité vient d'une autre origine que la nature. Qu'on examine bien et on la fera toujours remonter à l'une de ces deux sources : ou la force et la violence de celui qui s'en est emparé ; ou le consentement de ceux qui s'y sont soumis par un contrat fait ou supposé entre eux et celui à qui ils ont déféré l'autorité.

Diderot, « Autorité politique », *Encyclopédie*, 1751

connecteurs logiques — parallélisme syntaxique

Bilan

→ FICHES 42 à 45

4 a. Effectuez dans le texte les repérages indiqués.

Le narrateur-personnage Bardamu s'engage avec enthousiasme dans le premier conflit mondial. Mais la réalité de la guerre le fait vite déchanter.

J'allais faire cette démarche décisive quand, à l'instant même, arriva vers nous au pas de gymnastique, fourbu, dégingandé, un cavalier à pied (comme on disait alors) avec son casque renversé à la main, comme Bélisaire, et puis tremblant et bien souillé de boue, le visage plus verdâtre encore que celui de l'autre agent de liaison. [...]

Qu'est-ce que c'est ? l'arrêta net le colonel, brutal, dérangé, en jetant dessus ce revenant une espèce de regard en acier.

De le voir ainsi cet ignoble cavalier dans une tenue Bélisaire aussi peu réglementaire, et tout foirant d'émotion, ça le courrouçait fort notre colonel. Il n'aimait pas cela du tout la peur. C'était évident. Et puis ce casque à la main surtout, comme un chapeau melon, achevait de faire joliment mal dans notre régiment d'attaque, un régiment qui s'élançait dans la guerre.

[...] Il oscillait ainsi, raidi, sur le talus, la transpiration lui coulant le long de la jugulaire, et ses mâchoires tremblaient si fort qu'il en poussait des petits cris avortés, tel un petit chien qui rêve. On ne pouvait démêler s'il voulait nous parler ou bien s'il pleurait.

Nos Allemands accroupis au fin bout de la route venaient justement de changer d'instrument. C'est à la mitrailleuse qu'ils poursuivaient à présent leurs sottises ; ils en craquaient comme de gros paquets d'allumettes et tout autour de nous venaient voler des essaims de balles rageuses, pointilleuses comme des guêpes.

Céline, *Voyage au bout de la nuit,* 1932

Repérages à effectuer :

- comparaisons
- champ lexical de la guerre
- oxymore
- champ lexical de la peur

INFO

Bélisaire est grand général byzantin du VIe siècle. Accusé, à la fin de sa vie, de comploter contre l'empereur Justinien, il est réduit à la mendicité : il est souvent représenté tendant un casque pour recueillir les aumônes.

b. En vous aidant des repérages effectués, déterminez la tonalité du texte.

CORRIGÉS

Analyser la structure des phrases

1 a. La répétition des pronoms relatifs est importante pour le **rythme** du poème. Elle redouble la répétition anaphorique de la conjonction « et » et permet d'**allonger les phrases** qui sont toutes construites sur le même rythme : la **cadence majeure**.

> **MOT CLÉ**
> On parle de **cadence majeure** lorsque la première partie de la phrase est plus courte que la seconde. Ex. : *Si j'étais sûr de toi, / je ne me donnerais pas tout ce mal.*

b. Les phrases sont **nominales** : dans *Le canal où l'eau bleue tremble*, par exemple, le verbe *tremble* figure dans la subordonnée relative mais pas dans la proposition principale. La phrase est donc comme suspendue, ce qui contribue au rythme très particulier de ce poème en prose.

c. Le poème est **descriptif** et fonctionne comme un tableau. On trouve une énumération des **principaux points où se fixe le regard** du spectateur : les phrases 2 et 3 précisent le décor, les phrases 4 à 6 énumèrent et caractérisent chacun des personnages qui rendent vivant le tableau-poème.

d. Le tableau de David Téniers, l'un des quatre peintres auquel le poète fait référence, présente une **multiplicité de saynètes** dans un décor villageois. On y voit deux hommes discuter, un groupe jouer aux cartes, des gens danser, une mère avec ses enfants… Même les personnages, en arrière-plan à la droite du tableau, sont représentés en action. Le poème et le tableau sont donc bien construits de la même manière.

Analyser l'énonciation

2 a. Les deux paragraphes du texte relèvent de deux types d'énonciation différents. L'utilisation du passé simple et l'emploi de la troisième personne montrent que le **premier paragraphe** est **coupé** de la situation d'énonciation. En revanche, le **second paragraphe** est un énoncé **ancré** dans la situation d'énonciation : l'utilisation de la première et de la deuxième personnes ainsi que l'apostrophe au lecteur le prouvent.

b. L'interruption du récit par le commentaire de l'auteur surprend le lecteur qui n'est pas habitué à se faire ainsi malmener. Elle a une double visée : **déjouer les règles du roman traditionnel** en empêchant toute identification du lecteur au personnage ; **mener une réflexion sur la relation entre auteur et personnages**. En effet, on dit parfois que ce sont les personnages qui sont les maîtres du récit, et que l'auteur, une fois ses personnages créés, est obligé de les suivre dans leur destin. Diderot, lui, affirme que l'auteur reste maître de son récit et joue à sa guise avec le destin de ses personnages.

Identifier la tonalité d'un texte

3 La tonalité est **didactique**. L'utilisation de connecteurs logiques est l'indice d'une argumentation qui démontre ce qu'elle énonce. La disjonction (*ou... ou*), accentuée par le parallélisme syntaxique (*ceux qui / celui qui*) et amplifiée par un jeu d'antithèses (*force et violence / consentement* ; *s'en est emparé / s'y sont soumis*), ne laisse pas de place à une contre argumentation. De plus, le subjonctif (*qu'on examine bien*) est une façon d'inviter le lecteur à suivre l'auteur dans sa démonstration.

À NOTER

Les expressions totalisantes (*aucun homme, chaque individu, toute autre autorité*), associées à l'utilisation du verbe *être* et du présent de vérité générale renforcent la tonalité didactique du texte.

Bilan

4 a. • Comparaisons : *comme Bélisaire* (l. 34), *comme un chapeau melon* (l. 11), *tel un petit chien qui rêve* (l. 16), *comme de gros paquets d'allumettes* (l. 20), *comme des guêpes* (l. 22).
• Oxymore : *joliment mal* (l. 12)
• Champ lexical de la guerre : *cavalier, casque, agent de liaison, colonel, brutal, acier, régiment d'attaque, mitrailleuse, balles*
• Champ lexical de la peur : *tremblant, verdâtre, foirant, transpiration, tremblaient, pleurait*

b. Le texte a une tonalité **comique.** L'association du champ lexical de la guerre à celui de la peur crée un réseau lexical étonnant qui montre la guerre sous un jour **peu héroïque**. Les comparaisons contribuent à **ridiculiser** le cavalier à pied (comparé à Bélisaire, le général déchu, dont le casque se réduit à l'image d'un chapeau melon) et la guerre elle-même (les mitrailleuses sont comparées à des paquets d'allumettes et les balles à des essaims de guêpes). La tonalité comique est confirmée par l'oxymore *joliment mal*, qui exprime le **décalage** entre l'aspect du soldat et les valeurs associées à la guerre.

Réussir les épreuves

10 Construire un commentaire de texte

TEST

Pour vous situer et établir votre parcours de révision 228

FICHES DE COURS

46 Analyser le texte à commenter 230

47 Élaborer le plan et l'introduction d'un commentaire 232

48 Rédiger un commentaire de texte 234

MÉMO VISUEL 236

SUJETS GUIDÉS & CORRIGÉS

OBJECTIF BAC

9 COMMENTAIRE | Guy Goffette, « Tant de choses » (1995) 238

OBJECTIF MENTION

10 COMMENTAIRE | Maupassant, *Bel-Ami* (1885) 243

TESTEZ-VOUS

→ CORRIGÉS P. 347

Faites le point sur vos connaissances puis établissez votre **parcours de révision** en fonction de votre score.

1 Aborder l'exercice du commentaire

→ FICHE 46

1. Le commentaire est :

☒ **a.** une forme d'explication de texte.

☐ **b.** une reformulation d'un texte qui manifeste une bonne compréhension de celui-ci.

☐ **c.** une discussion qui prend appui sur le texte.

2. Quelle information utile pour le commentaire le paratexte suivant donne-t-il ?

Dans le poème intitulé « Spleen », issu de la section « Spleen et Idéal » des *Fleurs du mal*, Baudelaire explore la mélancolie du sujet lyrique.

☐ **a.** la situation du texte dans l'économie du recueil

☒ **b.** le thème du texte

☐ **c.** le genre du poème

3. Il est judicieux d'élaborer une « carte d'identité » du texte, récapitulant ses principales caractéristiques. Que comporte-t-elle ?

☒ **a.** le nom de l'auteur

☒ **b.** la date de publication

☒ **c.** le type de texte

☒ **d.** le mouvement littéraire

☐ **e.** le relevé des figures de style

☒ **f.** la tonalité du texte

☐ **g.** les champs lexicaux dominants

☐ **h.** le nom des personnages

☐ **i.** le(s) but(s) de l'auteur

☒ **j.** le(s) thème(s) de l'extrait

…/3

2 Construire un commentaire

→ FICHE 47

1. Parmi les propositions suivantes, laquelle peut constituer un axe de lecture ?

☐ **a.** Le thème de la nature

☐ **b.** Les figures de style

☒ **c.** Le renouvellement du lyrisme

2. Comment bâtir le plan ?

☐ a. En consacrant une première partie à la forme du texte, une deuxième au fond.

☐ b. En suivant l'ordre du texte lui-même.

☒ c. En organisant les remarques issues de l'analyse linéaire.

3. Qu'est-ce que la problématique ?

☐ a. une question difficile

☐ b. une difficulté de compréhension

☒ c. un problème soulevé par le texte

4. L'introduction du commentaire comporte :

☐ a. deux paragraphes.

☒ b. quatre étapes.

☐ c. la biographie de l'auteur du texte. .../4

3 Rédiger un commentaire

→ FICHE 48

1. Le plan détaillé établi au brouillon doit :

☐ a. figurer dans la copie entre crochets.

☐ b. voir ses titres fondus dans la rédaction.

☐ c. être inséré dans l'introduction.

2. Qu'est-ce qu'un alinéa ?

☐ a. le numéro d'une ligne du texte

☒ b. un retrait par rapport à la marge

☐ c. un petit paragraphe

3. Les sauts de lignes s'imposent :

☒ a. à chaque changement de partie.

☐ b. à chaque changement de paragraphe.

☐ c. à chaque transition.

4. Quelle est la manière correcte d'insérer la citation « Je dis qu'il faut être voyant, se faire voyant » de Rimbaud ?

☐ a. Rimbaud dit qu'« il faut être voyant, se faire voyant ».

☐ b. « Rimbaud di[t] qu'il faut être voyant, se faire voyant. »

☒ c. Rimbaud écrit : « (Je dis qu') il faut être voyant, se faire voyant ». .../4

Score total .../11

Parcours PAS À PAS ou EXPRESS ? → MODE D'EMPLOI P. 2

46 Analyser le texte à commenter

En bref *Le commentaire consiste à interpréter un texte en identifiant son intérêt et ses enjeux. Il exige une phase de travail, au brouillon, au cours de laquelle vont être mis en relation les différents aspects formels du texte (mots, figures, structure…) et leur signification, de manière à bâtir le sens général.*

I Découvrir le texte

1 Les premières impressions

- Le premier regard sur le texte est une phase cruciale : il faut se mettre dans la peau du lecteur « normal » qui le lirait pour son plaisir et non pour l'examen.
- Le but est alors de saisir l'effet que produit le texte sur le lecteur pour commencer à en cerner les enjeux. Notez vos impressions au brouillon pour ne pas les perdre de vue.

2 La carte d'identité du texte

Avant d'entrer dans le détail du texte, établissez sa carte d'identité : elle vous évitera les contresens et offrira des pistes de réflexion pour l'explication linéaire.

- Le paratexte désigne tous les éléments qui se situent « à côté du texte » : nom d'auteur, titre d'ouvrage, section de l'œuvre, date de publication, chapeau introductif rédigé à l'attention des élèves par le concepteur du sujet livrent les informations essentielles sur le texte.
- Ces précisions liminaires permettent également d'identifier le parcours dans lequel s'inscrit l'extrait, son genre, le mouvement littéraire dont il dépend.

3 Les données du texte

Implicites pour la plupart, elles sont à déduire de la lecture.

- Le thème : de quoi parle le texte ?
- La structure : comment le texte progresse-t-il ?
- La tonalité (ou registre) : quels sentiments le texte nourrit-il chez le lecteur ?

II Approfondir sa lecture

1 Comprendre le texte

- Une deuxième lecture, plus littérale, doit vérifier la bonne compréhension du texte et dissiper les difficultés lexicales.

- Pour cela, il faut s'attacher à reformuler les passages problématiques, clarifier le sens des éventuels mots inconnus en s'aidant des mots qui les entourent, se rendre capable de **résumer le sujet de l'extrait**.
- Il faut aussi sonder le texte en lui posant des questions : **Qui parle ?** Il faut identifier le locuteur ou le narrateur du texte et établir son statut. **Où ?** Il s'agit de situer le lieu de l'énonciation ou de l'action. **Quand ?** Il faut cibler l'époque à laquelle le discours est proféré, le moment où se déroule l'action.

2 Analyser le texte

- La troisième lecture se fait stylo en main : il s'agit d'annoter le texte. C'est l'occasion d'en souligner les articulations de manière à **dégager la structure**, de relever la présence de **champs lexicaux**, d'étudier les **marqueurs de genre** — temps verbaux, pronoms personnels, modalisateurs —, d'identifier les **figures de style**.

> **CONSEIL**
> Ne vous contentez pas de repérer les procédés : vous devez les interpréter et déterminer leur effet.

- Il faut explorer le texte, ligne à ligne, mot à mot, en notant au brouillon tout ce que l'on peut dire. Repérez les **rapports qui se tissent entre les phrases** : champs lexicaux, métaphores filées, répétitions, entre autres, structurent le texte.
- À partir de ces premiers éléments émerge un **projet de lecture** qui rend compte de l'intérêt du texte ; ces réflexions initiales constituent un **premier état de la problématique** formulée ensuite dans l'introduction.

zoOm

Exemple de « carte d'identité » d'un texte

Pour établir la carte d'identité d'un texte, vous devez en identifier les caractéristiques principales. Par exemple, pour la scène 5 de l'acte III du *Mariage de Figaro*, la carte d'identité pourrait se présenter ainsi :

Carte d'identité du texte

- **Genre :** comédie (texte dramatique)
- **Contexte :** Les Lumières (XVIIIe siècle)
- **Auteur :** Beaumarchais, dramaturge et théoricien du théâtre
- **Visée(s) :** donner un accès à l'intériorité du valet Figaro, lui conférer une épaisseur réaliste grâce au monologue
- **Tonalité(s) :** comique, dramatique et lyrique
- **Point de vue :** à travers la voix du personnage, c'est la pensée du dramaturge qui se dévoile en vertu de la double énonciation théâtrale.

47 Élaborer le plan et l'introduction d'un commentaire

En bref *Au premier contact avec le texte et à son exploration minutieuse, succède, toujours au brouillon, un temps de structuration qui doit conduire à édifier le plan détaillé du commentaire à venir et à rédiger l'introduction.*

I Construire le plan

1 La synthèse de l'explication linéaire

- Une fois achevée l'analyse ligne à ligne du texte, il faut regrouper sur une feuille de brouillon séparée les informations recueillies au cours de l'exploration pour dresser une liste des principales caractéristiques de l'extrait.
- Il s'agit d'opérer une sorte de résumé de tout le travail préparatoire, qui permet de synthétiser les analyses ponctuelles.

2 La définition des axes de lecture

- À partir des résultats obtenus lors de la synthèse thématique, on regroupe les ensembles de remarques convergents de manière à dégager deux ou trois axes de lecture, qui deviendront les grandes parties du commentaire.
- Ces axes ne sauraient se confondre avec des procédés littéraires (ex. : le champ lexical de la perte) ou des thèmes (ex. : la nostalgie) mais doivent **mettre en lien la forme et le sens** (ex. : une élégie). Chaque piste d'interprétation apporte un éclairage particulier sur l'extrait : c'est leur combinaison qui dévoile, de façon progressive, la signification profonde du texte.

À NOTER
Ne faites jamais un plan qui distingue le fond (thèmes, contenu…) de la forme (procédés, figures de style…) : l'un ne saurait aller sans l'autre.

- Il suffit ensuite de reprendre la synthèse de l'analyse linéaire et de classer les différentes caractéristiques dégagées dans la partie qui leur correspond.
- Reste à organiser chaque grande partie de façon cohérente, puis à déterminer l'ordre des parties : on va généralement du plus évident au plus complexe.

3 La recherche de la problématique

- À partir du parcours de lecture dessiné par les axes définis auparavant, il est possible de formuler la problématique.
- La problématique est une question qui soulève un problème, à laquelle le commentaire va s'attacher à répondre, auquel il va proposer une solution.
- Interpréter un texte, ce n'est pas seulement le décrire, c'est avant tout se demander pourquoi il est écrit de cette façon, et donc quels sont le sens et les fonctions de ses caractéristiques principales.

II Rédiger l'introduction

L'introduction prend la forme d'un **paragraphe unique**, composée de **quatre points distincts** :

1. L'amorce	Elle sert à « accrocher » le lecteur : un thème littéraire repris par le texte, le mouvement dans lequel il s'inscrit... Il n'y a pas de règle, mais il faut éviter d'introduire l'extrait trop platement.
2. La présentation de l'œuvre et de l'extrait	Elle introduit l'œuvre en lien avec l'amorce, situe le texte dans l'œuvre et en résume les enjeux.
3. La problématique	Elle dirige l'explication. C'est le problème que le commentaire va essayer de résoudre. Elle peut être formulée sous forme d'une question.
4. L'annonce du plan	Elle doit être formulée très clairement et n'indiquer que le contenu des grandes parties (ex. : « Nous montrerons d'abord..., puis nous étudierons..., enfin, nous nous attacherons... »).

CONSEIL

L'introduction est la porte d'entrée dans la copie : il faut particulièrement la soigner afin de conditionner favorablement le lecteur !

zoOm

Un exemple d'introduction

Voici une introduction possible pour le monologue de Figaro dans la scène 5 de l'acte III du *Mariage de Figaro* de Beaumarchais.

amorce

Sur la scène du XVIIIe siècle, les valets mènent le jeu : ils cessent de graviter dans l'orbite de leur maître et ne se contentent plus d'en être les adjuvants ou les opposants ; ils se lancent à la conquête d'une autonomie que l'ordre social ne leur reconnaît pas encore mais dont le théâtre leur donne l'illusion.

présentation de l'œuvre et de l'extrait

C'est le cas de Figaro, personnage éponyme de la comédie de Beaumarchais écrite en 1778. L'issue incertaine de sa « folle journée » conduit le personnage à se lancer, à la scène 5 de l'acte III, dans un long monologue où il examine, non sans humour, sa sombre destinée.

problématique

Quelle est la fonction de ce monologue ?

annonce du plan

Nous nous attacherons d'abord à dégager la dimension psychologique et autobiographique de cette prise de parle ; puis, nous en analyserons le caractère satirique.

48 Rédiger un commentaire de texte

En bref *Après le travail au brouillon vient la mise au propre : il reste à rédiger le commentaire directement sur la copie en suivant le plan établi lors de la phase préparatoire.*

I Principes de mise en page

Il faut soigner la mise en page de la copie pour guider le correcteur dans sa lecture.

1 L'introduction

- On rédige d'abord l'introduction au brouillon (→ FICHE 47), puis on la recopie au propre en la présentant sous la forme d'un seul paragraphe en vérifiant qu'elle comporte bien les quatre points attendus.
- Après l'introduction, on saute deux lignes de manière à matérialiser le passage au développement.

2 Le développement des parties

- Chaque grande partie commence par une brève introduction rappelant son enjeu et annonçant les différentes sous-parties qu'elle comprend.
- On va ensuite à la ligne pour commencer la première sous-partie, puis à nouveau à la ligne pour la sous-partie suivante. Chaque grande partie est ainsi composée de plusieurs paragraphes entre lesquels on ne saute pas de ligne.

CONSEIL
Il faut marquer les paragraphes par un alinéa de trois à quatre carreaux : ce retrait introduit une respiration dans la copie et rythme la démonstration.

- Entre la première et la deuxième partie, comme entre la deuxième et la troisième partie, il faut sauter une ligne.

3 La conclusion

- Enfin, on saute deux lignes avant la conclusion. Comme l'introduction, elle est composée d'un paragraphe unique. Elle peut aussi faire l'objet d'une rédaction préalable au brouillon.
- Elle se présente comme un bilan qui répond clairement à la question posée en introduction et récapitule brièvement les grandes étapes du commentaire. Il n'est pas obligatoire de prévoir un élargissement de la problématique, appelée communément « ouverture ».

II Principes de rédaction

1 La structure du paragraphe

Les paragraphes du commentaire doivent être rédigés sur le même modèle.

- On énonce **l'idée principale** du paragraphe.
- On justifie cette idée par **des arguments** qui la développent **et des exemples** qui prouvent sa véracité.
- On conclut le paragraphe en ouvrant vers l'idée suivante.

2 L'insertion des citations

- Il faut d'abord s'assurer que la citation choisie illustre bien le propos et aille dans le sens de la démonstration opérée.
- On introduit la citation en la signalant par des **guillemets** et des verbes introducteurs de parole ou de pensée.

> Le discours autobiographique de Figaro s'ouvre sur une phrase exclamative qui convertit son expérience personnelle en aventure exemplaire : « Est-il rien de plus bizarre que ma destinée ! »

- Pour **fondre la citation dans la rédaction**, on peut procéder par juxtaposition, par subordination, ou en intégrant les éléments cités dans une phrase. Les modifications opérées pour respecter la syntaxe sont indiquées par des crochets.

> La didascalie qui précède la prise de parole du valet précise que « *Figaro [est] seul* » et désespéré : « *du ton le plus sombre* » indique la tonalité du discours tenu par le personnage.

zoOm

La présentation du commentaire

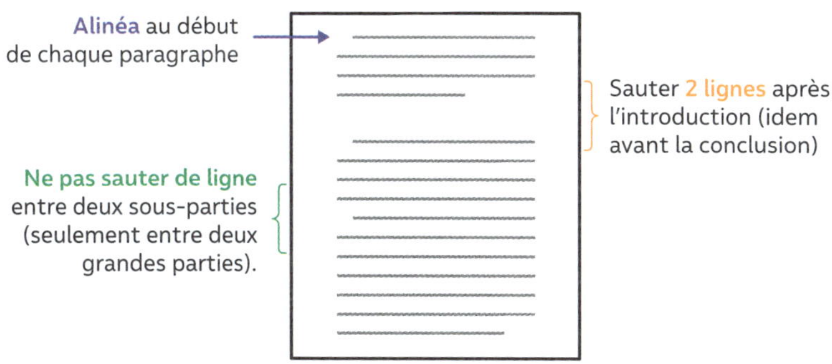

Attention, les copies fournies le jour du bac sont à petits carreaux : pensez à n'écrire qu'**une ligne sur deux** !

MÉMO VISUEL

LE COMMENTAIRE

1 Consigner ses impressions de lecture

- Quel **effet** produit le texte sur le lecteur ?
- Quels **sentiments**, quelles **réactions**, quelles **questions** suscite-t-il ?
- Le texte répond-il aux **attentes** du lecteur ? Les prend-il à rebours ? Pourquoi ?

2 Établir la carte d'identité du texte

Carte d'identité du texte

- Genre
- Thème
- Contexte (époque, mouvement littéraire)
- Tonalité(s)
- But(s) de l'auteur

3 Mener l'analyse littéraire

La structure

- Quels sont les **mouvements** du texte ?
- Quels sont les **types de phrases** utilisés ?
- Comment les phrases s'enchaînent-elles ?

Le lexique et le style

- Quel est le **niveau de langue** utilisé ?
- Quels sont les **champs lexicaux** exploités ?
- Quelles **connotations** peut-on identifier ?
- Quelles sont les **figures de style** mobilisées ?

S'approprier la méthode du commentaire

Réviser la méthode en 3 minutes

4 Construire le plan

- Quelles remarques de l'analyse littéraire se recoupent et convergent ?
- Peut-on les regrouper en deux, voire trois groupes ?
- Quel **titre** proposer pour chaque regroupement effectué ?
- Quel **problème** est soulevé par le texte ?

EN CINQ ÉTAPES CLÉS

5 Rédiger le commentaire

La rédaction

- **Introduction :** amorce, présentation de l'œuvre ou de l'extrait, problématique, annonce du plan.
- **Développement :** paragraphes commençant par la formulation d'une idée clé, puis sa justification au moyen d'un exemple commenté.
- **Conclusion :** réponse à la problématique (et ouverture éventuelle).

La mise en page

- **Sauter deux lignes** après l'introduction et avant la conclusion ; **une ligne** entre chaque partie.
- Commencer chaque paragraphe par un **alinéa**.
- Placer les citations **entre guillemets** en précisant le numéro de ligne.

SUJET 9 | OBJECTIF BAC

COMMENTAIRE 4 h

Guy Goffette, « Tant de choses » (1995)

Ce sujet va vous permettre de faire le commentaire d'un poème en apparence simple, qui peut surprendre un lecteur habitué aux images élaborées du lyrisme et le laisser démuni face à son analyse.

LE SUJET

Vous commenterez le texte suivant.

Poète contemporain, Guy Goffette se nourrit de la tradition lyrique qui court de Ronsard à Verlaine en passant par Hugo. Évoquant le réel le plus quotidien, son écriture fait le choix de la simplicité et d'une intimité partagée.

Tant de choses

Tu as laissé dans l'herbe et dans la boue
tout un hiver souffrir le beau parasol rouge
et rouiller ses arêtes, laissé la bise
abattre la maison des oiseaux

sans desserrer les dents, à l'abandon laissé
les parterres de roses et sans soin le pommier
qui arrondit la terre. Par indigence
ou distraction tu as laissé

tant de choses mourir autour de toi
qu'il ne te reste plus pour reposer tes yeux
qu'un courant d'air dans ta propre maison
– et tu t'étonnes encore, tu t'étonnes

que le froid te saisisse au bras même de l'été.

Guy Goffette, « Tant de choses », *Le Pêcheur d'eau*,
© Éditions Gallimard, 1995.

LES CLÉS POUR RÉUSSIR

Définir le texte

Carte d'identité du texte

- **Genre :** poème en vers
- **Tonalités :** lyrique, élégiaque mais aussi prosaïque
- **Contexte :** époque contemporaine
- **Thème :** la fuite du temps (topos du *tempus fugit*)
- **But(s) de l'auteur :** faire naître des images dans l'esprit du lecteur, adresser des reproches à un mystérieux « tu »

Dégager la problématique

L'omniprésence du destinataire qui sous-entend celle du locuteur et les thèmes de la fuite du temps et de la perte rattachent le poème de manière évidente à la tradition lyrique. Pourtant, le poème surprend par le ton de reproche qu'il met en œuvre et la simplicité toute prosaïque dont il fait montre. **Comment le poète renouvelle-t-il la tradition lyrique dans ce texte ?**

Construire le plan

1 Une écriture poétique renouvelée

- Examinez la versification : que doit-elle à la tradition ? En quoi innove-t-elle ?
- Identifiez les principaux thèmes évoqués : sont-ils tous caractéristiques du lyrisme ?
- Analysez le dialogue lyrique : quelles sont les identités possibles du destinataire ?

2 Une élégie d'un genre nouveau

- Étudiez la tonalité mélancolique du poème : comment s'exprime la nostalgie ?
- Analysez l'évocation de la mort : qui touche-t-elle ?
- Montrez qu'il y a réécriture : comment le poète se réapproprie-t-il un topos du lyrisme ?

LE CORRIGÉ

Introduction

[amorce] La poésie lyrique se fonde, depuis l'Antiquité, sur des thèmes traditionnels qu'elle a réinvestis tout au long de son histoire. **[présentation du texte]** Poète lyrique contemporain, Guy Goffette revisite dans son recueil *Le Pêcheur d'eau*, certains des clichés lyriques, pour les raviver. C'est ainsi que le poème intitulé « Tant de choses » reprend le thème traditionnel de la fuite du temps. **[problématique]** L'originalité de ce poème réside en partie dans le fait qu'il traite ce thème traditionnel de manière prosaïque : dans quelle mesure ce prosaïsme renouvelle-t-il le genre de l'élégie ? **[annonce du plan]** Nous verrons dans un premier temps que « Tant de choses » joue sur les fondements traditionnels de l'écriture lyrique, puis nous montrerons que cela permet à l'auteur de proposer une élégie d'un genre nouveau.

I. Une écriture poétique renouvelée

LE SECRET DE FABRICATION

La première partie porte sur le renouvellement de la tradition lyrique. Il faut donc examiner la versification et les thèmes : en quoi sont-ils héritiers de la tradition et comment la modernisent-ils ?

1. Les jeux formels, entre tradition et innovation

- La structure du poème ne correspond à aucune forme fixe traditionnelle ; néanmoins, elle se rapproche du **sonnet**. « Tant de choses » se compose de treize vers, contre quatorze dans un sonnet ; comme ce dernier, il utilise le quatrain et propose un véritable vers de chute. Le dernier vers du poème est en effet isolé, et présente une pointe dans l'emploi d'une spectaculaire antithèse qui oppose « le froid » et « l'été ». Goffette semble ainsi jouer sur la forme du sonnet.

- On observe le même phénomène à l'échelle du vers : le poème est **hétérométrique**, mais ses vers tournent le plus souvent autour de l'alexandrin. La majorité des vers compte onze, douze ou treize syllabes ; leur rythme est de plus très proche des vers réguliers, même s'il s'agit bien de vers libres.

- Enfin, les rimes sont certes abandonnées mais Goffette conserve un principe d'**homophonie finale** : le mot « boue » (v. 1) trouve ainsi un écho sonore dans l'adjectif « rouge » (v. 2), tout comme les mots « bise » (v. 3) et « oiseaux » (v. 4), qui proposent la même consonne sifflante. « Tant de choses » est certes un poème libéré des contraintes traditionnelles du vers régulier, mais le poète joue encore avec ces dernières, renouvelant ainsi les formes lyriques.

2. Le renouvellement des thèmes traditionnels

- Ce n'est pas seulement par sa forme que ce poème renouvelle la tradition lyrique : les **thèmes** qu'il aborde et le **lexique** utilisé tranchent avec la façon dont le genre lyrique était envisagé jusqu'au XIXe siècle.

- Ce poème semble même écrit **contre la grandiloquence** d'un certain lyrisme : il y a une évidente **simplicité** de l'écriture. Les objets évoqués, que ce soit « le beau parasol rouge » ou « la maison des oiseaux », relèvent d'un certain **prosaïsme**.
- De la même façon, les paysages décrits à travers « le pommier », « le parterre de roses » et « la maison » s'inscrivent dans la **banalité** d'une vie quotidienne très éloignée en apparence, de l'idéalisme sur lequel se fonde le lyrisme.

3. Un dialogue lyrique inédit

- Comme de nombreux poèmes lyriques, « Tant de choses » se présente sous la forme d'un **dialogue**, où seul cependant le « tu » est mis en scène. Le pronom de la deuxième personne est le premier mot du poème et reste omniprésent notamment du vers 8 au vers 13.
- Cette omniprésence suffit à identifier la **subjectivité lyrique** du poème, puisque pour qu'il y ait un « tu », il faut sous-entendre un « je ». Cette voix semble néanmoins désincarnée. Le destinataire restant muet, on peut aussi lire ce poème comme une sorte de **monologue délibératif** dans lequel le sujet lyrique s'adresse à lui-même des reproches.
- Si le « je » n'est pas nettement identifié, il en va de même du « tu » qui peut devenir le **lecteur.** Ce dispositif énonciatif explique en partie par quels moyens le poète parvient à **toucher** son lecteur, voire à l'**émouvoir** : ce dernier se sent visé par le poème, comme mis en accusation. Chacun est alors sommé de regarder ses propres faiblesses et ses propres fautes, soulignées à travers les expressions « sans desserrer les dents », « sans soin », ou encore « Par indigence/ou distraction ». Du particulier, le poème atteint à une forme d'**universalité**.

[transition] « Tant de choses » s'inscrit donc de manière ambivalente dans la tradition lyrique : le poème semble s'éloigner des formes, des thèmes et de l'énonciation qui caractérisent cette tonalité, mais il les renouvelle en fait en jouant avec eux et instaure un véritable dialogue avec son lecteur. Il faut alors déterminer quel est l'objet des remontrances que le sujet lyrique adresse à son destinataire.

II. Une élégie d'un genre nouveau

LE SECRET DE FABRICATION

La seconde partie va s'attacher à montrer que le poème peut se lire comme une élégie qui interpelle le lecteur pour lui rappeler qu'il va mourir un jour : il faut étudier la tonalité du texte à travers ses procédés et ses thèmes et montrer comment le topos de la fuite du temps (*tempus fugit*) s'en trouve renouvelé.

1. La tonalité mélancolique

- Le poète semble chercher à avertir son lecteur d'une menace imminente, d'un danger qu'il encourt : « Tant de choses » apparaît ainsi comme une **élégie** où se déploie le thème du **malheur** et l'expression de la **nostalgie**.

MOT CLÉ

L'**élégie** est une forme poétique qui traite traditionnellement du malheur amoureux.

- Le ton du poème est **nostalgique voire mélancolique.** Il est ainsi placé sous le signe de la perte et de la déploration. Le texte se construit en effet sur une opposition entre un passé heureux, marqué par la beauté évoquée à travers « le beau parasol rouge », « les parterres de roses » et « le pommier/qui arrondit la terre » et un présent dans lequel cette dernière a disparu ou s'est altérée à l'image des « arêtes » qui ont « rouill[é] ».
- Seuls les **regrets** restent alors, et un vide absolu, symbolisé par le « courant d'air » qui remplit « la maison ».

2. L'omniprésence de la mort

- La mort apparaît omniprésente : c'est d'abord la mort des objets qui est envisagée avec les expressions « souffrir », « abattre », « à l'abandon » ; cela culmine au vers 9 : « tant de choses mourir autour toi » fournit d'ailleurs le titre même du poème.
- Cependant, cette mort est surtout **métaphorique de la mort du sujet**, non pas biologique mais spirituelle, que l'antithèse du vers de chute vient symboliser de manière spectaculaire : seul le froid demeure, même en plein été.

3. Le thème traditionnel du *tempus fugit*

- Enfin la présence des saisons, sous les termes « hiver » et « été », met le lecteur sur la piste d'une autre lecture métaphorique : Goffette reprend ici le thème de la **fuite du temps**, caractéristique de l'élégie.
- Le temps passe, et le « tu » se laisse porter sans penser à vivre, si bien qu'il ne lui reste que la mort à la fin du texte. L'auteur s'inscrit ainsi dans une longue **tradition lyrique**, dont Ronsard est l'un des plus célèbres représentants : les « roses » du vers 6 donnent la clé de ce rapprochement, puisqu'elles sont, chez le poète de la Pléiade, l'allégorie de la brièveté de l'existence (« Mignonne allons voir si la rose... »).
- En dernier lieu, « Tant de choses » apparaît comme un véritable ***memento mori***, rappelant à « tu », c'est-à-dire au lecteur, qu'il ne doit jamais oublier le caractère éphémère de l'existence des objets et des êtres.

> **MOT CLÉ**
> ***Memento mori*** est une expression latine rappelant aux chrétiens qu'ils seront rappelés un jour à Dieu.

Conclusion

[synthèse] « Tant de choses » est un poème caractéristique du renouveau contemporain de la poésie lyrique. D'une part, il s'inscrit clairement dans une tradition reconnue, en exploitant des thèmes bien identifiés comme la fuite du temps, en reconduisant le dialogue entre le locuteur et son destinataire qui est au fondement du lyrisme, ou encore en utilisant le genre de l'élégie, indissociable du lyrisme antique. D'autre part, il renouvelle cet héritage en donnant un sens nouveau à l'universalité lyrique, en ancrant le topos du *tempus fugit*, ou encore en jouant aux frontières de la forme du sonnet. **[ouverture]** C'est ainsi que le lyrisme continue à s'écrire aujourd'hui, entre la prise en charge de l'histoire littéraire et l'invention de voies/voix nouvelles et singulières.

SUJET 10 | OBJECTIF MENTION

COMMENTAIRE 4 h Maupassant, *Bel-Ami* (1885)

Ce sujet va vous permettre d'analyser le portrait d'un personnage selon l'esthétique réaliste : il faut parvenir à interpréter les éléments de la description, sans se contenter de les énumérer.

LE SUJET

Vous commenterez le texte suivant tiré de *Bel-Ami* de Maupassant, roman de formation narrant l'ascension sociale de Georges Duroy.

Le personnage vient de faire la rencontre de Forestier, ancien camarade devenu journaliste, qui l'invite à dîner en compagnie de son patron. Il monte l'escalier qui le conduit chez son hôte où son destin devrait connaître un tournant décisif.

Mais voilà qu'en s'apercevant brusquement dans la glace, il ne s'était même pas reconnu ; il s'était pris pour un autre, un homme du monde, qu'il avait trouvé fort bien, fort chic, au premier coup d'œil.

Et maintenant, en se regardant avec soin, il reconnaissait que, vraiment, l'ensemble était satisfaisant.

Alors il s'étudia comme font les acteurs pour apprendre leurs rôles. Il se sourit, se tendit la main, fit des gestes, exprima des sentiments : l'étonnement, le plaisir, l'approbation ; et il chercha les degrés du sourire et les intentions de l'œil pour se montrer galant auprès des dames, leur faire comprendre qu'on les admire et qu'on les désire.

Une porte s'ouvrit dans l'escalier. Il eut peur d'être surpris et il se mit à monter fort vite et avec la crainte d'avoir été vu, minaudant ainsi, par quelque invité de son ami.

En arrivant au second étage, il aperçut une autre glace et il ralentit sa marche pour se regarder passer. Sa tournure lui parut vraiment élégante. Il marchait bien. Et une confiance immodérée en lui-même remplit son âme. Certes, il réussirait avec cette figure-là et son désir d'arriver, et la résolution qu'il se connaissait et l'indépendance de son esprit. Il avait envie de courir, de sauter en gravissant le dernier étage. Il s'arrêta devant la troisième glace, frisa sa moustache d'un mouvement qui lui était familier, ôta son chapeau pour rajuster sa chevelure, et murmura à mi-voix, comme il faisait souvent : « Voilà une excellente invention. » Puis, tendant la main vers le timbre, il sonna.

Guy de Maupassant, *Bel-Ami*, 1885.

LES CLÉS POUR RÉUSSIR

Définir le texte

Carte d'identité du texte

- **Genre :** roman
- **Tonalités :** réaliste, allégorique
- **Contexte :** XIXe siècle, Réalisme
- **Thème :** portrait d'un ambitieux
- **But de l'auteur :** donner corps à son personnage

Dégager la problématique

Georges Duroy est en train de s'inventer un personnage. La montée des escaliers et les différents paliers invitent à une lecture symbolique, tout comme la présence des différentes glaces. **Au-delà d'un portrait en mouvement du protagoniste, quelle est la portée métaphorique de cet extrait ?**

Construire le plan

1 De l'apparence à l'intériorité

- Montrez que le motif du regard court dans tout le texte.
- Étudiez l'évolution de la perception que le personnage a de lui-même.
- Déterminez l'image qui est donnée du protagoniste.

2 L'invention du personnage

- Relevez les éléments qui associent Duroy à un acteur.
- Montrez Duroy se laisse prendre à son propre jeu.
- Interprétez la mise en abyme de la fabrication du personnage.

LE CORRIGÉ

Introduction

[amorce] En réaction aux effusions romantiques, les romanciers de la seconde moitié du XIXe siècle cherchent à ramener le roman sur le terrain du réel. Pour cela, ils s'inspirent de faits divers et d'exemples empruntés à la réalité qu'ils fondent dans leur fiction pour leur donner toute l'apparence de la vérité. **[présentation de l'œuvre et situation de l'extrait]** Dans son roman de formation *Bel-Ami*, l'écrivain réaliste Maupassant retrace l'ascension du personnage de Georges Duroy : celui-ci vient de rencontrer un ancien camarade devenu journaliste qui l'a invité à dîner ; il se rend chez son hôte, impatient de tirer de ce moment le profit qu'il en espère pour sa carrière. La montée des escaliers par le personnage fournit au narrateur l'occasion de décrire à la fois son physique et sa psychologie. **[problématique]** Au-delà cependant d'un portrait en mouvement du protagoniste, quelle est la portée métaphorique de cet extrait ? **[annonce du plan]** Nous serons d'abord conduits analyser l'image renvoyée du personnage puis à interpréter la dimension symbolique de la description.

I. De l'apparence à l'intériorité

Le portrait du personnage de Duroy permet de donner vie au personnage de papier : il est saisi en mouvement, et la parade des apparences à laquelle il se livre apparaît tout à fait révélatrice de sa personnalité morale.

1. L'importance du regard

Le sens de la vue se trouve largement sollicité : il permet de **saisir l'extériorité du personnage** et simultanément son contentement.

- Champ lexical de la vue : « s'apercevant », « coup d'œil », « en se regardant » « aperçut », « se regarder ». Présence insistante des « glaces » à chaque étage.
- Motif de l'admiration : la contemplation de son reflet constitue une occasion pour le personnage de se rengorger de son physique (« fort bien, fort chic », « l'ensemble était satisfaisant », « sa tournure lui parut vraiment élégante »).

2. Soi-même comme un autre

Créature de papier, Duroy est en train de **s'inventer progressivement un personnage auquel il finit par adhérer**.

- Surprise initiale : « il s'était pris pour un autre, pour un homme du monde ».
- Dissociation de l'intériorité et de l'extériorité : Georges et son image renvoient à deux réalités distinctes, comme un comédien et son rôle (« il s'étudia comme font les acteurs [...] Il se sourit, se tendit la main, fit des gestes exprima des sentiments... »).
- Plongée dans l'intimité de ses pensées grâce au discours indirect libre (« Certes, il réussirait avec cette figure-là et son désir d'arriver... »).

3. L'affirmation de soi

Le regard permet à Duroy de **s'approprier pleinement son personnage** et de prendre confiance en lui.

- Rôle des miroirs qui, chez Duroy comme chez les jeunes enfants, ouvrent la voie à l'identification et la prise de conscience de soi.
- Confiance en soi : hyperbate (« et son désir d'arriver, et la résolution... ») qui souligne la haute estime dans laquelle le personnage se tient lui-même.
- **Narcisse** moderne : le motif du miroir et l'absence de spectateurs invitent à cette analogie et dénoncent la fatuité du personnage. (« Il eut peur d'être surpris et il se mit à monter fort vite et avec la crainte d'avoir été vu, minaudant ainsi... »).

À NOTER
Narcisse est un héros de la mythologie grecque qui meurt de s'être absorbé dans la contemplation de son reflet.

II. L'invention du personnage

Maupassant brosse le portrait d'un personnage en mouvement : il le peint ainsi de manière progressive et révèle, au gré des marches d'escalier, les traits de sa personnalité. Ce faisant, le romancier procède simultanément à une mise en abyme de son propre travail.

1. Un acteur né

Duroy semble doté des qualités requises pour **jouer un rôle dans la vaste comédie humaine** où il entend se faire une place.

- Il joue un rôle social : « un homme du monde ».
- C'est un comédien virtuose : jeu varié, allant de l'« étonnement » à « l'approbation » en passant par « le plaisir » (2e paragraphe).
- On suit son parcours avant l'entrée en scène : des coulisses au lever de rideau, avec le symbole de la sonnette qui marque l'entrée en scène de l'artiste (« Puis, tendant la main vers le timbre, il sonna »).

2. Un rôle qui devient une identité

Le rôle endossé par Duroy devient progressivement sa **seconde nature** : il adhère à l'apparence qu'il s'est donnée jusqu'à y confondre son être.

- L'acteur se prend au jeu : peu à peu, Georges oublie que ce n'est qu'un rôle (« Il [...] frisa sa moustache d'un mouvement qui lui était familier [...] et murmura à mi-voix, comme il faisait souvent »).
- Les frontières entre réalité et fiction deviennent perméables : « Voilà une excellente invention », c'est-à-dire susceptible de concurrencer la réalité.

3. La fabrique du personnage

Les miroirs de la scène ne réfléchissent pas seulement la figure de Duroy mais aussi **le geste de l'écrivain lui-même** qui prête vie à un être purement fictif.

- Artificialité du personnage que le romancier agite comme une marionnette : fabrication d'un personnage-type, celui de l'ambitieux, avide de reconnaissance (« une confiance immodérée en lui-même emplit son âme »).
- Critique sous-jacente du roman de formation : symbolique ironique de la montée des marches qui se rit des ascensions sociales fulgurantes dont les romans du XIXe siècle ont fait leur sujet.

Conclusion

Si le portrait de Georges Duroy apparaît comme une sorte de passage obligé du roman réaliste, Maupassant lui donne aussi une dimension symbolique féconde. La description du personnage permet au romancier d'incarner sa figure de papier, de lui prêter vie et de donner un accès à son intériorité. Au-delà, ce **portrait physique et moral** apparaît porteur d'une réflexion sur le geste de l'écrivain : à l'image de sa créature, il est celui qui compose un rôle, brouille les frontières entre la fiction et la réalité et affirme sa toute-puissance.

DES POINTS EN +
Vous pouvez parler de **prosopographie** pour désigner un portrait physique et d'**éthopée** pour un portrait moral.

Réussir les épreuves

11 Construire une dissertation

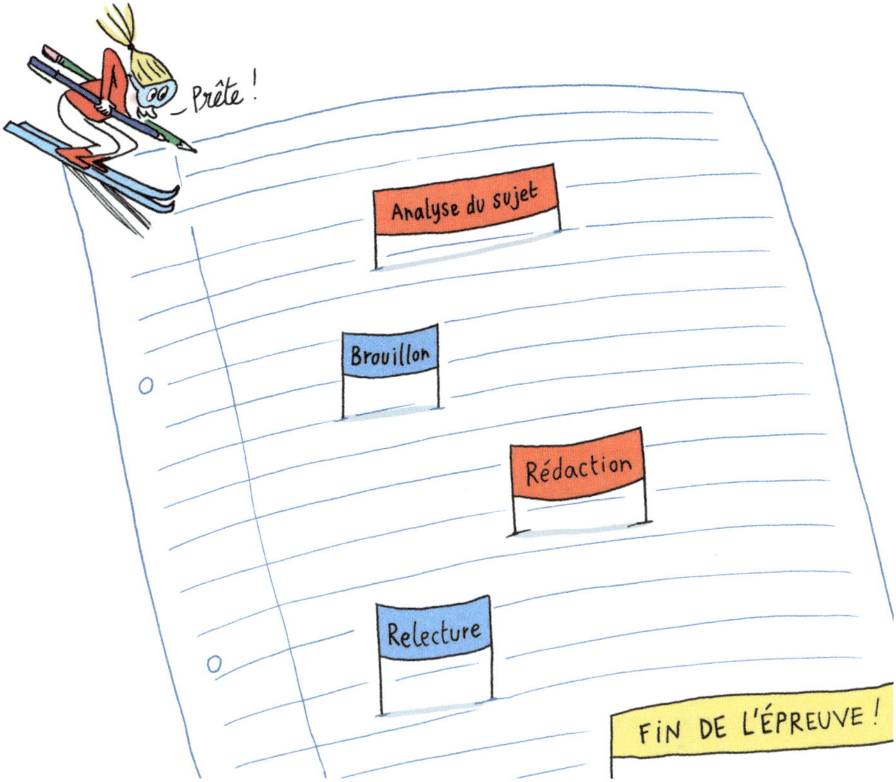

TEST
Pour vous situer et établir votre parcours de révision 248

FICHES DE COURS
49 Analyser un sujet de dissertation 250
50 Construire le plan d'une dissertation 252
51 Rédiger une dissertation 254
MÉMO VISUEL 256

SUJETS GUIDÉS & CORRIGÉS
OBJECTIF BAC
11 DISSERTATION | La forêt et l'humain dans *Mes forêts* 258
OBJECTIF MENTION
12 DISSERTATION | *Sido* et *Les Vrilles de la vigne* : la réinvention du monde ? 263

TESTEZ-VOUS

→ CORRIGÉS P. 347

Faites le point sur vos connaissances puis établissez votre **parcours de révision** en fonction de votre score.

1 Aborder l'exercice de la dissertation

→ FICHE 49

1. La dissertation est :

☐ a. le commentaire d'une citation donnée.

☐ b. un exposé des lectures de l'année.

☒ c. une discussion autour d'un point de vue.

2. La première étape de la dissertation consiste à :

☐ a. rédiger l'introduction.

☒ b. analyser le sujet.

☐ c. faire la liste des exemples utiles.

3. Quels sont les mots-clés dans le sujet suivant ?

Selon vous, dans les *Fables* de La Fontaine, qu'est-ce qui, de la pensée ou de l'imagination, l'emporte sur l'autre ?

☒ a. « *Fables* », « pensée », « imagination ».

☐ b. « l'emporte sur l'autre ».

☐ c. « selon vous ».

4. La formulation de la problématique correspond à :

☐ a. la reformulation du sujet.

☒ b. la mise sous forme interrogative de la thèse exprimée dans le sujet.

☐ c. une question qui soulève un problème posé par le sujet.

…/4

2 Construire la dissertation

→ FICHE 50

1. Qu'appelle-t-on la recherche des idées ?

☐ a. les réflexions qu'inspire le sujet.

☐ b. l'élaboration du plan.

☒ c. la quête d'arguments en faveur ou non de la thèse soutenue par le sujet.

2. À quoi servent les exemples ?

- [x] a. à illustrer la démonstration menée dans la dissertation.
- [ ] b. à montrer qu'on a la culture exigée pour l'examen.
- [ ] c. à former des arguments d'autorité.

3. Comment élaborer le plan ?

- [ ] a. en décomposant le sujet en deux ou trois parties.
- [ ] b. en appliquant un plan-type.
- [x] c. en partant de l'analyse du sujet et de la problématique.

4. Qu'est-ce qu'un plan dialectique ?

- [ ] a. un plan en deux parties.
- [x] b. un plan qui cherche à éprouver la validité d'une thèse.
- [ ] c. un plan qui expose successivement les causes, les effets et les conséquences.

.../4

3 Rédiger la dissertation

→ FICHE 51

1. Quand rédiger l'introduction ?

- [x] a. au brouillon, une fois le plan établi.
- [ ] b. directement au propre pour gagner du temps.
- [ ] c. une fois le développement rédigé pour plus d'efficacité.

2. Qu'appelle-t-on l'amorce ?

- [ ] a. la thèse à réfuter.
- [ ] b. l'annonce du plan.
- [x] c. une entrée en matière.

3. L'ouverture en fin de conclusion consiste à :

- [ ] a. placer une citation d'un auteur.
- [ ] b. faire référence à l'époque contemporaine.
- [x] c. proposer un élargissement de la problématique.

4. Chaque paragraphe du développement comprend :

- [x] a. un argument et un ou plusieurs exemples.
- [ ] b. une citation et un argument.
- [ ] c. un titre d'œuvre et un argument.

.../4

Score total .../12

Parcours PAS À PAS ou EXPRESS ? → MODE D'EMPLOI P. 2

49 Analyser un sujet de dissertation

En bref *Exercice stimulant, la dissertation se révèle souvent fructueuse le jour de l'examen : elle met à profit le travail engagé sur une œuvre du programme et valorise la réflexion personnelle sur le parcours de lecture. Elle nécessite avant tout un décryptage précis du sujet.*

I Comprendre l'exercice de la dissertation

Le sujet de dissertation vous invite à analyser l'œuvre en lien avec le parcours qui lui est associé. La question est toujours suivie de cette consigne explicite : « Vous répondrez à cette question dans un développement organisé en vous appuyant sur [nom de l'œuvre], sur les textes que vous avez étudiés dans le cadre du parcours associé et sur votre culture personnelle. »

1 Le sujet a la forme d'une question simple

- Le plus souvent, la question propose une caractérisation de l'œuvre, formulée avec des mots-clés du parcours, et invite à s'interroger sur sa pertinence.

  La comédie *Le Malade imaginaire* est-elle un **spectacle** de pure fantaisie ? [en lien avec le parcours « Spectacle et comédie »]

  Dans le roman de Rabelais, *Gargantua*, le **rire** n'est-il que de l'ordre de la farce ? [en lien avec le parcours « Rire et savoir »]

- La question peut être directement adressée au candidat : « Selon vous... », « Diriez-vous que... ? ». Pour autant, c'est moins votre opinion qui compte que la manière dont vous la démontrez.

  Diriez-vous que la pièce de Jean-Luc Lagarce *Juste la fin du monde* est un drame intime ?

2 Le sujet s'appuie sur une citation

> **À NOTER**
> Le sujet n'appelle jamais une réponse univoque et catégorique : il faut toujours adopter une **approche nuancée**.

- Le sujet peut proposer une affirmation sous la forme d'une citation, un point de vue sur l'œuvre qu'il s'agit de discuter. Vous devez alors organiser votre propos en fonction des mots-clés de cette affirmation, en essayant de faire le lien avec le thème du parcours.
- Il peut s'agir d'une citation de l'auteur de l'œuvre ou d'un critique s'exprimant à propos de cette œuvre.

  « Dans les comédies de Marivaux, le stratagème occupe une position centrale, puisqu'il est le mécanisme qui crée les conditions de la surprise. » Dans quelle mesure cette réflexion d'une critique contemporaine éclaire-t-elle votre lecture des *Fausses Confidences* ?

  [en lien avec le parcours « Théâtre et stratagème »]

■ Le statut de l'affirmation varie :

- **illustrative**, elle sert de prétexte à la réflexion ;

  Pour défendre son ouvrage, La Bruyère place en ouverture la citation d'Érasme : « J'ai voulu avertir et non mordre, être utile et non blesser, servir la moralité et non lui faire obstacle. » Dans quelle mesure cette citation d'Érasme éclaire-t-elle votre lecture des *Caractères* de La Bruyère ?

- **problématique**, voire polémique, elle engage le débat.

  Un metteur en scène contemporain explique : « l'histoire de *Juste la fin du monde* est celle de toutes les solitudes au milieu des autres. » Pensez-vous que le dialogue familial de la pièce parvienne à rapprocher les solitudes ?

II Mener le premier travail d'analyse

■ **1. Analyse du sujet.** Pour faire l'analyse du sujet, commencez par en identifier les mots-clés et les éventuels présupposés (ce que le sujet pose comme évident).

■ **2. Reformulation.** Réécrivez ensuite le sujet dans un langage courant. L'enjeu est d'expliciter la thèse contenue ou sous-entendue dans le sujet. C'est elle qu'il conviendra de développer ou de discuter dans la dissertation.

Cette reformulation doit vous permettre d'éviter le contresens (mauvaise compréhension), le hors-sujet (limites mal définies ou outrepassées) ou encore la récitation d'un cours appris.

■ **3. Problématique.** Une fois le sujet reformulé, il faut trouver ce qui pose problème, ce qui ne va pas de soi dans la thèse qu'il met au jour.

zoOm

Du sujet à la problématique

■ **Soit le sujet** : La critique Catherine Rochette affirme que, dans *Mes forêts* : « Chaque élément de la forêt devient un personnage, la forêt est aussi vivante que l'humain, tout est en symbiose. » Dans quelle mesure cette citation éclaire-t-elle votre lecture du recueil d'Hélène Dorion ?

Forme	Mots clés	Présupposé
appui sur une citation	• personnage (nature personnifiée) • aussi vivante que (égalité au sein du vivant) • symbiose (fusion, association)	Des liens, d'ordre symbiotique ou non, unissent la forêt à l'humain dans le recueil d'Hélène Dorion.

■ **Reformulation** : Quelles relations unissent la forêt et l'humain dans ce recueil ? Sont-elles seulement placées sous le signe de la fusion et de la « symbiose » ?

■ **Problématique** : La relation qui unit la forêt et l'humain dans *Mes forêts*, d'Hélène Dorion, est-elle seulement faite d'harmonie, de « symbiose » ?

50 Construire le plan d'une dissertation

En bref *Au travail sur l'intitulé du sujet succède la phase d'élaboration du plan garantissant la qualité de la démonstration qui y sera opérée.*

I Faire émerger les premières idées

1 Interroger les mots-clés

- Pour trouver des idées, on peut commencer par interroger les mots-clés identifiés lors de l'analyse du sujet : il faut les questionner, se demander quel(s) sens leur donner et les replacer dans un contexte plus large.
- On peut aussi essayer d'apporter des réponses à la question posée et chercher des arguments ou des exemples qui les justifient.

2 Mobiliser ses connaissances

- La dissertation porte sur l'un des quatre parcours étudiés pendant l'année : vous disposez donc de connaissances propres à nourrir votre réflexion. Attention toutefois à ne retenir que les **éléments pertinents** pour le sujet en question.

> **À NOTER**
> Le sujet de dissertation n'est pas une question de cours ! Il ne s'agit pas de réciter une leçon apprise en amont, mais bien d'engager une **réflexion personnelle**.

- Appuyez-vous sur l'œuvre lue en classe : demandez-vous comment le problème soulevé par le sujet s'applique à celle-ci. Établissez également des liens avec les textes étudiés dans le cadre du parcours pour élargir la réflexion.
- Si le sujet porte sur une citation empruntée à l'auteur de l'œuvre étudiée, il faut replacer la citation dans un contexte historique et littéraire.

II Trouver des exemples

1 Une étape nécessaire

- La recherche d'exemples se fait en même temps que celle des idées : il faut trouver un exemple pour chaque idée avancée.
- Par « exemple », on n'entend pas seulement la simple mention d'une œuvre et de son auteur, mais l'exploitation d'un passage précis.

2 Les sources à exploiter

- Le sujet est généralement suivi de la consigne suivante : « Vous développerez votre argumentation en vous appuyant sur les œuvres étudiées en classe et sur vos lectures personnelles. »

■ Cette consigne suggère plusieurs pistes d'illustrations à l'appui de la démonstration :
– l'œuvre étudiée en classe, qu'il convient absolument d'exploiter ;
– les autres lectures qui s'inscrivent dans le parcours associé (groupements de textes, lectures cursives…) ;
– vos lectures personnelles effectuées sur le conseil des enseignants, grâce aux manuels ou de votre propre initiative.

CONSEIL
Ne sélectionnez pas dans vos lectures des œuvres mineures, à valeur littéraire limitée : cela donnerait l'impression que vous n'avez pas de **culture littéraire**.

III Bâtir le plan

■ Une fois les idées répertoriées, il faut les ordonner. Pour y parvenir, on peut s'appuyer sur un certain nombre de plans-types.

■ Il faut cependant manier ces plans avec précaution : le plan doit s'adapter au sujet, et non l'inverse ! On évitera donc de plaquer un plan préfabriqué sur le sujet : le plus souvent, le plan adopté découle logiquement de l'analyse du sujet.

zoOm

Choisir un plan adapté au sujet

■ Les deux types de plans les plus fréquemment utilisés pour construire une dissertation littéraire sont le plan dialectique et le plan thématique.

	Plan dialectique	Plan thématique
Type de sujet	Discuter une thèse	Développer une thèse sous différents angles
Structure	I. Thèse (point de vue du sujet) II. Antithèse (point de vue opposé) III. Synthèse (surmonte l'opposition)	I. 1er aspect de la thèse II. 2e aspect de la thèse III. 3e aspect de la thèse
Inconvénients	• Risque de contradiction entre I et II • Risque de redite dans le III Pour éviter cela, mettez en relation les termes du sujet avec une notion qui a un lien.	• Risque d'effet catalogue, sans problématisation • Risque de plan à tiroirs, sans continuité logique
Avantages	Plan dynamique, qui montre la pensée en train de s'élaborer	Saisit tous les aspects d'une question, dans des domaines variés.

■ Il existe un 3e type de plan, le plan analytique, plus adapté aux sujets d'histoire : il permet de développer une explication (contextualisation, approfondissement, élargissement).

51 Rédiger une dissertation

En bref *La rédaction de la dissertation prend appui sur le plan préalablement établi au brouillon et le déploie progressivement. Elle assure à la démonstration opérée sa fermeté et sa rigueur. La correction orthographique et la clarté lexicale sont des gages de bonne facture.*

I Principes de rédaction

1 L'introduction

- L'introduction fournit des indications précieuses au correcteur. Il est préférable de la rédiger intégralement au brouillon.
- Elle comprend un seul paragraphe composé des cinq points suivants : l'amorce, la citation du sujet, la reformulation et l'analyse du sujet, la problématique et l'annonce du plan.
- N'oubliez pas de mentionner l'œuvre du parcours concerné, dont vous prendrez soin de souligner le titre.

2 Le développement

- Le développement doit suivre le plan établi au brouillon.
- Chaque paragraphe de la dissertation introduit une nouvelle idée. Il est toujours rédigé sur le même modèle :

1. On énonce clairement l'idée principale du paragraphe.
2. On justifie cette idée par des arguments et des exemples qui la prouvent.
3. On conclut le paragraphe en ouvrant vers l'idée suivante.

3 La conclusion

- La conclusion fait le bilan de la réflexion : elle doit répondre clairement à la problématique posée en introduction, et, pour cela, récapituler rapidement les différentes étapes de la démonstration.
- Il n'est pas obligatoire de faire un élargissement de la problématique, une « ouverture » : celle-ci ne vaut que si elle a un rapport avec la démonstration qui vient d'être faite, ce qui est trop rarement le cas. Mieux vaut se dispenser d'ouverture que de passer du coq à l'âne.
- Comme l'introduction, la conclusion mérite un soin particulier. Il est judicieux de la rédiger au brouillon avant de vous mettre à écrire au propre : elle risque de perdre en qualité si elle est réalisée dans l'urgence en fin de copie.

CONSEIL
Prévoyez au moins dix minutes pour vous **relire** : la maîtrise de la langue (orthographe, grammaire, syntaxe) fait partie intégrante de l'évaluation.

II Principes de mise en page

- L'introduction est formée d'un paragraphe à la suite duquel on saute deux lignes.
- Chaque grande partie commence par une brève introduction rappelant son enjeu et annonçant les différentes sous-parties qui la forment. On va ensuite à la ligne pour la première sous-partie : chaque sous-partie correspond à **un paragraphe**.

> **CONSEIL**
> Marquez chaque paragraphe par un **alinéa** de deux ou trois carreaux : ce retrait introduit de la respiration dans la copie et rythme la démonstration.

- On ne saute pas de ligne entre les paragraphes d'une même grande partie. En revanche, on saute une ligne entre chaque grande partie.
- Enfin, on saute deux lignes avant la conclusion. Comme l'introduction, elle prend la forme d'un paragraphe unique.

zoOm

Un exemple d'introduction

Voici une introduction possible pour une dissertation sur le sujet analysé dans la → FICHE 49.

amorce	Philosophe et poétesse, Hélène Dorion est une figure majeure de la poésie québécoise. Elle écrit le recueil *Mes forêts* dans sa maison, en plein cœur des bois au Canada.
citation du sujet	Il n'est donc pas étonnant que Catherine Rochette écrive, au sujet de ce recueil : « Chaque élément de la forêt devient un personnage, la forêt est aussi vivante que l'humain, tout est en symbiose. »
reformulation du sujet	En effet, les poèmes représentent l'univers vivant de la forêt et s'interrogent sur les liens qui nous unissent à elle.
problématique	On peut cependant s'interroger sur la relation qui unit la forêt et l'humain dans ce recueil. Est-elle seulement faite d'harmonie, de « symbiose » ?
annonce du plan	Nous montrerons dans un premier temps qu'Hélène Dorion représente dans son recueil une forêt vivante, dont la fréquentation profite à l'humain. Nous verrons toutefois que cette relation n'est pas aussi harmonieuse que semble l'indiquer C. Rochette. Enfin, nous nous demanderons dans quelle mesure la poésie nous permet d'atteindre cette « symbiose ».

MÉMO VISUEL

LA DISSERTATION

1 Analyser le sujet

- Quels en sont les **mots-clés** ?
- Quelle **démarche** est attendue (développement, commentaire, discussion…) ?

2 Formuler la problématique

- Y a-t-il plusieurs manières de comprendre le sujet ?
- Quel est l'**implicite** du sujet ?

> Reformulez le sujet de **différentes manières** pour faire ressortir ce qu'il sous-entend, implique, présuppose…

- Qu'est-ce qui fait problème ou mérite **discussion** dans la question ou la citation proposée ?

3 Chercher des idées

- Comment l'**œuvre** et les **textes étudiés** dans le parcours associé se rapportent-ils au sujet ?
- Quels **arguments** mobiliser pour soutenir la thèse portée par le sujet ?
- Peut-on lui opposer des **contre-arguments** ?
- Comment **dépasser** le problème posé ?

S'approprier la méthode de la dissertation

Réviser la méthode en 3 minutes

EN CINQ ÉTAPES CLÉS

4 Construire le plan

- Quelles **formules** utiliser pour annoncer les grandes parties ?
- La **thèse** et l'**antithèse** apparaissent-elles équilibrées ?
- Quels **exemples littéraires** convoquer à l'appui de chaque argument ?

5 Rédiger la dissertation

- L'**introduction** comporte une amorce, la reformulation du sujet et son analyse, la problématique et l'annonce du plan.
- Chaque grande partie comprend au moins deux sous-parties, c'est-à-dire **deux arguments** assortis chacun d'un **exemple**.

Assurez-vous que les changements de parties se trouvent bien marqués par des sauts de lignes et alinéas.

- La **conclusion** répond à la question posée par le sujet.

Gardez au moins 10 minutes pour vous relire !

SUJET 11 | OBJECTIF BAC

DISSERTATION ⏱ 4 h La forêt et l'humain dans *Mes forêts* d'Hélène Dorion

Ce sujet va vous permettre de réfléchir à la relation qu'entretiennent l'humain et les forêts dans le recueil.

LE SUJET

La critique Catherine Rochette affirme que, dans *Mes forêts* : « Chaque élément de la forêt devient un personnage, la forêt est aussi vivante que l'humain, tout est en symbiose. » Dans quelle mesure cette citation éclaire-t-elle votre lecture du recueil d'Hélène Dorion ?

Vous répondrez à cette question dans un développement argumenté. Votre réflexion prendra appui sur le recueil au programme et sur les textes étudiés dans le cadre du parcours « La poésie, la nature, l'intime ».

LES CLÉS POUR RÉUSSIR

Reportez-vous au zoom (p. 251) pour consulter l'analyse détaillée du sujet.

Analyser les termes du sujet

- **Chaque élément de la forêt devient un personnage :** la nature est personnifiée.
- **aussi vivante que l'humain :** le comparatif souligne une égalité au sein du vivant.
- **Dans quelle mesure :** on vous invite à réfléchir à une contradiction et à la dépasser grâce à un plan dialectique.
- **symbiose :** « fusion », mais aussi « association réciproquement profitable entre deux organismes vivants ».

Dégager la problématique

Quelles relations unissent la forêt et l'humain dans ce recueil ? Sont-elles seulement placées sous le signe de la fusion et de la « symbiose » ?

Construire le plan

1 Une forêt « aussi vivante que l'humain »	◗ Comment la forêt et ses différents éléments sont-ils personnifiés dans le recueil ? ◗ Quels profits l'humain trouve-t-il à fréquenter les forêts ?
2 Un monde de bruit et de fureur	◗ Montrez que le danger et la violence sont présents, à la fois dans les forêts et dans la société. ◗ Dans la dernière partie du recueil, repérez les indices d'une relation conflictuelle entre les humains et le reste du vivant.
3 Une symbiose opérée grâce à la poésie	◗ Comment les métaphores employées permettent-elles de tisser des liens entre les hommes et la nature ? ◗ Étudiez le motif du chemin : vers où va-t-il ?

LE CORRIGÉ

Les titres en couleur ou entre crochets ne doivent pas figurer sur la copie.

Introduction

[amorce] Philosophe et poétesse, Hélène Dorion est une figure majeure de la poésie québécoise. Elle écrit le recueil *Mes forêts* dans sa maison, en plein cœur des bois au Canada. **[explication du sujet]** Il n'est donc pas étonnant que Catherine Rochette écrive, au sujet de ce recueil : « Chaque élément de la forêt devient un personnage, la forêt est aussi vivante que l'humain, tout est en symbiose. » En effet, les poèmes représentent l'univers vivant de la forêt et s'interrogent sur les liens qui nous unissent à elle. **[problématique]** On peut cependant s'interroger sur la relation qui unit la forêt et l'humain. Est-elle seulement faite d'harmonie, de « symbiose » ? **[annonce du plan]** Nous montrerons dans un premier temps qu'Hélène Dorion représente dans son recueil une forêt vivante, dont la fréquentation profite à l'humain. **[I]** Nous verrons toutefois que cette relation n'est pas aussi harmonieuse que semble l'indiquer C. Rochette. **[II]** Enfin, nous nous demanderons dans quelle mesure la poésie nous permet d'atteindre cette « symbiose ». **[III]**

I. Une forêt « aussi vivante que l'humain »

LE SECRET DE FABRICATION

Il s'agit de montrer que la nature est personnifiée et considérée comme un être vivant dont la fréquentation est bénéfique à l'humain.

1. Une nature vivante

Les forêts semblent vivantes et apparentent le recueil à un récit qui met en scène des personnages.

- Plusieurs éléments de la forêt sont **personnifiés** : on rencontre « la maigre cicatrice de l'écorce » (p. 75), on entend surtout « le bégaiement des feuilles » (p. 31) ou les forêts qui « hurlent » (p. 14), tandis que les nuages « chuchotent à l'oreille des pierres » (p. 30). Au-delà d'un simple procédé de style, la forêt devient ainsi une personne à part entière.
- Les forêts semblent parfois **animalisées** : « Mes forêts sont lièvres et renards », « elles sont coyote ours noir orignal/sittelle geai bleu mésange » (p. 39). Ces personnifications font de chaque élément de la forêt un personnage participant à une histoire.
- La **construction du recueil** invite également à cette lecture : la première partie s'intéresse aux différents éléments composant la forêt : l'arbre, le ruisseau, le rocher, la branche, l'humus… Puis, progressivement, les poèmes prennent de l'ampleur jusqu'à déployer, dans la dernière section, « Le bruissement du temps », une histoire de l'humanité. En effet, les forêts portent en elles la trace d'histoires : « Mes forêts sont de longues tiges d'histoire » (p. 113). Les arbres semblent d'ailleurs en être les **narrateurs** : « Le temps jamais ne s'arrête/nous dit l'arbre/nous dit la forêt » (p. 110).

2. Une relation profitable à l'homme

Les forêts sont des lieux où les êtres vivants peuvent vivre en **« symbiose »**.

> **À NOTER**
> Le sujet part d'une **citation**. Pensez à y faire référence dans votre copie.

- Les forêts d'Hélène Dorion sont présentées comme des **lieux protecteurs pour l'homme afin de s'ancrer dans le monde**, au contact d'une nature amie : « je me suis assise/au milieu de ces vastes alliés/sans voix » (p. 68). La poétesse semble se promener dans ces forêts, observer et écrire sur chaque élément qui lui offre cette protection. En ce sens, elle fait siennes les forêts, comme l'indique le déterminant possessif dans le titre du recueil.
- Les forêts sont associées au **sentiment d'exister** : elles sont décrites comme un espace apaisé, où l'on peut exister librement, respirer : « la demeure/où respire ma vie » (p. 51). Elles sont également propices à une introspection bénéfique : « les forêts/apprennent à vivre/avec soi-même » (p. 13). Ce sentiment encadre le recueil, puisqu'Hélène Dorion débute et achève ce dernier en l'évoquant : « quand je m'y promène/c'est pour mieux prendre le large/vers moi-même. »

> **INFO**
> Le **sentiment d'exister** est décrit dans la cinquième promenade des *Rêveries du promeneur solitaire* (1782) de Jean-Jacques Rousseau comme le fait d'être pleinement présent au monde, afin d'atteindre le bonheur.

- La verticalité des arbres, ancrés dans le sol, s'élançant vers le ciel, peut enfin symboliser un élan vers la **spiritualité**.

[transition] Si le recueil rend les forêts « aussi vivante[s] » que l'humain et permet d'illustrer une association bénéfique entre eux, la relation entre ces êtres vivants n'est pourtant pas si apaisée.

II. Un monde de bruit et de fureur

LE SECRET DE FABRICATION
On étudie dans cette partie la violence et la sauvagerie contenues dans les forêts, comme dans la société des hommes.

1. Deux univers violents

Les forêts et le monde des hommes sont associés au fracas et au danger.

- La forêt n'est pas seulement représentée comme un lieu protecteur et harmonieux, c'est également un **lieu dangereux et sauvage**. Les animaux qu'elle abrite sont des prédateurs, comme le hibou qui fond sur « la proie qui remue » (« Le sentier », p. 33). Le danger est aussi météorologique : les motifs de la cicatrice, de l'aiguille et de l'épine sont récurrents dans le recueil. Parfois, l'orage ou la tempête grondent.
- Le monde des humains est, lui aussi, un **monde violent**. Les hommes sont assimilés à des « insectes affairés » (p. 73), pris par le temps, dominés par les écrans et les réseaux sociaux qu'Hélène Dorion résume par la formule « *facebookinstagramtwitter* » (p. 51). Les outils de la modernité semblent aussi venimeux que des animaux sauvages, comme en attestent les images qui leur sont associées : « rage virale », « comme un venin » (p. 86). Ils sont également violents entre eux, comme l'illustre la mention des guerres et des conflits tout au long du recueil.
- Le **bruit** est particulièrement présent dans chaque univers. Ce **vacarme**, « alarmes du siècle » (p. 47) que rendent les mots et les sonorités de la poésie, invite au repli sur soi et non à l'ouverture au reste du monde.

2. Une relation conflictuelle

Les deux univers sont même parfois représentés comme antagonistes.

- Certains poèmes font état de **préoccupations écologiques** face à **la destruction de la nature par les hommes** : « Du portable au jetable/le jardin où périt un monde/où l'on voudrait vivre » (p. 65). Les activités humaines semblent détruire le monde : « un bruit de ferraille déchire le paysage comme un vêtement usé. » (p. 73). La synesthésie rend plus sensible la violence des dommages causés par l'homme.

MOT CLÉ
La **synesthésie** désigne une association de plusieurs perceptions, ici l'ouïe, le toucher du fer et la vue du paysage.

- Dans « Avant l'horizon », à la fin du recueil, Hélène Dorion rappelle la **domination exercée par l'homme sur les autres êtres vivants**, qu'il considère comme sa propriété : « On a dit que le coyote l'ours blanc/nous appartenaient/que les oiseaux volaient dans notre ciel/les poissons nageaient dans nos mers » (p. 104).

[transition] Ainsi, le recueil fait état de deux mondes où la sauvagerie est présente. L'homme ne vit pas toujours en harmonie avec la nature et semble même la détruire.

III. Une symbiose opérée grâce à la poésie

LE SECRET DE FABRICATION

Dans cette partie, il s'agit de montrer que le travail d'écriture poétique crée des liens au sein du vivant pour inviter à trouver le chemin d'une nouvelle relation, plus harmonieuse.

1. Le travail poétique crée du lien

En créant des analogies, la poésie permet de lier l'humain et la nature.

- C'est la poésie qui permet d'opérer la symbiose notamment par l'emploi des images qui réconcilient les deux mondes. Le verbe « être », régulièrement employé dans les poèmes qui débutent par « Mes forêts sont », crée des métaphores. Il est aussi un moyen d'exprimer le lien, l'**union de toutes choses**. En effet, les forêts sont « un champ », « du temps », « des bêtes », « un dessin ». Ainsi, elles deviennent un **lieu imaginaire qui abrite l'ensemble du vivant.**
- L'humain devient lui-même un **élément de cette forêt métaphorique** : « je suis cette branche/qui avance comme va le vent », « je suis cette ramille qui frémit » (p. 70). En métamorphosant le monde, la poétesse se métamorphose elle-même.
- François Cheng, dans son recueil *Double chant* (1998), propose également des poèmes où l'humain et la nature fusionnent en un ensemble vivant.

2. Trouver un chemin vers l'humanité

Le motif du chemin est récurrent et se charge d'une valeur symbolique.

- L'**image du sentier** revient plusieurs fois dans le recueil. Il peut représenter le chemin emprunté lors d'une promenade en forêt, mais également un chemin métaphorique, celui de la poésie qui ouvre un **sentier pour aller vers soi-même et se connaître** : « Et quand je m'y promène/c'est pour prendre le large/vers moi-même » (p. 114). La poésie permet ce mouvement à la fois hors de soi et en soi. L'intime est ainsi relié à la nature.
- La fin du recueil dessine un **horizon à atteindre**. Les forêts, telles qu'elles apparaissent dans le recueil, ouvrent une voie vers un renouvellement des rapports dans l'univers du vivant : « un poème murmure/un chemin vaste et lumineux/qui donne sens/à ce qu'on appelle *humanité* » (p. 111). La poésie d'Hélène Dorion proposerait ainsi une voie vers une redéfinition de notre rapport au monde, un sentiment plus aigu de notre existence au sein du vivant qui nous invite à revoir nos choix de vie.

Conclusion

[synthèse] En définitive, Catherine Rochette a raison d'évoquer la « symbiose » que le recueil propose entre les forêts et l'humain. Si leur relation est *a priori* profitable à l'homme, on remarque également qu'ils sont liés par la violence et le fracas. La poésie permet alors de tisser un lien entre ces êtres vivants pour proposer un chemin vers une nouvelle relation, plus apaisée, plus harmonieuse, qui a plus de sens.

[ouverture] En cela, la poésie d'Hélène Dorion s'inscrit dans les préoccupations écologiques de l'époque et dans une poésie du vivant, à l'instar de la poétesse Fabienne Raphoz.

SUJET 12 | OBJECTIF MENTION

DISSERTATION ⏱ 4 h

Sido et *Les Vrilles de la vigne* : la réinvention du monde ?

Le sujet porte spécifiquement sur *Sido* et *Les Vrilles de la vigne* et vous invite à discuter un point de vue en élargissant votre réflexion à d'autres textes qui pourraient éclairer le débat.

LE SUJET

« Je t'ai parlé sans doute d'un pays de merveilles où la saveur de l'air enivre ?... Ne le crois pas ! N'y va pas ! Tu le chercherais en vain. Tu ne verrais qu'une campagne un peu triste, qu'assombrissent les forêts [...]. » Célébrer le monde, est-ce le réinventer comme le suggère Colette à M... dans « Jour gris » (*Les Vrilles de la vigne*) ?

Vous répondrez à cette question dans un développement organisé en vous appuyant sur les œuvres de Colette au programme, les textes étudiés dans le cadre du parcours et votre culture personnelle.

LES CLÉS POUR RÉUSSIR

Analyser le sujet

Colette met Missy en garde contre le caractère illusoire des évocations qu'elle fait de son pays natal ; elle la prévient de la déception qui naîtrait d'une confrontation entre l'écriture et le réel.

Dégager la problématique

Selon Colette, la célébration du monde engendre une mise à distance avec la réalité, au point de la réinventer. Pour autant, cette réinvention vaudrait-elle pour mensonge ?

Construire le plan

1 La célébration du monde comme réinvention de la réalité

- Reliez les deux récits de Colette à la catégorie de l'autofiction.
- Cherchez des extraits dans lesquels l'écriture de soi renvoie à une mythologie personnelle.

2 La célébration du monde comme adhésion au réel	▸ Dégagez la dimension autobiographique des deux récits. ▸ Étudiez le refus d'un lyrisme grandiloquent.
3 La célébration du monde comme « méthodique déformation du vrai »	▸ Montrez que Colette se fie aux sensations pour retrouver le temps perdu. ▸ Montrez que la réminiscence enchantée constitue le plus sûr rempart à l'irréversibilité du passé.

LE CORRIGÉ

Les titres en couleur ou entre crochets ne doivent pas figurer sur la copie.

Introduction

[amorce] Au XXe siècle, les récits d'enfance se multiplient en littérature sous la forme notamment d'autobiographie ou encore d'autofiction. Souvent émerveillé, parfois ironique, le regard rétrospectif se porte sur le « vert paradis » enfantin. **[citation du sujet]** C'est à cet exercice que se livre Colette dans *Sido* et, à certains égards, dans *Les Vrilles de la vigne*. Au chapitre « Jour gris » de ce dernier ouvrage, elle déclare à l'attention de Missy : « Je t'ai parlé sans doute d'un pays de merveilles où la saveur de l'air enivre ?... Ne le crois pas ! N'y va pas ! Tu le chercherais en vain. Tu ne verrais qu'une campagne un peu triste, qu'assombrissent les forêts [...]. » Par ses mots, l'auteure met en garde sa dédicataire sur le caractère illusoire de son évocation du passé et la prévient de la déception d'une confrontation entre l'écriture et le réel. Nous pouvons donc nous demander si la célébration du monde est une réinvention de la réalité.
[problématique] Pour autant, l'hommage rendu à la vie vaut-il pour mensonge ?
[annonce du plan] Ainsi, nous verrons d'abord comment les deux œuvres procèdent à une recomposition du vécu ; puis, nous y lirons un effort d'adhésion au réel ; enfin, nous nous attacherons à décrire la « déformation méthodique du vrai » à laquelle l'auteure se livre pour mieux rendre vivant ce passé révolu.

DES POINTS EN +

L'**amorce** pose les termes du débat en l'ancrant dans l'histoire littéraire : elle établit le lien entre écriture rétrospective et tentation d'idéalisation.

I. La célébration du monde comme réinvention de la réalité

1. La reconfiguration des souvenirs

- Les récits de Colette relèvent moins de l'**autobiographie** au sens du critique Philippe Lejeune dans *Le Pacte autobiographique* (1975) que d'un « **kaléidoscope de fragments** » (Julia Kristeva) où l'enfance se trouve reconfigurée sous la plume de l'écrivain.

> **CITATION**
> Selon Philippe Lejeune, l'**autobiographie** est « le récit rétrospectif en prose qu'une personne réelle fait de sa propre existence, lorsqu'elle met l'accent sur sa vie individuelle, en particulier sur l'histoire de sa personnalité ».

- *Sido* compose une **mosaïque de souvenirs** – successivement attachés à la mère, au père appelé le « Capitaine », à la fratrie désignée par l'expression les « sauvages » – qui ne doit rien à une organisation chronologique. Colette donne la préférence à une **logique affective** et sélective au lieu de s'en remettre à l'exhaustivité de la linéarité temporelle. De la même manière, *Les Vrilles de la vigne* s'apparente à un « texte-arlequin » (J. Kristeva) tissé de micro-récits qui viennent s'enrouler autour des thématiques de la nature, de la terre natale et de l'authenticité.

2. La fondation d'une mythologie personnelle

La célébration du monde passe dans *Sido* par un **hommage aux êtres chers et à la Nature.** Colette convoque le mythe d'Antée et la figure de la Pythie pour raconter sa mère « au glorieux visage de jardin », tissant des liens secrets avec le cosmos ; ses frères, « sylvains aux pieds légers », font aussi l'objet d'une **mythification**, c'est-à-dire de la construction d'un mythe. Sorte d'Eden, la Nature n'est plus le simple cadre d'un récit d'enfance, mais une force agissante, à l'aune de laquelle sont condamnés artifices et faux-semblants évoqués dans *Les Vrilles de la vigne*.

[transition] La célébration du monde passe chez Colette par une mise en récit et une mythification. Pourtant son écriture est aussi animée d'une volonté de témoigner du réel et de sa vie personnelle en particulier.

II. La célébration du monde comme adhésion au réel

1. La dimension personnelle

- Recueil « de pièces et de morceaux », *Les Vrilles de la vigne* ne suit pas une logique narrative ordonnée. Pourtant, l'ouvrage se nourrit de la vie de l'écrivain et offre une **collection de moments vécus**. Au seuil du livre, la parabole du rossignol renvoie à la biographie de l'écrivain : l'oiseau se libérant des branchages raconte l'**affranchissement de la narratrice**, parvenue à se soustraire de la tutelle littéraire de son ex-mari Willy qui avait apposé son nom sur ses premières œuvres.
- Quant à *Sido*, diminutif réel du prénom de la mère, le titre met l'accent sur la **place centrale de la figure maternelle** : « Son prénom abrégé brille [...] dans tous mes souvenirs » écrit l'auteure dans la préface donnée à ses *Œuvres complètes*.

2. Le refus du lyrisme grandiloquent

▸ Les récits de Colette manifestent son **refus d'être un « mauvais poète »** aux accents lyriques outranciers. C'est précisément ce que l'enfant reproche à son père dans « Le Capitaine », dénigrant sa prose oratoire ou ses vers « sonores comme un orage de montagne ». Dans « La Dame qui chante », l'écrivain adulte dénonce l'écart entre l'extase lyrique et la réalité prosaïque.

▸ Pour contrer les effets de l'exaltation, Colette recourt au paradoxe, à travers la figure de l'**oxymore** : la forêt de Crécy lui fait ainsi ressentir une « triste allégresse » et les fraises dégagent un parfum de « suave pourriture ».

[transition] La célébration du monde ne se coupe pas de la réalité ; elle tisse avec cette dernière un lien original qui permet la restitution. Le réel ne serait pas une donnée immédiate, mais un matériau à élaborer.

III. La célébration du monde comme « méthodique déformation du vrai »

1. Le prisme des sensations

▸ Le **pays natal** constitue pour l'écrivain une matière à ressusciter. C'est ce qui explique la présence chez Colette des **procédés de l'incantation** comme l'apostrophe aux géraniums, à la chatte, aux saisons, au feu... En passant par ce « qui [la] pique et [la] vivifie » (*Le Fanal bleu*), l'écrivain fait advenir l'enfance, les êtres, les paysages qui lui sont chers. La célébration du monde relève moins, de ce point de vue, de l'hommage rendu au passé que d'une méthode pour lui donner vie sur la page.

▸ L'impression de **spontanéité** cache une technique descriptive où la **sensation** permet le jaillissement du passé : le monde se trouve évoqué à partir des sens. Parfums des bois, des violettes ou du Midi apparaissent comme le substrat sur lequel peut s'élever « l'édifice immense du souvenir », comme chez Marcel Proust le goût de la madeleine lève le voile sur l'enfance à Combray.

2. Le temps retrouvé

À la nostalgie du passé, Colette oppose une reconstruction, une transfiguration, voire une **idéalisation**. Le regard rétrospectif n'est pas seulement **mnésique**, il est aussi **poétique** ; il conduit, comme dans « La Guérison », de la conscience de la perte à la célébration de la vie dans l'écriture.

> **MOT CLÉ**
> **Mnésique** renvoie à la mémoire ; **poétique** à la création.

Conclusion

[synthèse] La célébration du monde vaut bien pour réinvention : elle obéit à une composition et à la fondation d'une mythologie qui ne doit rien à l'insincérité de l'auteure mais tout à la recherche du temps perdu. **[ouverture]** Les récits de Colette relèvent de ce qu'Aragon appelait le « mentir-vrai ».

Réussir les épreuves

12 Améliorer ses écrits

TEST — **Pour vous situer et identifier les fiches à réviser** 268

FICHES DE COURS

- 52 Bien construire ses phrases 270
- 53 Exprimer une relation logique 272
- 54 Éviter les répétitions 274
- 55 Écrire sans fautes 276
- MÉMO VISUEL 278

EXERCICES & CORRIGÉS

- Ponctuer correctement un texte 280
- Choisir les bons connecteurs 280
- Éviter les répétitions 281
- Se relire efficacement 281
- Bilan 282

TESTEZ-VOUS

→ CORRIGÉS P. 347

Faites le point sur vos connaissances puis établissez votre **parcours de révision** en fonction de votre score.

1 Bien construire ses phrases

→ FICHE 52

1. Cochez les affirmations correctes.

☐ **a.** La ponctuation est inutile.

☐ **b.** Le point-virgule est l'équivalent d'une virgule.

☐ **c.** Les virgules correspondent à des pauses dans la phrase.

☐ **d.** Les virgules peuvent isoler un groupe de mots en incise.

2. Reformulez la phrase de manière qu'elle soit bien construite.

Ces vers disent la révolte du poète et qu'il refuse le conformisme petit-bourgeois dans lequel il a été élevé.

→ Ces vers disent la révolte du poète et ....
.... dans lequel il a été élevé.

3. Quelles sont les phrases incorrectes ?

☐ **a.** Les intermèdes musicaux sont pas nécessaires à l'intrigue.

☐ **b.** Dubois est pas le seul à user d'un stratagème.

☐ **c.** Louis n'a pas le temps ni l'envie d'attendre.

☐ **d.** Le narrateur ne tarit pas d'éloges sur ces contrées luxuriantes, où rien ne manque pour bien vivre.

.../3

2 Exprimer une relation logique

→ FICHE 53

1. Reliez chaque connecteur à la relation logique qu'il exprime.

de même que •	• cause
parce que •	• addition
également •	• comparaison
en revanche •	• hypothèse
soit… soit •	• concession
bien que •	• opposition

2. Cochez les phrases qui ont le même sens que la phrase ci-dessous.

Les personnages se perdent en banalités, si bien que l'essentiel reste tu.

☐ **a.** Les personnages se perdent en banalités, de sorte que l'essentiel reste tu.

☐ **b.** Les personnages se perdent en banalités, parce que l'essentiel reste tu.

☐ **c.** Comme les personnages se perdent en banalités, l'essentiel reste tu.

☐ **d.** Les personnages se perdent en banalités, bien que l'essentiel reste tu.

.../2

3 Éviter les répétitions

→ FICHE 54

1. Comment éviter la répétition du nom « avarice » dans la phrase ci-dessous ? Cochez la meilleure solution.

Harpagon est connu pour son avarice. Son avarice le conduit à vouloir marier sa fille à un homme riche mais âgé.

- ☐ a. en remplaçant « *Son avarice* » par « *Celle-là* »
- ☐ b. en remplaçant « *Son avarice* » par « *qui* » et en ne faisant qu'une seule phrase
- ☐ c. en remplaçant « *Son avarice* » par « *Ce défaut* »

2. Parmi les suites proposées, laquelle est ambiguë ?

Mme de Lafayette décrit les sentiments de la Princesse et de Nemours.

- ☐ a. Ils semblent éternels.
- ☐ b. Rien ne semble pouvoir les séparer.
- ☐ c. Les deux personnages sont passionnément amoureux l'un de l'autre.

.../2

4 Écrire sans fautes

→ FICHE 55

1. Quelle est la bonne orthographe ?

- a. ☐ un dilemne ☐ un dilemme
- b. ☐ Le voila rasséréné. ☐ Le voilà rasséneré.
- c. ☐ quand bien même ☐ qu'en bien même

2. Dans quels groupes nominaux manque-t-il un *s* au mot souligné ?

- ☐ a. un arbre sans <u>fruit</u>
- ☐ b. un héros sans <u>cœur</u>
- ☐ c. un vélo sans <u>roue</u>
- ☐ d. des personnages sans <u>relief</u>

3. Quelle est la règle pour le pluriel des mots composés (ex. *chef-d'œuvre*) ?

- ☐ a. On met un *s* systématiquement aux deux composants.
- ☐ b. On ne met un *s* qu'au dernier mot.
- ☐ c. On ne met un *s* qu'aux mots qui l'acceptent (noms, adjectifs).

4. Complétez avec les bonnes marques d'accord.

- ☐ a. les institutions qui sont dénoncé…
- ☐ b. les sentiments qu'il a exprimé…
- ☐ c. les poèmes que j'ai étudié…
- ☐ d. l'œuvre qu'elle a présenté…

5. Barrez les mots fautifs et donnez leur orthographe.

Suzanne ce caractérise par une grande perspicacité. Elle est la seul à voir clair dans le jeu du comte et a deviner les intentions que cachent sa générosité.

.../5

Score total .../12

52 Bien construire ses phrases

En bref *Une phrase bien construite respecte les règles de la syntaxe et ne perd pas le lecteur du fait de sa longueur excessive.*

I Éviter les erreurs de syntaxe

- Une **subordonnée interrogative indirecte** ne comprend ni inversion du sujet ni point d'interrogation.

  ✗ On se demandera si la conduite du héros **est-elle** toujours morale ?

  ✓ On se demandera si la conduite du héros **est** toujours morale.

- La **conjonction « et »** ne peut coordonner que deux groupes syntaxiques de même nature.

  ✗ La fable vise à la fois le divertissement [GN] et à instruire le lecteur [GV].

  ✓ La fable vise à la fois à divertir [GV] et à instruire le lecteur [GV].

- *D'une part… d'autre part, non seulement… mais encore* sont des **constructions binaires** : il ne faut donc pas omettre la seconde expression.

- Soyez vigilant quand vous employez **un participe présent ou un gérondif** en tête de phrase : le sujet du verbe conjugué doit être le même que le sujet implicite de la forme verbale en *-ant*.

  ✗ En brossant le portrait des courtisans, **leur fatuité** apparaît.

  ✓ En brossant le portrait des courtisans, **l'auteur** dénonce leur fatuité.

CONSEIL
Limitez l'emploi du participe présent qui alourdit souvent vos phrases. Si possible, remplacez-le par un GN introduit par *au moyen de, grâce à, à travers…*

II Ponctuer ses phrases, ajuster leur longueur

1 Bien ponctuer

- Utilisez des **points** pour diviser votre propos en phrases, mais également des **virgules**, à l'intérieur des phrases, pour séparer les termes d'une énumération ou détacher un groupe syntaxique. Attention, cependant, un sujet ne doit jamais être séparé par une virgule du verbe qu'il régit.

  ✗ Hugo dans *Les Misérables*, dénonce les conditions de vie des bagnards.

  ✓ Hugo, dans *Les Misérables*, dénonce les conditions de vie des bagnards.

CONSEIL
Si vous avez un doute sur l'emploi des virgules, relisez-vous à haute voix : vous les placerez alors naturellement en fonction du sens de votre phrase.

■ Le **point-virgule** a la même valeur qu'un point, mais permet d'indiquer qu'on continue de développer l'idée exprimée.

Hugo se préoccupe de la souffrance du peuple ; dans *Les Misérables*, il dénonce les conditions de vie des bagnards.

■ Les **deux-points** permettent d'introduire une énumération ou d'établir un rapport de causalité (→ FICHE 53).

■ De manière générale, évitez l'usage des parenthèses.

✗ Victor Hugo (poète, dramaturge et romancier) est une grande figure littéraire du XIXe siècle.

✓ Victor Hugo est une grande figure littéraire du XIXe siècle. Il était tout à la fois poète, dramaturge et romancier.

2 Utiliser des propositions subordonnées à bon escient

■ Parfois, c'est en formant une **proposition subordonnée** qu'on resserre et allège l'expression.

✗ La fuite du temps est accompagnée de nostalgie ; les deux motifs sont récurrents dans le poème.

✓ La fuite du temps et la nostalgie **qui l'accompagne** sont des motifs récurrents du poème.

■ Mais il faut **prendre garde aux phrases trop chargées en subordonnées**. Évitez notamment d'accumuler les relatives.

✗ Victor Hugo a pris position contre Napoléon III, **ce qui** l'a conduit à un exil **qui** a duré de longues années.

✓ Les prises de position de Victor Hugo contre Napoléon III l'ont conduit à un long exil.

zoOm

Ne pas omettre l'adverbe *ne*

Il ne faut pas oublier l'adverbe *ne* quand il a une valeur négative ou restrictive. Dans ses emplois « explétifs », sans valeur négative, *ne* n'est pas obligatoire.

L'adverbe *ne*

Valeur négative
*Elle **ne** cesse d'y penser.*
*Il **ne** veut **pas** la trahir.*
***Personne** **ne** vient.*

Valeur restrictive
*Il **ne** voit **que** son image.*

Valeur explétive
- pour exprimer l'inégalité
*Ce sentiment est **plus** fort qu'il [**ne**] le croit.*
- dans certaines subordonnées au subjonctif
***Avant qu'**il [**ne**] soit trop tard…, Elle **craint** qu'il [**ne**] soit blessé.*

53 Exprimer une relation logique

En bref *Pour mettre en évidence les liens entre les idées dans une argumentation, on recourt souvent à des connecteurs ; vous devez connaître ceux associés à chaque relation logique.*

I L'expression de la cause et de la conséquence

1 Les connecteurs exprimant la cause

CONSEIL
N'écrivez jamais *car en effet*. Choisissez l'un ou l'autre !

- Voici les plus courants.

Préposition	+ GN	*à cause de, grâce à, du fait de, en raison de*
	+ infinitif	*pour* (+ inf. passé), *à force de, sous prétexte de*
Conjonction de subordination	+ proposition subordonnée conjonctive	*comme, parce que, puisque, étant donné que, vu que*
Conjonction de coordination ou adverbes de liaison	+ proposition coordonnée ou nouvelle phrase	***car***, *en effet*

- *Puisque* explicite une cause évidente.

  Béralde fait constater à son frère qu'il est en très bonne santé **puisqu'**il n'est « point crevé de toutes les médecines qu'on [lui] a fait prendre. »

- Les **deux-points** peuvent avantageusement remplacer un connecteur de cause.

  Rimbaud est un poète précoce **:** il publie ses premiers poèmes à 17 ans.

2 Les connecteurs exprimant la conséquence

- Voici les plus courants.

Préposition	+ infinitif	*à, jusqu'à, assez... pour, trop... pour*
Conjonction de subordination	+ proposition sub. conjonctive	*si bien que, de sorte que, de façon que, si... que, tel... que, assez... pour que*
Conjonction de coordination ou adverbe de liaison	+ proposition coordonnée ou nouvelle phrase	*donc, ainsi, alors, dès lors, c'est pourquoi, par conséquent*

- L'adverbe ***aussi*** permet également d'exprimer la conséquence ; cet emploi entraîne une inversion du sujet.

  Dans *Gargantua*, Rabelais entend également délivrer des réflexions sérieuses. **Aussi,** dans le prologue, **s'adresse-t-il** directement aux lecteurs, afin de les mettre en garde sur la nature véritable de son texte.

II L'expression de l'opposition et de la concession

1 Les connecteurs exprimant l'opposition

■ Voici les plus courants.

Préposition	+ groupe infinitif	*au lieu de, loin de*
Conjonction de subordination	+ proposition sub. conjonctive	*alors que, tandis que*
Conjonction de coordination ou adverbe de liaison	+ proposition coordonnée ou nouvelle phrase	*mais, or, au contraire, en revanche, cependant, pourtant, néanmoins*

2 Les connecteurs exprimant la concession

■ Un connecteur de concession n'oppose pas deux faits mais indique qu'un fait **n'a pas la conséquence attendue**.

> **Malgré** le flot continu de reproches adressés à son frère, Antoine est touchant lorsqu'il livre ses sentiments. [Les reproches virulents d'Antoine n'ont pas la conséquence attendue : le personnage touche le spectateur.]

■ Voici les connecteurs de concession les plus courants.

Préposition	+ GN	*malgré, en dépit de*
Conjonction de subordination	+ subordonnée conjonctive au subjonctif	*bien que, quoique, quel (les) que, quelque (s)… que*
Pronom relatif	+ subordonnée relative à valeur concessive	*qui que, quoi que,*

zoOm

Choisir le connecteur adapté

Voici d'autres connecteurs qui pourront vous servir dans vos écrits.

- **Ajouter une idée** → *également, de plus, en outre, par ailleurs*
- **Mettre en parallèle deux idées** → *d'une part… d'autre part, d'un côté… de l'autre, soit… soit, ou… ou* [idée d'alternative]
- **Illustrer une idée** → *ainsi, c'est le cas de, par exemple, notamment*
- **Comparer** → *de même (que), comme, autant… que, aussi… que, plus… que, moins… que*
- **Formuler une hypothèse** → *si, au cas où, à la condition que, à supposer que, en admettant que*

54 Éviter les répétitions

En bref *À l'écrit, il faut éviter les répétitions qui alourdissent vos phrases et appauvrissent votre pensée. Comment faire ?*

I Traquer les informations inutiles et les redondances

- Veillez à supprimer de votre texte les informations inutiles :

• qu'il s'agisse d'**informations déjà données** ;

> Pour La Bruyère, se trouver en société, c'est voir « un homme qui entre sur la scène ». Nul besoin de masque ni de décor de théâtre pour décrire un monde fondé sur les apparences, où chacun est~~, comme au théâtre,~~ en représentation permanente, que ce soit à « la ville » ou à « la Cour ».

• ou d'**informations évidentes.**

> Lors de sa dernière entrevue avec M. de Nemours, la princesse, ~~qui a perdu son mari et qui est~~ devenue veuve, refuse d'épouser le duc, alors que les conventions sociales ne s'y opposent plus.

- Chassez également les **pléonasmes**.

> Cette ultime réplique achève ~~complètement~~ de faire de Figaro le vainqueur de cette joute oratoire.

MOT CLÉ

Un **pléonasme** est un terme ou une expression qui ajoute une répétition à ce qui a été énoncé (*commencer d'abord, prévoir à l'avance, un extrait tiré de, une double alternative*…).

II Utiliser des pronoms

- Pour éviter les répétitions, il faut penser à utiliser des pronoms. Les **pronoms dits « représentants »** permettent en effet de remplacer un mot ou un ensemble de mots. Les plus fréquemment utilisés sont les pronoms personnels de la 3e personne.

> *Gargantua* apparaît comme un roman de la démesure : les aventures d'un géant **y** [= dans *Gargantua*] font naître des effets comiques puissants. La quête de l'idéal philosophique se trouve encouragée par le rire, en ce qu'**il** [= le rire] libère la pensée, **la** [= la pensée] soustrait à la force du préjugé et conforte l'humanité en l'homme.

- Quand un pronom remplace un nom ou un GN, il reprend théoriquement le dernier cité. **En cas d'ambiguïté**, veillez à utiliser un pronom permettant de la dissiper.

> ✗ Le départ de Louis, hâté par Antoine, **le** laisse à son regret d'avoir été aussi virulent et maladroit avec ce frère qu'**il** aime malgré tout.
>
> [Qui désigne le pronom *le* ? Louis ou Antoine ?]
>
> ✓ Le départ de Louis, hâté par Antoine, laisse **ce dernier** à son regret d'avoir été aussi virulent et maladroit avec ce frère qu'**il** aime malgré tout.

III Utiliser des synonymes ou des termes génériques

- Pour éviter la répétition d'un nom, comme celle d'un verbe ou d'un adjectif, vous pouvez également faire appel à un synonyme. Voici des **synonymes de verbes couramment utilisés dans un commentaire de texte**.

> **CONSEIL**
> Au cours de l'année, et selon vos lectures, pensez à constituer des listes de synonymes.

Évoquer (qqch)	rappeler, suggérer, représenter, symboliser
Exprimer (qqch)	signifier, traduire, témoigner de, manifester
Indiquer (qqch)	signaler, souligner, mettre en évidence

- Pour désigner de manière variée un personnage faisant l'objet d'une analyse, vous pouvez recourir à des **termes génériques**.

C'est à travers le regard du vidame que le portrait de Mlle de Chartres est complété. **L'héroïne** se distingue par une perfection que signalent les hyperboles. La description reste cependant abstraite : elle insiste davantage sur la « grâce » de **la jeune fille** que sur le détail de ses traits. Le lecteur se constitue ainsi une image idéalisée **du personnage**.

- Le terme choisi permet souvent d'**enrichir le sens**, en apportant un supplément d'information.

Harpagon est connu pour son avarice. **Cette manie** le conduit à vouloir marier sa fille à un homme riche mais âgé. [Le nom *manie* évoque l'idée d'un défaut pathologique et sert à caractériser l'avarice dont Harpagon est victime.]

zoOm

Utiliser des pronoms pour éviter les répétitions

Les différents pronoms de reprise

- **personnels** : *il, elle, ils, elles, le, la, les, lui, leur, en, y*
- **possessifs** : *le sien, la sienne, les siens, le leur, la leur, les leurs…*
- **démonstratifs** : *celle, celui, celles, ceux, celle-ci, celui-là*
- **indéfinis** : *aucun, certains, quelques-uns, plusieurs, chacun, tous, d'autres, l'un… l'autre…*

Les intrigues des comédies traditionnelles, comme celles de Molière, sont souvent fondées sur des stratagèmes que mettent en place certains personnages pour en manipuler d'autres. Ces stratagèmes ont-ils d'autres fonctions que celle de faire rire les spectateurs ?

55 Écrire sans fautes

En bref *Écrire sans fautes peut sembler un objectif difficile à atteindre, mais il suffit souvent de se relire attentivement pour éviter un grand nombre d'erreurs.*

I Éviter les fautes courantes

1 Des fautes d'orthographe grammaticale

■ Les **fautes d'accord** sont faciles à éviter si l'on connaît les règles clés.

- le verbe s'accorde avec son sujet ;
- l'adjectif s'accorde avec le nom auquel il se rapporte ;
- le participe passé s'accorde :

– avec le sujet lorsqu'il est employé avec l'auxiliaire *être* ;
– avec le COD lorsqu'il est employé avec l'auxiliaire *avoir* et que le COD est placé avant le verbe.

> La convocation de ce type de figures, risibles ou grotesques, relève du comique de caractère. [Les deux adjectifs s'accordent avec le nom *figures*. Le verbe s'accorde avec *convocation*, noyau du GN sujet]

■ Après une préposition, une **forme verbale qui se termine par le son [e]** est à l'infinitif (graphie *-er*). Lorsque deux verbes se suivent, le second est à l'infinitif, sauf si le premier verbe est un auxiliaire (*être* ou *avoir*).

> Dubois invente une rivale à Araminte pour exciter [prép. + infinitif] sa jalousie, puis incite Marton à voler [prép. + infinitif] une lettre qu'il a lui-même dictée à son ancien maître [accord du p. passé avec le COD antéposé *qu'*, mis pour *une lettre*].

■ Attention aux **homophones grammaticaux**. Par exemple : la forme verbale *a* et la préposition *à*. Pensez à analyser la nature du mot.

CONSEIL
Pendant l'année, notez les fautes que vous faites régulièrement pour y prêter une attention particulière le jour J.

2 Des fautes d'orthographe lexicale

■ Issue de l'histoire de la langue, l'orthographe lexicale ne se met pas facilement en règles. Mais on peut noter des régularités ou retenir des astuces. Par exemple :

- L'**adverbe de manière en *-ment*** se construit en général sur le féminin de l'adjectif.

> essentiel [adj. au masc.] → essentielle [adj. au fém.] → essentiellement [adv.]

- Pour savoir si un **participe passé** se termine par une consonne muette (au masculin singulier), vous pouvez le mettre au féminin.

> une scène peinte [fém.] → peint, elle a peint, qu'il avait dépeint
> → un portrait d'Araminte peint par Dorante

■ N'oubliez pas les **accents** : une erreur ou un oubli d'accent est une faute.

II Maîtriser quelques casse-tête orthographiques

1 Pluriel ou singulier ?

CONSEIL
À la maison ou en situation d'examen, gardez toujours une dizaine de minutes pour vous relire et vous corriger.

Voici deux cas où l'on peut trouver l'un ou l'autre selon le sens de l'énoncé.

- Après une préposition exprimant l'absence
  - un héros **sans cœur** [il ne peut avoir qu'un seul cœur]
  - un héros **sans principes** [en général, on a plus d'un principe]
  - un héros **sans aucun principe** [après *aucun*, *aucune*, il ne peut y avoir un pluriel]
- Après un nom collectif
  - un recueil **de poèmes** [il y a plusieurs poèmes]
  - Le groupe des poètes **a signé** un manifeste. [ils l'ont signé au nom du groupe]
  - Une série de ruptures **ont marqué** la fin du mouvement. [chaque rupture a contribué à la fin du mouvement]

2 Le pluriel des noms composés

Le principe est de **marquer le pluriel sur les mots qui l'acceptent** (noms, adjectifs) et de ne pas le marquer sur les autres (adverbes, prépositions, verbes).

- des coffres-forts, des sourds-muets
- des chefs-d'œuvre [pièces maîtresses d'une œuvre]
- des tragi-comédies, des arrière-pensées, avant-gardistes

zoOm

Ces ou *ses* ? *c'est* ou *s'est* ?

ces déterminant démonstratif	On peut remplacer le GN par *ceux-là* ou *celles-là*.	*Le spectateur s'amuse de* **ces** *échanges* [= de ceux-là].
ses déterminant possessif	On peut remplacer le GN par *les siens* ou *les siennes*.	*Knock parvient à persuader* **ses** *patients* [= les siens] *qu'ils sont malades.*
c'est pronom démonstratif c' + est	On peut remplacer *c'est* par *cela est*.	*Chez Marivaux, le stratagème permet aux cœurs de se révéler :* **c'est** [= cela est] *le cas dans* Les Fausses Confidences.
s'est pronom pers. réfléchi s' + est	On peut conjuguer le verbe à une autre personne (*je me suis…, tu t'es…*).	*Benoîte Groult* **s'est** *réclamée d'Olympe de Gouges dans le combat féministe qu'elle a mené.* [→ je me suis réclamée…]

MÉMO VISUEL

AMÉLIORER

Structurer son propos

Soigner la présentation
- Commencer chaque paragraphe par un **alinéa**.
- **Sauter une ligne** entre chaque partie, et **deux lignes** après l'introduction et avant la conclusion.

Utiliser des connecteurs logiques
- Pour **ajouter** une idée : *de plus, en outre, par ailleurs…*
- Pour **illustrer** une idée : *ainsi, c'est ainsi que, par exemple, notamment…*
- Pour marquer une **opposition** : *mais, cependant, néanmoins, pourtant, en revanche…*

Faire des phrases courtes et bien construites

Bien ponctuer
- Terminer chaque phrase par une **ponctuation forte** (., ?, !,).
- Marquer des pauses grâce à des **virgules**.

Bien construire une phrase négative
Une négation comporte en général **deux mots.**

Bien construire les subordonnées
- Choisir le **bon pronom relatif.**
  *Il prononce des paroles **dont** il ne mesure pas la portée.*
- Ne pas confondre **interrogative directe et indirecte.**
  *Le poème est-il lyrique ? On se demandera **si** le poème **est** lyrique.*

SES ÉCRITS

Soigner l'expression

Employer des pronoms pour éviter les répétitions

- Ne pas oublier d'**accorder** le pronom avec le nom qu'il remplace.
  *Les femmes, **auxquelles** l'auteure s'associe, sont appelées à se battre pour leur émancipation.*
- Vérifier que l'**antécédent** n'est pas ambigu.

Utiliser un vocabulaire varié

- Éviter les **verbes passe-partout.**
  Harpagon explique à Jacques qu'il doit ~~faire attention~~ **être attentif** ~~à bien faire ce qu'un valet doit faire~~ **à bien exécuter toutes les tâches d'un valet.**
- Utiliser des **synonymes.**
  L'auteur écrit/explique/affirme/fait valoir/démontre/met en évidence…

Se relire

1. Vérifier que les phrases sont **complètes** (au moins un verbe conjugué, pas de mot oublié).
2. Vérifier que les verbes sont **accordés avec leur sujet.**
3. Vérifier que les adjectifs sont **accordés avec le nom** auquel ils se rapportent.
4. Vérifier l'orthographe des **homophones grammaticaux.**
5. S'interroger sur l'orthographe des **mots difficiles.**

EXERCICES

Ponctuer correctement un texte

→ FICHE 52

1 Annotez ce texte d'introduction en rétablissant les points et les virgules manquants.

Le XIXe siècle est une période de renouveau dans l'écriture poétique La révolution romantique puis la réflexion de Baudelaire sur le Beau conduisent à une remise en cause des codes et des traditions du genre

Adolescent révolté et fugueur grand admirateur de Baudelaire Rimbaud compose ses premiers poèmes à 15 ans « Ma bohème » écrit en 1870 fait partie de ces textes Ce sonnet sous-titré « Fantaisie » raconte l'errance exaltée du jeune poète

Comment cet éloge de l'errance permet-il à Rimbaud d'exposer sa vision de la poésie Nous verrons en quoi ce récit de fugues est d'abord un hymne à l'errance et à la liberté avant de mettre en évidence comment il donne à lire le projet poétique du jeune Rimbaud

CONSEIL

En premier lieu, retrouvez les 7 phrases (dont une phrase interrogative), en vous aidant des majuscules. Ajoutez ensuite les virgules : trois paires dans le deuxième paragraphe, pour isoler des groupes apposés, et une virgule pour créer une pause dans la dernière phrase.

Choisir les bons connecteurs

→ FICHE 53

2 Voici le résumé d'un extrait du *Traité des animaux* (1755) de Condillac. Complétez-le en insérant les connecteurs logiques manquants.

Le Traité des animaux *aborde la difficulté qu'ont les humains à se représenter la manière dont les animaux perçoivent le monde.*

Nous connaissons le mode de perception des chauves-souris, ... il est si éloigné du nôtre que nous ne pouvons nous mettre à la place de cet animal. De quelle manière .... avoir accès à sa subjectivité ?

.... la connaissance que j'ai du monde dépend de ma subjectivité, je ne pourrai jamais savoir ce que je serai en chauve-souris, ni ce que cela fait à une chauve-souris d'être une chauve-souris.

On ne peut opérer des déductions qu'à partir de nos propres connaissances ; .... une autre espèce rencontrerait les mêmes difficultés dans la connaissance qu'elle aurait de nous. .... nous aurions tort de croire les espèces différentes moins complexes.

CONSEIL

Vous devez utiliser trois connecteurs exprimant la conséquence. Choisissez-les parmi ceux-ci : *alors, ainsi, c'est pourquoi, par conséquent*.

3 **Voici un extrait d'une dissertation sur la *Déclaration des droits de la femme et de la citoyenne*, d'Olympe de Gouges. En vous aidant des indications en bleu, ajoutez les connecteurs permettant d'expliciter le raisonnement.**

Face à cette situation injuste, Olympe de Gouges apostrophe en premier lieu ses contemporaines pour susciter leur prise de conscience. .... [opposition], elle s'adresse également aux hommes. L'homme est .... [cause] présenté comme un être « bizarre, aveugle, boursouflé de sciences et dégénéré [...] dans l'ignorance la plus crasse ».

.... [comparaison], dans les *Lettres persanes* de Montesquieu (1721), Roxane affirme sa liberté inaliénable face à la tyrannie domestique de son époux.

.... [opposition], pour Olympe de Gouges, il ne s'agit pas de pousser un « cri de haine ». L'auteure de la *Déclaration* en appelle à la raison des hommes .... [but] ils prennent conscience des injustices dont ils sont coupables, en constatant .... [illustration] la contradiction entre leurs actes et les principes hérités de la Révolution.

À NOTER
Les connecteurs *notamment* et *en particulier* permettent d'illustrer une idée en sélectionnant un exemple.

Éviter les répétitions

→ FICHE 54

4 **Réécrivez le texte en évitant les répétitions des mots en couleur.**

Si l'autobiographie est essentiellement un récit, puisque l'autobiographe raconte sa vie, la visée de l'autobiographie est aussi l'analyse de soi. C'est pourquoi l'autobiographie comprend une part de discours : l'autobiographe se penche sur son passé, l'analyse, le juge. Ainsi, il peut interrompre le récit de sa vie (mené en général aux temps du passé), et intervenir au présent de l'écriture pour porter un regard critique ou amusé sur les événements qui ont marqué l'histoire de sa vie.

Se relire efficacement

→ FICHE 55

5 **Voici une description, rédigée par un élève, du tableau *Le Cri* de Munch. Des fautes ont été repérées : corrigez-les en vous aidant du code couleur.**

accord	homophone
forme verbale en [e]	lexique

Peint en 1893, ce tableau représente une scène d'une rare intensité dramatique. Un personnage chauve, avec une expression horrifier, fixe le spectateur depuis un pont surplombant des eaux grise ; à l'arrière-plan ce déploie un grand ciel orange.

Edvard Munch, *Le Cri*, 1893.

Selon le journal d'Edward Munch, ce personnage incarnerait l'artiste qui, lors d'une promenade avec deux amis, auraient eu une sorte d'halucination visuelle (« tout à coup le ciel devint rouge sang ») et auditive (« je sentais un cri infini qui passait à travers l'univers et qui déchirait la nature »). Au-delà du contexte biographique, cette figure semble symbolisé plus largement l'angoisse existentiel étraignant l'homme dans un univers menaçant.

Bilan

→ FICHES **52** à **55**

6 Lisez l'extrait ci-dessous puis rédigez la partie du commentaire littéraire correspondant au plan détaillé proposé en page suivante.

LE TEXTE

Dans une ville de province, un mal étrange sévit : des habitants se transforment en rhinocéros ! Bérenger rend visite à son ami Jean, qui présente des signes inquiétants ; un dialogue s'engage.

BÉRENGER. – Si je comprends, vous voulez remplacer la loi morale par la loi de la jungle !

JEAN. – J'y vivrai, j'y vivrai.

BÉRENGER. – Cela se dit. Mais dans le fond, personne...

JEAN, *l'interrompant, et allant et venant.* – Il faut reconstituer les fondements de notre vie. Il faut retourner à l'intégrité primordiale.

BÉRENGER. – Je ne suis pas du tout d'accord avec vous.

Jean, *soufflant bruyamment.* – Je veux respirer.

BÉRENGER. – Réfléchissez, voyons, vous vous rendez bien compte que nous avons une philosophie que ces animaux n'ont pas, un système de valeurs irremplaçable. Des siècles de civilisation humaine l'ont bâti !

JEAN, *toujours dans la salle de bains.* – Démolissons tout cela, on s'en portera mieux.

BÉRENGER. – Je ne vous prends pas au sérieux. Vous plaisantez, vous faites de la poésie.

JEAN. – Brrr... (*Il barrit presque.*)

BÉRENGER. – Je ne savais pas que vous étiez poète.

JEAN, *il sort de la salle de bains.* – Brrr... (*Il barrit de nouveau.*)

BÉRENGER. – Je vous connais trop bien pour croire que c'est là votre pensée profonde. Car, vous le savez aussi bien que moi, l'homme...

JEAN, *l'interrompant.* – L'homme... Ne prononcez plus ce mot !

BÉRENGER. – Je veux dire l'être humain, l'humanisme...

JEAN. – L'humanisme est périmé ! Vous êtes un vieux sentimental ridicule. (*Il entre dans la salle de bains.*)

BÉRENGER. – Enfin, tout de même, l'esprit...

Jean, *dans la salle de bains.* – Des clichés ! Vous me racontez des bêtises.

BÉRENGER. – Des bêtises !

JEAN, *de la salle de bains, d'une voix très rauque, difficilement compréhensible.* – Absolument.

BÉRENGER. – Je suis étonné de vous entendre dire cela, mon cher Jean ! Perdez-vous la tête ? Enfin, aimeriez-vous être rhinocéros ?

JEAN. – Pourquoi pas ? Je n'ai pas vos préjugés.

BÉRENGER. – Parlez plus distinctement. Je ne vous comprends pas. Vous articulez mal.

Jean, *toujours de la salle de bains.* – Ouvrez vos oreilles !

BÉRENGER. – Comment ?

JEAN. – Ouvrez vos oreilles. J'ai dit : pourquoi pas ? Ne pas être rhinocéros ? J'aime les changements.

BÉRENGER. – De telles affirmations venant de votre part... (*Bérenger s'interrompt, car Jean fait une apparition effrayante. En effet, Jean est devenu tout à fait vert. La bosse de son front est presque devenue une corne de rhinocéros.*) Oh ! Vous semblez vraiment perdre la tête ! (*Jean se précipite vers son lit, jette les couvertures par terre, prononce des paroles furieuses et incompréhensibles, fait entendre des sons inouïs.*) Mais ne soyez pas si furieux, calmez-vous ! Je ne vous reconnais plus.

Eugène Ionesco, *Rhinocéros*, acte II, second tableau, 1959

▶▶▶ LE PLAN (EXTRAIT)

II. Une interrogation sur l'homme

Deux visions de l'humanité dans cette scène.

1. Jean ou l'apologie du nihilisme

• Négation par Jean des acquis de la civilisation au nom d'un retour aux sources, aux « fondements de notre vie ». Lexique de la destruction : « Démolissons tout cela » ; « L'humanisme est périmé ».

• Plus capable de penser par lui-même : énoncés impersonnels (« Il faut reconstituer » ; « il faut retourner ») ; série de slogans non motivés ; aucun argumentaire, répétition de mots sans pensée construite (« J'y vivrai, j'y vivrai »).

• Se transformer en rhinocéros, c'est renoncer à son humanité. Animal choisi pour sa force brutale. À travers Jean, dénonciation de la pensée totalitaire.

2. Bérenger ou la (faible) défense de l'humain

• Face à Jean qui estime que l'homme n'a plus sa place, éloge de l'humanité par Bérenger. Distinction entre l'homme et l'animal : « nous avons une philosophie que ces animaux n'ont pas, un système de valeurs irremplaçable. »

• Lexique de l'intellect : « penser », « comprendre », « réfléchir », « juger ». Tentative pour ramener Jean à la raison : en vain. Métamorphose finale de Jean en rhinocéros.

CORRIGÉS

Ponctuer correctement un texte

1 Le XIXe siècle est une période de renouveau dans l'écriture poétique. La révolution romantique puis la réflexion de Baudelaire sur le Beau conduisent à une remise en cause des codes et des traditions du genre.

Adolescent révolté et fugueur, grand admirateur de Baudelaire, Rimbaud compose ses premiers poèmes à 15 ans. « Ma bohème », écrit en 1870, fait partie de ces textes. Ce sonnet, sous-titré « Fantaisie », raconte l'errance exaltée du jeune poète.

Comment cet éloge de l'errance permet-il à Rimbaud d'exposer sa vision de la poésie ? Nous verrons en quoi ce récit de fugues est d'abord un hymne à l'errance et à la liberté, avant de mettre en évidence comment il donne à lire le projet poétique du jeune Rimbaud.

Choisir les bons connecteurs

2 Nous connaissons le mode de perception des chauves-souris, **cependant/pourtant/néanmoins** il est si éloigné du nôtre que nous ne pouvons nous mettre à la place de cet animal. De quelle manière **alors** avoir accès à sa subjectivité ?

Puisque la connaissance que j'ai du monde dépend de ma subjectivité, je ne pourrai jamais savoir ce que je serais en chauve-souris, ni ce que cela fait à une chauve-souris d'être une chauve-souris.

On ne peut opérer des déductions qu'à partir de nos propres connaissances ; **ainsi** une autre espèce rencontrerait les mêmes difficultés dans la connaissance qu'elle aurait de nous. **C'est pourquoi** nous aurions tort de croire les espèces différentes moins complexes.

3 Face à cette situation injuste, Olympe de Gouges apostrophe en premier lieu ses contemporaines pour susciter leur prise de conscience. **Toutefois,** elle s'adresse également aux hommes. L'homme est **en effet** présenté comme un être « bizarre, aveugle, boursouflé de sciences et dégénéré [...] dans l'ignorance la plus crasse ».

De même, dans les *Lettres persanes* de Montesquieu (1721), Roxane affirme sa liberté inaliénable face à la tyrannie domestique de son époux.

Néanmoins, pour Olympe de Gouges, il ne s'agit pas de pousser un « cri de haine ». L'auteure de la *Déclaration* en appelle à la raison des hommes **afin qu'**ils prennent conscience des injustices dont ils sont coupables, en constatant **notamment** la contradiction entre leurs actes et les principes hérités de la Révolution.

À NOTER

Le paragraphe est une unité de sens. Structurer un texte argumentatif en paragraphes est fondamental pour bien mettre en évidence les étapes de la démonstration.

Éviter les répétitions

4 Si l'autobiographie est essentiellement un récit, puisque l'autobiographe raconte sa vie, la visée **en** est aussi l'analyse de soi. C'est pourquoi on **y** trouve une part de discours : **l'auteur** se penche sur son passé, l'analyse, le juge. Ainsi, il peut interrompre **son** récit (mené en général aux temps du passé), et intervenir au présent de l'écriture pour porter un regard critique ou amusé sur les événements qui ont marqué **son** histoire.

Se relire efficacement

5 Peint en 1893, ce tableau représente une scène d'une rare intensité dramatique. Un personnage chauve, avec une expression horrifiée [p. passé accordé au féminin singulier avec *expression*], fixe le spectateur depuis un pont surplombant des eaux grises [accord au féminin pluriel avec *eaux*] ; à l'arrière-plan se [il s'agit du pronom réfléchi se (*se déployer*)] déploie un grand ciel orange.

Selon le journal d'Edward Munch, ce personnage incarnerait l'artiste qui, lors d'une promenade avec deux amis, aurait [accord à la 3e personne du singulier avec *qui*, mis pour *l'artiste*] eu une sorte d'hallucination visuelle (« tout à coup le ciel devint rouge sang ») et auditive (« je sentais un cri infini qui passait à travers l'univers et qui déchirait la nature »). Au-delà du contexte biographique, cette figure semble symboliser [infinitif] plus largement l'angoisse existentielle [accord au féminin singulier avec *angoisse*] étreignant l'homme dans un univers menaçant.

Bilan

verbe ajouté
connecteur ajouté

6 **Deux visions de l'humanité** se heurtent.

Jean nie les acquis de la civilisation au nom d'un retour aux sources, aux « fondements de notre vie ». On relève dans ses paroles plusieurs termes relevant du lexique de la destruction : « Démolissons tout cela » ; « L'humanisme est périmé ». Le personnage n'est plus capable de penser par lui-même. Son discours est émaillé d'énoncés impersonnels (« Il faut reconstituer » ; « il faut retourner »), de slogans non motivés. Il se caractérise par l'absence d'argumentaire, la répétition de mots sans pensée construite (« J'y vivrai, j'y vivrai »). De fait, en envisageant de se transformer en rhinocéros – un animal qui symbolise la force brutale –, Jean renonce à son humanité. À travers ce personnage, Ionesco dénonce la pensée totalitaire, qui interdit toute réflexion individuelle.

Face à Jean qui estime que l'homme n'a plus sa place dans le monde, **Bérenger** esquisse un éloge de l'humanité. Il établit une claire distinction entre l'homme et l'animal : « nous avons une philosophie que ces animaux n'ont pas, un système de valeurs irremplaçable ». Par une série d'exhortations, où domine le lexique de l'intellect : « penser », « comprendre », « réfléchir », « juger », il tente de ramener Jean à la raison, mais en vain. L'échange de plus en plus difficile ne peut empêcher la métamorphose de son ami en rhinocéros.

Réussir les épreuves

13 Préparer et passer l'épreuve orale

TEST

Pour vous situer et établir votre parcours de révision 288

FICHES DE COURS

56 Préparer l'épreuve orale 290
57 Réussir la première partie de l'oral 292
58 Présenter une œuvre à l'oral 294
59 Dialoguer avec l'examinateur 296
MÉMO VISUEL 298

SUJETS GUIDÉS & CORRIGÉS

OBJECTIF BAC

13 **EXPLICATION DE TEXTE** | Paul Éluard, « La courbe de tes yeux » (1926) 300

OBJECTIF MENTION

14 **EXPLICATION DE TEXTE** | Voltaire, « Le Nègre de Surinam », *Candide* (1759) 304

TESTEZ-VOUS

→ CORRIGÉS P. 347

Faites le point sur vos connaissances puis établissez votre **parcours de révision** en fonction de votre score.

1 Préparer l'épreuve

→ FICHE 56

1. L'explication de texte à l'oral :

☐ a. a été préparée en classe pendant l'année.

☐ b. se limite aux connaissances vues en cours.

☐ c. nécessite un approfondissement personnel.

☐ d. est improvisée le jour de l'oral.

2. Au brouillon, il est utile de :

☐ a. rédiger l'introduction et la conclusion.

☐ b. rédiger le développement.

☐ c. noter les axes du plan.

☐ d. détailler les procédés.

…/2

2 Expliquer un texte à l'oral

→ FICHE 57

1. Lors de la lecture orale du texte :

☐ a. il faut effectuer les liaisons.

☐ b. pour un texte théâtral, il faut lire les noms des personnages.

☐ c. il faut impérativement se lever.

☐ d. il faut mettre le ton.

2. L'introduction de l'explication comprend :

☐ a. l'annonce de la problématique.

☐ b. l'annonce du plan.

☐ c. une ouverture.

☐ d. la présentation du texte.

3. Une explication linéaire consiste à :

☐ a. expliquer le texte mot à mot.

☐ b. résumer le texte par paragraphe.

☐ c. suivre les mouvements du texte.

☐ d. étudier les effets des procédés d'écriture au fil du texte.

4. La question de grammaire consiste à :

☐ a. réciter la définition d'une notion grammaticale.
☐ b. expliciter le sens d'une phrase.
☐ c. faire l'analyse syntaxique d'une phrase ou d'une partie de phrase.
☐ d. reformuler une phrase du texte en en modifiant la syntaxe.

.../4

3 Réussir la seconde partie de l'oral

→ FICHES 58 et 59

1. L'œuvre présentée :

☐ a. a fait l'objet d'une lecture cursive.
☐ b. a obligatoirement été étudiée en cours.
☐ c. peut être une lecture personnelle.
☐ d. ne peut pas être contemporaine.

2. Lors de la présentation de l'œuvre, il faut :

☐ a. faire une biographie de l'auteur.
☐ b. résumer l'œuvre.
☐ c. lire un passage.
☐ d. donner son avis sur l'œuvre.

3. Lors de l'entretien :

☐ a. il faut répondre très précisément à l'examinateur.
☐ b. il faut développer ses réponses.
☐ c. il ne faut évoquer que l'œuvre présentée.
☐ d. il ne faut pas couper l'examinateur.

4. Pour réussir cette seconde partie de l'oral, il faut :

☐ a. faire des fiches de lecture pendant l'année.
☐ b. lire toutes les œuvres d'un même auteur.
☐ c. faire des recherches sur l'œuvre, l'auteur et le contexte.
☐ d. ne rien préparer et improviser.

.../4

Score total .../10

Parcours PAS À PAS ou EXPRESS ? → MODE D'EMPLOI P. 2

56 Préparer l'épreuve orale

En bref *Le jour de l'oral, vous devez, en premier lieu, expliquer un des textes figurant sur votre récapitulatif. Ceci suppose une préparation de l'épreuve en amont.*

I Quelles sont les exigences ?

■ L'explication nécessite :
- d'avoir une bonne compréhension du texte et de ses enjeux ;
- d'inscrire l'extrait dans l'œuvre et/ou dans le parcours auquel il se rattache ;
- de repérer avec justesse les procédés d'écriture et surtout d'en étudier les effets ;
- d'employer un lexique approprié.

■ Même si elle a été préparée en cours, l'explication de texte n'en demeure pas moins un exercice personnel. Il est important d'apporter un regard original sur le texte et de montrer que vous vous l'êtes approprié.

II Comment se préparer pendant l'année ?

1 S'approprier les textes

■ Relisez régulièrement les cinq textes (3 extraits au minimum pour chaque œuvre, 2 extraits pour le parcours associé), et essayez d'approfondir le travail fait en classe en vous interrogeant sur votre propre ressenti.

■ Dégagez l'intérêt du texte : pourquoi vous en a-t-on proposé l'étude ?
• S'il s'agit d'un extrait d'une œuvre au programme, demandez-vous comment il s'inscrit dans l'œuvre : occupe-t-il une place particulière ?
• S'il s'agit d'un texte complémentaire, déterminez le rapport qu'il entretient avec l'œuvre et le parcours.

■ Documentez-vous sur le contexte, l'auteur, le courant littéraire...

CONSEIL
N'hésitez pas à prendre des notes à différentes périodes de l'année car les impressions de lecture peuvent évoluer.

2 Préparer des fiches efficaces

■ Pour se constituer de bons supports de révision, il est important de préparer sur chaque texte des fiches comportant les points-clés suivants :
- des informations sur le texte, l'œuvre, l'auteur, le courant littéraire...
- le ou les enjeux principaux du texte ;
- les mouvements du texte ;
- des idée(s) d'amorce et d'ouverture.

■ Relevez également les particularités grammaticales de chaque texte pour anticiper la question de grammaire, et faites-vous des fiches de révision sur les principales notions grammaticales (→ FICHES 60-65).

III Comment gérer son temps de préparation le jour J ?

■ Lisez le texte en soulignant les éventuelles difficultés de lecture (liaisons, noms propres...). Indiquez directement sur le texte les procédés que vous souhaitez commenter et adoptez un code couleur clair pour vous repérer facilement dans le texte.

■ Notez vos idées clés au brouillon. Pour ne pas vous perdre dans vos notes, il est judicieux de n'écrire qu'au recto et de consacrer une feuille à chaque mouvement du texte (chaque grande partie de votre explication).

> **CONSEIL**
> Le jour J, pensez à prendre une montre ou un réveil car votre téléphone portable sera interdit. Posez la montre sur la table et regardez-la régulièrement.

■ Rédigez intégralement l'introduction et la conclusion au brouillon, afin de ne rien oublier sous l'effet du stress lors de votre passage.

■ Vous pouvez consacrer 20 minutes à l'explication de texte afin de garder :
– 5 minutes pour répondre à la question de grammaire définie par le jury → CHAPITRE 14 ;
– 5 minutes pour noter rapidement les éléments clés de votre présentation de l'œuvre choisie pour la seconde partie de l'oral.

zoOm

Le déroulement de l'épreuve orale

L'épreuve orale se déroule en deux parties : la première est notée sur 12 points, la seconde sur 8.

Première partie
1. Lecture expressive du passage
2. Explication linéaire
3. Réponse à la question de grammaire

Seconde partie
1. Présentation d'une œuvre lue pendant l'année
2. Entretien avec l'examinateur

57 Réussir la première partie de l'oral

En bref *La première partie de l'oral dure 12 minutes. Vous devez situer et lire le texte, puis expliquer l'extrait choisi par l'examinateur, et enfin répondre à la question de grammaire.*

I Lire le texte

Après avoir situé et contextualisé le texte, vous devez le lire à voix haute.

- Lisez lentement, en marquant des pauses. Respectez les liaisons et la ponctuation, et adoptez une intonation qui souligne votre compréhension du texte et de ses nuances (l'ironie par exemple).
- Tenez compte des spécificités de chaque genre :

Pour un texte poétique	• Respectez la versification, les diérèses ou synérèses et les enjambements. • Prononcez les *e* avant une consonne mais pas ceux avant une voyelle ou en fin de vers.
Pour un texte théâtral	• Ne lisez pas les didascalies mais tenez compte des indications données (*en criant, en chuchotant, à part*…). • Marquez une pause entre deux répliques.
Pour un texte d'idées	• Montrez-vous convaincant·e. • Soulignez l'enchaînement des idées (en insistant notamment sur les connecteurs logiques).

II Expliquer l'extrait

- L'explication linéaire d'un texte consiste à suivre l'ordre de l'extrait et à l'analyser au fur et à mesure de son déroulement.
- Le risque le plus évident est la paraphrase, c'est-à-dire la reformulation du texte sans analyse ni interprétation.
- Pour éviter cet écueil, il est conseillé d'appliquer une méthode rigoureuse.

• Commencez par définir les mouvements du texte : cela permet d'en dégager la structure. Pour cela, appuyez-vous sur l'organisation en paragraphes, les connecteurs logiques, le repérage des thèmes abordés…
• Dégagez l'enjeu principal du texte, qui servira de fil conducteur à votre explication : que voulez-vous montrer ?
• N'analysez pas nécessairement phrase par phrase, mais regroupez vos remarques au sein d'un mouvement (métaphore filée ; champs lexicaux…).
• Justifiez vos impressions de lecture par des relevés et des procédés précis.
• Dressez des bilans d'étape pour expliciter la logique de votre démonstration.

III Répondre à la question de grammaire

→ CHAPITRE 14

- La question de grammaire porte sur l'analyse syntaxique d'une phrase ou d'une partie de phrase du texte. Répondez de manière précise et complète à la question posée.
- Voici les questions les plus fréquemment posées :

Thèmes	Questions et attendus
Phrase complexe	Analysez cette phrase complexe ... [délimitation des propositions, analyse du type, de la nature et de la fonction de chacune] → FICHE 61
Subordonnée circonstancielle	Relevez et analysez une (les) subordonnée(s) circonstancielle(s) dans cette phrase ... [relevé de la ou des subordonnée(s), du mot subordonnant, analyse de la circonstance exprimée, du mode du verbe] → FICHE 63
Expression de l'interrogation	Analysez l'expression de l'interrogation dans cette phrase... [analyse du type d'interrogation (directe ou indirecte ?), de sa valeur (totale ou partielle ?), de la nature du mot interrogatif] → FICHE 64
Expression de la négation	Analysez l'expression de la négation dans cette phrase... [relevé de la négation, analyse de sa construction, de sa valeur (totale ou partielle ?)] → FICHE 65

zoOm

Un exemple d'explication linéaire

- Voici la première strophe d'un poème d'Apollinaire (« Le Pont Mirabeau », *Alcools*, 1913) :

Sous le pont Mirabeau coule la Seine → inversion sujet/verbe : mise en valeur de la Seine
Et nos amours
Faut-il qu'il m'en souvienne
La joie venait toujours après la peine. → antithèse : amour compliqué, tumulte

décasyllabe fragmenté : rupture dans le rythme (= rupture amoureuse)

imparfait : amour révolu

- À l'oral, vous pourriez proposer l'analyse suivante :

La strophe est formée de quatre vers : deux décasyllabes encadrent un tétramètre et un hexamètre. Le quatrain pourrait être un tercet car les deux vers centraux forment un décasyllabe rompu, à l'image de la rupture amoureuse qu'évoque Apollinaire. Dans le premier vers, l'inversion du sujet et du verbe place « la Seine » en position finale : c'est une manière d'insister sur le rôle du fleuve, miroir du ressenti du poète. L'amour désormais révolu est évoqué avec l'emploi de l'imparfait « venait ». Il s'agit d'un amour passé et tumultueux, comme le souligne l'antithèse entre « joie » et « peine ».

58 Présenter une œuvre à l'oral

En bref *La seconde partie de l'oral dure 8 minutes. L'examinateur vous invite à présenter brièvement une œuvre de votre choix, parmi celles que vous avez lues pendant l'année, avant de vous poser des questions. Vous devez donc choisir l'œuvre avec soin et bien la maîtriser.*

I Faire des fiches de lecture pendant l'année

Comme vous ne déciderez qu'à la fin de l'année quelle œuvre vous allez présenter, il est important de prendre des notes et de développer une opinion critique sur chaque œuvre que vous lisez.

■ Lors de votre lecture, pensez à **annoter l'œuvre** en indiquant vos impressions, vos questions ou vos réflexions, et soulignez les passages qui vous semblent les plus intéressants, notamment par rapport au parcours étudié.

■ Réalisez ensuite une **fiche de lecture** comprenant :
- un rapide **résumé** de l'œuvre ;
- quelques informations clés sur les **personnages** principaux ;
- les **thèmes** principaux, les idées développées par l'auteur ;
- des **remarques stylistiques** sur l'écriture de l'auteur ;
- un **bilan personnel** synthétisant vos impressions de lecture, les questions que vous vous posez et les réflexions que l'œuvre suscite en vous ;
- les **liens** que vous pouvez établir avec d'autres œuvres ou avec des faits historiques ou d'actualité ;
- vos **passages et citations** préférés (en justifiant les choix).

À NOTER
L'examinateur n'évalue pas l'œuvre que vous avez choisie mais votre capacité à justifier ce choix. Privilégiez donc l'œuvre qui vous a le plus touché·e ou interpellé·e.

II Préparer la présentation

■ Votre présentation doit être succincte (environ deux minutes) mais efficace. Il ne s'agit pas de restituer votre fiche de lecture mais d'en **faire ressortir les aspects les plus importants**, tout en livrant **un regard personnel** sur l'œuvre en question.

■ Vous devez donc :
- présenter l'œuvre, son auteur et son contexte de publication ;
- résumer l'œuvre et indiquer les principaux thèmes abordés ;
- donner votre avis et justifier votre choix.

■ Vous pouvez **faire des recherches** sur l'œuvre, l'auteur et le contexte, mais votre présentation doit être **personnelle** : il ne s'agit pas de faire un exposé complet sur l'œuvre mais de rendre compte de votre propre expérience de lecture.

III Pièges et astuces

Les pièges à éviter

✗ Commencer par résumer le livre, puis l'analyser d'une manière monotone.

✗ Se contenter de synthétiser des critiques que vous avez lues.

✗ Formuler son avis de manière simpliste ou banale : « J'ai bien aimé parce que… »

✗ Donner son avis sans le justifier.

✗ Oublier des aspects essentiels comme la fin de l'histoire, le nom des personnages ou l'époque de l'action.

CONSEIL
N'essayez pas de tout dire dans votre présentation : au contraire, donnez des pistes que vous pourrez approfondir pendant l'entretien.

Les astuces à mettre en œuvre

✓ Entremêler le résumé de l'œuvre et les aspects critiques.

✓ Montrer que vous avez compris les enjeux de l'œuvre.

✓ Prendre en compte les ressentis personnels et insister sur votre propre expérience de lecture.

✓ Expliquer pourquoi vous avez choisi cette œuvre.

✓ Montrer en quoi cette lecture a fait évoluer votre regard sur les thèmes abordés.

✓ Mentionner des éléments biographiques de l'auteur importants pour comprendre l'œuvre.

✓ Développer un avis critique s'appuyant sur la narration, les personnages, le style de l'auteur, etc.

zoOm

Un exemple de présentation

Présentation et résumé	J'ai choisi de lire *La Chartreuse de Parme* de Stendhal en lien avec *Le Rouge et le noir* étudié en cours. Il s'agit d'un roman écrit en sept semaines qui raconte l'histoire d'amour du jeune Fabrice Del Dongo et de Clélia, la fille de son geôlier. À l'instar de Julien Sorel, le héros de *La Chartreuse de Parme* est en quête d'idéal. Fervent admirateur de Napoléon, il est déçu des réalités de la vie et se heurte aux mesquineries de ses contemporains. L'intrigue se déroule une vingtaine d'années seulement avant l'écriture, ce qui permet à Stendhal, pionnier du réalisme, de décrire et de dénoncer les mœurs de son temps.
Avis personnel	D'abord découragé par l'ampleur de cette somme romanesque, j'ai finalement été captivé par les aventures du héros et le style de l'auteur qui oscille entre romantisme et réalisme. J'ai tout particulièrement apprécié le passage de la bataille de Waterloo dans lequel le point de vue interne permet une description à la fois réaliste et satirique du combat.

59 Dialoguer avec l'examinateur

En bref *L'entretien est un dialogue avec l'examinateur, et non un interrogatoire. Montrez-vous dynamique et de bonne volonté, et mettez tout en œuvre pour convaincre votre interlocuteur de votre intérêt pour l'œuvre et de votre bonne compréhension de celle-ci.*

I Les critères d'évaluation

■ Les éléments évalués lors de l'entretien sont :
- votre capacité à **défendre** une lecture personnelle ;
- votre capacité à **expliquer** et à justifier un choix ;
- votre aptitude au dialogue ;
- la **qualité** de votre **expression** orale ;
- vos **qualités d'analyse et d'argumentation**, de communication et de persuasion ;
- votre capacité à **établir des liens** entre la lecture littéraire et les autres champs du savoir.

■ Pour réussir, vous devez donc :
- **développer vos réponses**, sans attendre que l'examinateur renchérisse ;
- aller au-delà de la question posée par le jury ;
- **rebondir** sur les suggestions de l'examinateur ;
- utiliser si nécessaire des **exemples précis** (passages, citations...) ;
- **ouvrir** sur d'autres œuvres ou d'autres thèmes abordés en lien avec l'œuvre choisie.

II Anticiper les questions de l'examinateur

Voici quelques exemples de questions qui pourraient vous être posées.

Justifier ses choix	• Pourquoi avez-vous choisi cette lecture ? • Un personnage vous a-t-il particulièrement plu ? • Y a-t-il des aspects de cette œuvre que vous n'avez pas appréciés ? Pourquoi ?
Exprimer sa sensibilité artistique	• En quoi cette œuvre vous a-t-elle touché·e ? • Quels messages transmet-elle ? • Que pensez-vous du style de l'auteur ?
Développer un avis personnel	• En quoi a-t-elle fait évoluer votre regard sur telle thématique ? • Partagez-vous l'avis de l'auteur sur telle question ? • Les thématiques abordées vous semblent-elles encore d'actualité ? • Pouvez-vous rapprocher l'œuvre d'autres textes ?

III Quelques conseils pour réussir

- **Mémorisez** quelques citations marquantes, ou ayez en tête certains passages auxquels vous pourrez faire référence pour développer votre analyse. Ces éléments doivent vous permettre de **justifier vos interprétations** ou de souligner ce que vous appréciez particulièrement dans l'œuvre.
- N'hésitez pas à mentionner les **difficultés** que vous avez rencontrées et **l'évolution de votre perception** de l'œuvre : par exemple, un aspect que vous n'aviez pas compris lors de votre première lecture de l'œuvre et qui a été éclairé par votre travail en classe ou par une recherche personnelle.

CONSEIL
Les questions de l'examinateur seront volontairement ouvertes pour vous inviter à développer vos réponses : ne vous contentez donc pas de réponses minimales !

- Si vous suggérez un rapprochement entre l'œuvre choisie et une autre œuvre ou un fait d'actualité, vous devez être capable de le justifier pendant l'entretien : faites donc quelques **recherches préalables** pour savoir de quoi vous parlez !

zoom

Un exemple d'entretien

Vous avez choisi de présenter *La Chartreuse de Parme* de Stendhal. Voici quelques questions qui pourraient vous être posées, avec des pistes de réponse.

« Avez-vous des interrogations qui subsistent après votre lecture ? »

« Je continue à m'interroger sur le dénouement de l'intrigue et les raisons pour lesquelles un amour raisonnable et concret entre Fabrice et Clélia est impossible. Certains choix m'ont laissé perplexe : le dénouement semble exagérément tragique et on peut se demander si Stendhal souhaite que le lecteur adhère à cette hécatombe finale ou s'il s'agit d'un moyen de faire ressortir l'aspect fictionnel de son intrigue, d'échapper au réalisme. »

« Vous avez évoqué le caractère réaliste de *La Chartreuse de Parme*, pourriez-vous justifier cette affirmation ? »

« Tout d'abord, le cadre spatio-temporel du roman est réaliste : les lieux sont précisément décrits (Milan, Parme, le lac de Côme…). Des évènements historiques sont également retracés, comme la bataille de Waterloo. Stendhal évoque des lieux qui le fascinent et des épisodes qu'il a réellement vécus, comme les campagnes napoléoniennes. Cependant, contrairement au *Rouge et le Noir*, l'action de *La Chartreuse de Parme* n'est pas contemporaine de son écriture, ce qui limite en partie les effets de réalisme. »

MÉMO VISUEL

RÉUSSIR

1 Se préparer

Pendant l'année
- Revoir les explications faites en cours.
- Approfondir ses connaissances sur l'œuvre, l'auteur, le contexte…
- Faire des fiches de révision sur chaque texte.
- Revoir les particularités grammaticales des textes.

Le jour J
- Lire le texte en repérant les éventuelles **difficultés de lecture**.
- Relire le texte **en l'annotant** (mots clés, principaux procédés à commenter…).
- Noter les **idées principales** au brouillon.
- Rédiger l'**introduction** et la **conclusion**.
- Répondre à la **question de grammaire**.

2 Présenter et lire le texte

Lire l'extrait
- **Présenter l'extrait** en le situant dans l'œuvre ou le parcours auquel il appartient.
- Respecter les caractéristiques propres au **genre littéraire** (poésie, théâtre…).
- Être **expressif** mais pas exagérément.
- Respecter les **liaisons** et la **ponctuation**.

S'approprier la méthode de l'explication

Une épreuve orale en *live* : 5 conseils pour performer

L'ÉPREUVE ORALE

3 Expliquer le texte

- Formuler **le ou les enjeux principaux du texte**, qui serviront de fil conducteur à l'explication.
- Faire le lien entre les **impressions de lecture** et les **procédés** utilisés.
- Procéder dans **l'ordre du texte**, en regroupant les remarques qui se recoupent.

4 Répondre à la question de grammaire

- Maîtriser le **lexique de l'analyse grammaticale**.
- Tenir compte du **contexte syntaxique**.

5 Réussir l'entretien

Présenter l'œuvre choisie

- **Être bref** mais efficace.
- **Ouvrir** des pistes d'étude de l'œuvre sans entrer dans les détails.
- **Justifier** le choix de l'œuvre en développant un avis personnel.

Dialoguer avec l'examinateur

- **Justifier** sa lecture et son point de vue.
- **Développer** les réponses en élargissant progressivement.
- **Faire des liens** avec d'autres œuvres.

SUJET 13 | OBJECTIF BAC

EXPLICATION DE TEXTE 12 min

Paul Éluard, « La courbe de tes yeux » (1926)

Expliquer un poème surréaliste peut représenter un défi, mais les images, nombreuses et inattendues, fournissent un riche matériau pour l'analyse.

LE SUJET

- **Lisez le texte à voix haute. Puis expliquez-le.**

« La courbe de tes yeux » est un poème extrait de Capitale de la douleur, *paru en 1926 et dédié à Gala, épouse et muse d'Éluard.*

La courbe de tes yeux fait le tour de mon cœur,
Un rond de danse et de douceur,
Auréole du temps, berceau nocturne et sûr,
Et si je ne sais plus tout ce que j'ai vécu
C'est que tes yeux ne m'ont pas toujours vu.

Feuilles de jour et mousse de rosée,
Roseaux du vent, sourires parfumés,
Ailes couvrant le monde de lumière,
Bateaux chargés du ciel et de la mer,
Chasseurs des bruits et sources des couleurs,

Parfums éclos d'une couvée d'aurores
Qui gît toujours sur la paille des astres,
Comme le jour dépend de l'innocence
Le monde entier dépend de tes yeux purs
Et tout mon sang coule dans leurs regards.

Paul Éluard, *Capitale de la douleur*, « La courbe de tes yeux », 1926.

- **Question de grammaire** : Analysez la structure syntaxique des vers 4 et 5.

LES CLÉS POUR RÉUSSIR

Présenter le texte

Présenter le texte

- **Auteur :** Paul Éluard, poète surréaliste
- **Œuvre :** *Capitale de la douleur*, recueil de poèmes composés entre 1914 et 1926
- **Thème du poème :** le pouvoir du regard de la femme aimée
- **Tonalité :** lyrique

Formuler une problématique

À la première lecture, on est frappé par les images inattendues créées par le poète : tous les sens sont sollicités pour rendre compte de l'omniprésence du regard et de son pouvoir surnaturel.

Comment Paul Éluard évoque-t-il, dans un poème surréaliste, la puissance du regard de la femme aimée ?

Identifier les mouvements du texte

1 Vers 1 à 5 : évocation du pouvoir magique du regard de la femme

- Observez la versification : comment Éluard se situe-t-il par rapport à la tradition poétique ?
- Montrez que le regard de la femme enfante le poète.

2 Vers 6 à 12 : description surréaliste du regard

- Quelle est la tonalité des images énumérées ?
- Quels sont les deux champs lexicaux dominants ?

3 Vers 13 à 15 : conclusion du poème

Montrez que le poème fonctionne de manière circulaire, mais que la fin constitue un élargissement du propos initial.

LE CORRIGÉ

Introduction

[présentation du texte] Auteur surréaliste, Éluard vit un amour intense et passionnel avec Gala. Il rédige *Capitale de la douleur* à la suite de leur rupture en 1926. Empreint de tristesse et de lyrisme, le recueil se clôt cependant sur un hommage à l'amour et surtout à la femme qui l'inspire. « La courbe de tes yeux », avant-dernier poème du recueil, est un poème circulaire qui met en œuvre des images marquantes et surprenantes. **[problématique]** Nous allons voir comment Éluard met les procédés surréalistes pour décrire la puissance du regard de la femme aimée. **[plan]** Dans la première strophe, il évoque le pouvoir magique du regard, dont il livre une description surréaliste (v. 6 à 12), avant de conclure, dans les trois derniers vers, sur une généralisation de ce pouvoir au monde entier.

Vers 1 à 5 : l'évocation du pouvoir magique du regard

- La première strophe est composée d'une seule phrase et fonctionne de manière circulaire, le premier et le dernier vers étant construits en parallélisme. La répétition de « tes yeux » fait du regard de la femme le début et la fin de tout.
- **Le premier vers** est un alexandrin classique avec une césure à l'hémistiche. Éluard semble donc s'inscrire dans la tradition poétique. L'image de la courbe des yeux qui enveloppe le cœur suggère que le poète et sa muse ne font qu'un.
- **Les vers 2 et 3** sont constitués de métaphores qui évoquent des formes arrondies (« rond », « auréole », « courbe ») en lien avec la mise au monde : la femme peut enfanter le poète (idée renforcée par le terme « berceau »). L'allitération en [d] (« de danse et de douceur ») souligne la douceur de la femme et l'allitération en [r] (« berceau nocturne et sûr ») son aspect rassurant.
- **Dans les vers 4 et 5**, le présent « sais » contraste avec les passés composés « ai vécu », « ont vu ». Le vers 5, décasyllabique alors qu'on attend un alexandrin, renforce cette rupture : le regard est comme une seconde naissance pour le poète. L'omission de « parce » (« C'est [parce] que ») est une manière pour Éluard de revendiquer une écriture libre, accessible à tous.

[conclusion intermédiaire] La première strophe met donc en exergue le pouvoir du regard de la femme qui fait naître le poète à lui-même.

Vers 6 à 12 : description surréaliste du regard

Ces vers, répartis sur deux strophes, sont formés d'une énumération de métaphores surréalistes faisant appel aux différents sens. Les sonorités permettent de rebondir d'une image à l'autre et créent des liens au-delà des juxtapositions.

- Le **champ lexical de la nature** est très présent : « feuilles », « mousse », « rosée », « roseaux », « paille ». La beauté de la femme est une beauté naturelle.
- Les six décasyllabes ont une césure 4/6, ce qui fait naître un **rythme régulier et musical**. L'énumération progresse avec fluidité du vers 6 au vers 7, grâce aux sonorités similaires « rosée » / « roseaux ».

- Les **sens** sont sollicités : l'ouïe (« bruits »), la vue (« couleurs », « lumière »), l'odorat (« parfums », « parfumés »), le toucher (« rosée », « paille »).
- Les **associations de mots** produisent un effet étonnant même si le vocabulaire est simple : « Couvée d'aurores », « paille des astres », « mousse de rosée ».

[conclusion intermédiaire] La description du regard repose sur une énumération de métaphores à la fois simples et suggestives. Le pouvoir évocateur de ces associations, qui semblent fortuites, est caractéristique de l'écriture surréaliste.

Vers 13 à 15 : conclusion du poème

Dans les trois derniers vers, Éluard généralise la puissance des yeux de la femme qui éclairent le poète mais aussi le monde entier.

- **Les vers 13 et 14** constituent une comparaison fondée sur un parallélisme de construction qui assimile le regard de la femme à l'innocence même, et le place à la source du « monde entier » (expression redondante).
- **Dans le dernier vers,** « mon sang » (allégorie de la vie) et « leurs regards » se font écho. Le pronom de 3e personne donne aux yeux une existence propre.

[conclusion intermédiaire] L'ouverture du poème s'effectue en un élargissement du pouvoir créateur de la muse sans qui l'auteur ne peut donner vie au texte.

Conclusion

[synthèse] À la fois simple par le choix du vocabulaire et surprenant par le choix des images, le poème, dont le premier alexandrin est resté célèbre, lie l'amour et les mots. La passion pour la femme inspiratrice révèle le poète à lui-même et lui permet d'exprimer ce qu'il a de plus profond. En associant de nombreuses fulgurances surréalistes, il donne une place de choix au sentiment qui devient vecteur de poésie.

> **DES POINTS EN +**
> Vous pourriez évoquer en ouverture le poème « L'Amoureuse » (*Capitale de la douleur*) dans lequel Éluard reprend ces thèmes de la puissance créatrice de la femme et de son regard.

Réponse à la question de grammaire

« Et [**si** je ne sais plus] [tout **ce que** j'ai vécu]

[**C'est que** tes yeux ne m'ont pas toujours vu.] »

- On relève **trois propositions** dans ces deux vers (entre crochets ci-dessus).
- Sans l'emphase poétique qui les caractérise, les deux vers pourraient être ainsi reformulés : *Je ne sais plus tout ce que j'ai vécu* ***parce que*** *tes yeux ne m'ont pas toujours vu.*

→ La proposition du vers 5 exprime la cause du fait énoncé dans le vers 4.

- Dans le vers 4, « tout ce que j'ai vécu » est une subordonnée substantive, COD du verbe « sais ».

SUJET 14

OBJECTIF MENTION

EXPLICATION DE TEXTE 12 min — Voltaire, « Le Nègre de Surinam », *Candide* (1759)

La rencontre entre Candide et l'esclave est l'occasion pour Voltaire de dénoncer l'esclavage en touchant le lecteur : votre explication doit rendre compte de ce double objectif.

LE SUJET

■ **Lisez le texte à voix haute. Puis expliquez-le.**

Dans le chapitre 19 de Candide, le héros et son valet Cacambo rencontrent un esclave aux portes de Surinam. Cet épisode conduit Candide à remettre en question la philosophie optimiste de son précepteur Pangloss.

En approchant de la ville, ils rencontrèrent un nègre étendu par terre, n'ayant plus que la moitié de son habit, c'est-à-dire d'un caleçon de toile bleue ; il manquait à ce pauvre homme la jambe gauche et la main droite.

« Eh, mon Dieu ! lui dit Candide en hollandais, que fais-tu là, mon ami, dans l'état horrible où je te vois ?

– J'attends mon maître, monsieur Vanderdendur, le fameux négociant, répondit le nègre.

– Est-ce M. Vanderdendur, dit Candide, qui t'a traité ainsi ?

– Oui, monsieur, dit le nègre, c'est l'usage. On nous donne un caleçon de toile pour tout vêtement deux fois l'année. Quand nous travaillons aux sucreries, et que la meule nous attrape le doigt, on nous coupe la main ; quand nous voulons nous enfuir, on nous coupe la jambe : je me suis trouvé dans les deux cas. C'est à ce prix que vous mangez du sucre en Europe. Cependant, lorsque ma mère me vendit dix écus patagons sur la côte de Guinée, elle me disait : « Mon cher enfant, bénis nos fétiches, adore-les toujours, ils te feront vivre heureux ; tu as l'honneur d'être esclave de nos seigneurs les blancs, et tu fais par là la fortune de ton père et de ta mère. »

Hélas ! je ne sais pas si j'ai fait leur fortune, mais ils n'ont pas fait la mienne. Les chiens, les singes, les perroquets sont mille fois moins malheureux que nous. Les fétiches hollandais qui m'ont converti me disent tous les dimanches que nous sommes tous enfants d'Adam, blancs et noirs. Je ne suis pas généalogiste ; mais si ces prêcheurs disent vrai, nous sommes tous cousins issus de germains. Or vous m'avouerez qu'on ne peut pas en user avec ses parents d'une manière plus horrible.

– Ô Pangloss ! s'écria Candide, tu n'avais pas deviné cette abomination ; c'en est fait, il faudra qu'à la fin je renonce à ton optimisme.

– Qu'est-ce qu'optimisme ? disait Cacambo.

– Hélas ! dit Candide, c'est la rage de soutenir que tout est bien quand on est mal. »

Et il versait des larmes en regardant son nègre, et, en pleurant, il entra dans le Surinam.

Voltaire, *Candide*, « Le Nègre de Surinam », chapitre 19.

■ **Question de grammaire** : Faites l'analyse grammaticale de la phrase soulignée.

LES CLÉS POUR RÉUSSIR

Présenter le texte

Présenter le texte

- **Auteur :** Voltaire, philosophe des Lumières
- **Œuvre :** Candide, conte philosophique qui retrace le parcours initiatique du héros éponyme, permettant à l'auteur de dénoncer les travers de la société
- **Situation du passage :** La rencontre avec l'esclave intervient juste après la description de l'Eldorado. Il s'agit, pour les deux personnages, Candide et Cacambo, d'un brusque retour à la réalité après un détour par l'utopie centrale du récit. La dénonciation n'en a que plus de force.

Formuler la problématique

En quoi ce texte constitue-t-il une dénonciation efficace de l'esclavage ?

Identifier les mouvements du texte

1 Lignes 1 à 5 : Présentation de la situation
- Sur quels aspects du personnage la description de l'esclave insiste-t-elle ?
- Quelles émotions l'auteur cherche-t-il à susciter ?

2 Lignes 6 à 24 : Le discours de l'esclave
- Qui est visé dans la prise de parole de l'esclave ?
- Par quels procédés d'écriture la dénonciation s'opère-t-elle ?

3 Lignes 25 à 32 : La dénonciation de l'optimisme
- Par quelle périphrase Candide résume-t-il l'optimisme ?
- En quoi ce passage illustre-t-il une remise en cause de cette philosophie ?

LE CORRIGÉ

Introduction

[présentation du texte] Philosophe des Lumières, Voltaire a recours à l'apologue avec le genre du conte philosophique pour dénoncer la société de son temps et remettre en cause l'absolutisme, les injustices et l'obscurantisme. À travers le périple de Candide, il lutte également contre l'optimisme incarné par Leibniz qui consiste à se satisfaire du monde tel qu'il existe. Après la découverte de l'Eldorado qui était une utopie idéalisée, Candide entre dans Surinam et y croise un esclave gisant au sol. **[problématique]** Nous allons voir comment l'auteur procède à une dénonciation subtile mais efficace. **[plan]** Dans un premier temps, nous verrons que la rencontre des deux personnages permet la présentation de la situation. Puis, nous étudierons le discours de l'esclave. Et enfin, nous aborderons la critique de l'optimisme par l'auteur.

Lignes 1 à 5 : présentation de la situation

Dans les premières lignes du texte, Voltaire présente la rencontre entre le héros éponyme et l'esclave. Il cherche à **accentuer l'aspect pathétique de la scène** et à **engendrer la pitié**.

- L'emploi du passé simple « rencontrèrent » fait plonger dans l'univers du conte et marque la rupture de la rencontre.
- La **description de l'esclave** vise à émouvoir le lecteur : sa posture inspire la pitié (« étendu par terre »), ainsi que l'adjectif « pauvre » dans le GN « pauvre homme ». Voltaire précise les mutilations que l'esclave a subies : « il manquait à ce pauvre homme la jambe gauche et la main droite ».
- La **pitié de Candide** est marquée par l'interjection « eh mon dieu » et le déterminant possessif « mon ami », ainsi que par l'adjectif « horrible » qui qualifie l'état du personnage.

Lignes 6 à 24 : le discours de l'esclave

La prise de parole de l'esclave est clairement **polémique**. Il se fait le porte-parole de l'auteur pour dénoncer les esclavagistes mais également la religion et les européens qui cautionnent le système existant.

1. La critique des esclavagistes et de ceux qui cautionnent le système

- Le nom du négociant, **« Vanderdendur »**, par son sens (« dents dures ») et l'allitération en [d], suggère son intérêt pour l'argent et son manque d'humanité. L'adjectif « fameux » dénonce la triste célébrité du personnage.
- Le Code noir qui réglementait les devoirs des esclaves est évoqué à travers le parallélisme « Quand nous travaillons aux sucreries et que la meule nous attrape le doigt, on nous coupe la main. Quand nous voulons

> **MOT CLÉ**
> Édité sous Colbert, **le Code noir** est un recueil des décisions royales et des lois relatives au gouvernement, à l'administration et à la condition des esclaves des pays du domaine colonial de la France entre 1685 et la fin de l'Ancien Régime.

nous enfuir, on nous coupe la jambe » : le caractère officiel et réglementaire de ces punitions les rend d'autant plus cruelles.

- Le présent et l'emploi du pronom personnel « vous » dans la phrase « C'est à ce prix que vous mangez du sucre en Europe » **implique tout lecteur** qui bénéficie des avantages tirés de l'esclavage. L'indicateur spatial ne peut que renforcer cette volonté de dénonciation.

2. La dénonciation de la religion

- Le **champ lexical de la religion** est omniprésent et en lien avec la dénonciation du rôle joué par les prêtres qui convertissent de force les esclaves : « prêcheurs », « Adam », « converti », « messe ».
- Les **termes chrétiens et païens** sont mêlés afin de montrer que les convertis ne comprennent pas la religion qui leur est imposée. Ainsi, les prêtres sont désignés par la périphrase « fétiches hollandais ».
- Les propos des religieux sont repris et **tournés en dérision** : « vous m'avouerez qu'on ne peut pas en user avec ses parents d'une manière plus horrible ».

3. Une remise en cause subtile

- Les propos de l'esclave ne sont pas vindicatifs ni violents. Au contraire, l'expression **« c'est l'usage »** montre que l'esclave ne cherche pas à inspirer la pitié. Cette résignation suscite d'autant plus l'indignation du lecteur.
- De même, la naïveté de la mère fait ressortir l'horreur de la situation et ses propos, sous la plume de Voltaire, deviennent **ironiques** : « tu as l'honneur d'être l'esclave de nos seigneurs les blancs ». Le terme « fortune » relève également d'un double sens en lien avec la chance et l'argent.
- La **satire** se retrouve également dans les propos de l'esclave : « je ne sais pas si j'ai fait leur fortune mais ils n'ont pas fait la mienne ».
- Cependant, l'énumération et l'hyperbole « les chiens, les singes, les perroquets sont mille fois moins malheureux que nous » insistent sur la **barbarie des blancs**.

Lignes 25 à 32 : la dénonciation de l'optimisme

À la fin du texte, Candide reprend la parole pour conclure l'épisode qui se termine par une **remise en cause de la philosophie optimiste**.

- La conclusion du texte débute par la reprise de la parole par Candide. Ses interventions **encadrent la tirade** de l'esclave et mettent en lumière les dénonciations.
- L'interjection « Ô » souligne le désespoir de Candide, renforcé par les « larmes » qu'il verse. Le rythme de la dernière phrase, particulièrement soigné, ajoute au pathétique de la scène : ils se lisent en effet comme deux alexandrins
- Le héros s'adresse à son précepteur qui n'est pas présent, afin de remettre en cause les leçons optimistes qu'il lui a transmises. La question naïve de Cacambo, « qu'est-ce qu'optimisme ? », permet à Candide de redéfinir la philosophie de Leibniz. Il recourt à une antithèse **pour en révéler l'absurdité** : « c'est la rage de soutenir que tout est bien quand on est mal ».

Conclusion

[synthèse] En donnant la parole à un esclave et en le rendant maître du dialogue, Voltaire inaugure une dénonciation iconoclaste d'une pratique de son siècle. Cherchant à susciter des émotions tout en conservant une distance ironique, il provoque la réflexion chez le lecteur. **[ouverture]** Montesquieu, dans *De l'esprit des lois*, en 1748, avait déjà dénoncé l'esclavage mais en employant des procédés différents de ceux choisis par Voltaire : il a recours à l'ironie et à l'antiphrase, ridiculisant ainsi les arguments adverses.

Réponse à la question de grammaire

La phrase « Les fétiches hollandais qui m'ont converti me disent tous les dimanches que nous sommes tous enfants d'Adam, blancs et noirs » comprend **trois verbes conjugués** : « ont converti », « disent » et « sommes ». Elle est donc formée de **trois propositions** :
– « Les fétiches hollandais [...] me disent tous les dimanches » est la **proposition principale** ;
– « qui m'ont converti » est une **proposition subordonnée relative**, épithète du nom « fétiches » ;
– « que nous sommes tous enfants d'Adam, blancs et noirs » est une **proposition subordonnée conjonctive interrogative indirecte**, COD du verbe « disent ».

14 Répondre à la question de grammaire

TEST

Pour vous situer et identifier les fiches à réviser 310

FICHES DE COURS

60 Le verbe : formes et valeurs 312
61 Les relations au sein de la phrase complexe 314
62 La syntaxe des subordonnées relatives 316
63 La syntaxe des subordonnées conjonctives 318
64 L'interrogation 320
65 L'expression de la négation 322

EXERCICES & CORRIGÉS

- Analyser des formes verbales 324
- Analyser une subordonnée relative 324
- Analyser une subordonnée conjonctive circonstancielle 325
- Analyser une interrogation directe 325
- Analyser une interrogation indirecte 326
- Analyser l'expression de la négation 326

TESTEZ-VOUS

→ CORRIGÉS P. 347

Faites le point sur vos connaissances puis établissez votre **parcours de révision** en fonction de votre score.

1 Le verbe : formes et valeurs

→ FICHE 60

Dans ces vers, où Andromaque évoque son fils, surlignez les verbes au subjonctif.

> Hélas ! On ne craint point qu'il venge un jour son père ;
> On craint qu'il n'essuyât les larmes de sa mère.
> Il m'aurait tenu lieu d'un père et d'un époux ;
> Mais il me faut tout perdre, et toujours par vos coups.
>
> Racine, *Andromaque* (acte I, scène 4), 1668.

…/2

2 Les relations au sein de la phrase complexe

→ FICHE 61

1. Observez la phrase ci-dessous et cochez l'affirmation correcte.

> J'aime de vos longs yeux la lumière verdâtre,
> Douce beauté, mais tout aujourd'hui m'est amer,
> Et rien, ni votre amour, ni le boudoir, ni l'âtre,
> Ne me vaut le soleil rayonnant sur la mer.
>
> Baudelaire, *Les Fleurs du mal*, « Chant d'automne », 1857.

☐ a. La phrase est composée de quatre propositions indépendantes.

☐ b. La phrase est composée de trois propositions coordonnées.

2. Cochez les affirmations correctes.

☐ a. Une proposition subordonnée est régie par une proposition principale.

☐ b. Une proposition subordonnée est toujours introduite par un mot subordonnant.

☐ c. Deux propositions subordonnées peuvent être coordonnées.

…/2

3 La syntaxe des subordonnées relatives et conjonctives

→ FICHES 62 et 63

1. Observez la proposition subordonnée entre crochets et cochez les choix qui conviennent.

> Des hommes poussaient, une armée noire, vengeresse, qui germait lentement dans les sillons, grandissant pour les récoltes du siècle futur, et [dont la germination allait faire bientôt éclater la terre].
>
> Émile Zola, *Germinal*, 1885.

Nature	Fonction
☐ a. subordonnée conjonctive	☒ c. épithète du nom « armée »
☒ b. subordonnée relative	☐ d. apposée au GN « une armée noire »

2. Reliez chaque conjonction de subordination à la subordonnée conjonctive circonstancielle qu'elle introduit.

de sorte que •	• subordonnée de cause
afin que •	• subordonnée de conséquence
quoique •	• subordonnée de but
étant donné que •	• subordonnée de concession

1,5/2

4 L'interrogation

→ FICHE 64

1. Cochez les affirmations correctes.

☒ a. Une interrogation directe se termine toujours par un point d'interrogation.

☒ b. Une interrogation indirecte se présente sous la forme d'une subordonnée.

☒ c. Une subordonnée interrogative indirecte est toujours COD d'un verbe exprimant une demande d'information.

2. Cochez les mots interrogatifs permettant d'introduire une subordonnée interrogative indirecte.

☒ a. quand	☒ c. où	☐ e. comme
☒ b. comment	☒ d. pourquoi	☐ f. si

0/2

5 L'expression de la négation

→ FICHE 65

1. Cochez les locutions négatives permettant d'exprimer une négation partielle.

☐ a. ne… pas	☐ c. ne… point	☒ e. ne… ni… ni…
☒ b. ne… plus	☒ d. ne… jamais	☒ f. ne… aucun

2. Observez les phrases ci-dessous. Cochez les affirmations qui conviennent.

> Un vieillard se tenait debout et dirigeait sur lui la clarté d'une lampe. Il ne l'avait entendu ni venir, ni parler, ni se mouvoir.
>
> Balzac, *La Peau de chagrin*, 1831.

☒ a. La première phrase est de forme positive ; la seconde, de forme négative.

☐ b. La phrase négative comprend une négation formée de deux mots.

☒ c. La conjonction de coordination *ni* fait partie de la locution négative. 1,5/2

Score total 6/10

60 Le verbe : formes et valeurs

En bref *Vous devez savoir reconnaître le mode et le temps d'un verbe mais aussi expliquer l'emploi du mode et préciser la valeur du temps.*

I Identifier le mode d'un verbe

On distingue les modes personnels et non personnels : un verbe à un mode personnel varie selon la **personne grammaticale**.

Modes non personnels

- **Infinitif :** *parler* (présent), *avoir parlé* (passé)
  « Où **courir** ? Où ne pas **courir** ? » (Molière)
- **Participe :** *parlant* (présent), *ayant parlé/parlé* (passé)
  « La Cigale **ayant chanté**/Tout l'été/Se trouva fort dépourvue/Quand la bise fut venue. » (La Fontaine)

Modes personnels

- **Indicatif :** l'action – située dans le passé, le présent ou le futur – est présentée comme certaine.
  « Il **est** certain que M. Duroy **a** un esprit original. » (Maupassant)
- **Subjonctif :** l'action est seulement envisagée.
  « Il se peut donc que tu ne **sois** pas bien à ton aise ? » (Molière)
- **Impératif :** l'action est ordonnée, conseillée.
  « Qu'avez-vous fait ? **Dis**-moi ! **Réponds**-moi ! **Parle**-moi ! » (Hugo)

À NOTER
Longtemps considéré comme un mode, le **conditionnel** est désormais classé comme **un temps de l'indicatif**. Il permet d'exprimer le futur à partir d'un moment du passé (valeur temporelle) ou une action soumise à une condition (valeur modale).

II Reconnaître le temps d'un verbe

1 Les temps de l'indicatif

Temps simples	Imparfait *je parlais*	Passé simple *je parlai*	Présent *je parle*	Futur *je parlerai*	Cond. présent *je parlerais*
Temps composés	Plus-que-parfait *j'avais parlé*	Passé antérieur *j'eus parlé*	Passé composé *j'ai parlé*	Futur antérieur *j'aurai parlé*	Conditionnel passé *j'aurais parlé*

2 Les temps du subjonctif et de l'impératif

- Le subjonctif présente deux temps simples – présent (*qu'il parle*) et imparfait (*qu'elle parlât*) – et deux temps composés – passé (*qu'il ait parlé*) et plus-que-parfait (*qu'elle eût parlé*).

  « Que vouliez-vous qu'il **fît** ? » (Molière) [subjonctif imparfait]

- L'impératif ne connaît que deux temps : présent (*parle !*) et passé (*aie parlé !*).

  « **Regarde-moi** mon cher et **dis** quelle espérance [impératif présent]
  Pourrait bien me laisser cette protubérance ! » (Rostand)

3 La concordance des temps

Il y a concordance des temps quand le temps d'un verbe dans une proposition subordonnée s'explique par le temps du verbe dans la principale.

Je me **doute** bien que tôt ou tard vous me **direz** adieu.
[présent dans la principale + futur dans la subordonnée]

Je me **doutais** bien que tôt ou tard vous me **diriez** adieu.
[imparfait dans la principale + cond. présent (= futur dans le passé) dans la sub.]

III Analyser la valeur d'un temps

1 Temps simples *vs* temps composés

Les temps composés indiquent que l'action est achevée (aspect accompli), les temps simples qu'elle est en cours de déroulement (aspect inaccompli).

« Madame **se meurt** [inaccompli] ! Madame **est morte** [accompli] ! » (Bossuet)

2 Le présent de l'indicatif

- Il sert à exprimer une action contemporaine de l'énonciation.
- Il peut aussi exprimer un fait vrai de tout temps (présent de vérité générale).

  « Rien ne **sert** de courir, il **faut** partir à point. » (La Fontaine)

- Dans un récit au passé, il peut remplacer un temps du passé pour donner l'illusion que l'action se déroule en ce moment (présent de narration).

3 Le passé simple et l'imparfait

- Le passé simple s'emploie pour une action passée délimitée dans le temps (aspect borné). Il permet de rapporter les actions successives d'un récit.

  « Lol **quitta** S. Tahla, sa ville natale, pendant dix ans. » (Duras)

- L'imparfait s'emploie pour une action passée présentée dans son déroulement (aspect non borné). Il permet d'évoquer l'arrière-plan d'un récit.

  « Elle **restait** là, toujours recroquevillée, attendant, sans rien faire. » (Sarraute)

61 Les relations au sein de la phrase complexe

En bref *Une phrase simple comprend une seule proposition, tandis qu'une phrase complexe en comprend plusieurs.*

I Étudier une phrase complexe

1 Délimiter les propositions

Pour délimiter les propositions dans une phrase complexe, il faut repérer les verbes (associés à des sujets) et être attentif aux mots ou aux signes de ponctuation qui marquent les limites entre deux propositions.

> « [La mémoire de la plupart des hommes est un cimetière abandonné,] [**où** gisent sans honneurs des morts] [**qu'**ils ont cessé de chérir.] » (Yourcenar)
>
> Cette phrase complexe comprend 3 verbes, donc 3 propositions (entre crochets).

2 Analyser les liens entre deux propositions indépendantes

Des propositions conservant une certaine autonomie au sein de la phrase complexe sont dites indépendantes.

- Elles sont juxtaposées si elles sont séparées par une virgule, un point-virgule ou un deux-points.

> « Je le vis, je rougis, je pâlis à sa vue. » (Racine)

- Elles sont coordonnées si elles sont reliées par une conjonction de coordination (*mais, ou, et, donc, or, ni, car*) ou un adverbe de liaison (*puis, en effet, pourtant*...).

3 Reconnaître un lien de subordination

Ce lien existe quand on ne peut pas séparer deux propositions d'une phrase complexe. On distingue alors la proposition principale et la proposition subordonnée, en général introduite par un mot subordonnant.

> **À NOTER**
> On peut **juxtaposer ou coordonner** non seulement des propositions indépendantes, mais aussi des propositions subordonnées ayant la même fonction.

II Analyser une proposition subordonnée

1 Identifier la nature d'une subordonnée

Pour identifier la nature d'une subordonnée, il faut observer le mot subordonnant.

Mot subordonnant	Nature de la subordonnée
conjonction de subordination (*que, quand, comme*...)	subordonnée conjonctive « Je sais seulement [**qu'**il est l'homme du monde le plus malheureux et le plus à plaindre]. » (Lafayette)

Mot subordonnant	Nature de la subordonnée
mot interrogatif *(si, ce que, comment, pourquoi...)*	subordonnée interrogative indirecte « Je ne sais [**si** je m'abuse], mais il me semble que le véritable amour est le plus chaste de tous les liens. » (Rousseau)
pronom relatif *(qui, que, dont, où, lequel...)*	subordonnée relative « Et mon âme abattue Cède au coup [**qui** me tue]. » (Corneille)
pas de mot subordonnant	subordonnée participiale (sujet + participe) « Et [le souper fini], nous nous fûmes coucher. » (Molière)
	subordonnée infinitive (sujet + infinitif) « On entendait juste [l'eau du robinet s'écouler sur des fraises dans une passoire]. » (Ernaux)

À NOTER
Parmi les mots subordonnants, seul le **pronom relatif** exerce une fonction au sein de la proposition subordonnée.

2 Identifier la fonction d'une subordonnée

Pour identifier la fonction d'une subordonnée, il faut s'interroger sur son rôle. Voici les fonctions principales que peut remplir une subordonnée, selon sa nature.

Nature de la subordonnée	Fonction
conjonctive → FICHE 63	sujet, complément d'objet (= subordonnée complétive)
	complément circonstanciel (= subordonnée circonstancielle)
interrogative indirecte → FICHE 64	COD
relative → FICHE 62	épithète ou apposée (dans le cas d'une relative adjective)
participiale	complément circonstanciel
infinitive	COD

62 La syntaxe des subordonnées relatives

En bref *Une proposition subordonnée relative est introduite par un pronom relatif. Elle joue le plus souvent le même rôle qu'un adjectif dans un groupe nominal.*

I Repérer une proposition subordonnée relative

1 Reconnaître un pronom relatif

- Le pronom relatif peut être **simple** (*qui, que, quoi, dont, où*) ou **composé** (*lequel, auquel, duquel*...).
- Sa **forme** varie selon la fonction qu'il occupe dans la relative.

Fonctions	Formes	Exemple
sujet	*qui, lequel*	« Et mon âme abattue Cède au coup [**qui** me tue]. » (Corneille)
• COD • attribut du sujet	*que*	« Toute faute [**qu'**on fait] est un cachot [**qu'**on s'ouvre]. » (Hugo)
COI introduit par *à*	*à qui/à quoi* *auquel*	« Il y avait en Westphalie un jeune garçon [**à qui** la nature avait donné les mœurs les plus douces]. » (Voltaire)
complément (COI, c. du nom...) introduit par *de*	*dont* *duquel*	« L'art est une démonstration [**dont** la nature est la preuve]. » (Sand)
complément (COI, CC) introduit par une autre prép.	*où* prép. + *qui/quoi* prép. + *lequel*	« Voilà l'état [**où** sont les choses] à l'heure que je vous parle. » (Lafayette)

CONSEIL
Distinguez bien le pronom relatif ***que*** (*Le chat **que** je vois est noir.*) de la conjonction de subordination ***que*** qui introduit une proposition conjonctive (*Je vois **que** ce chat est noir.*).

2 Identifier l'antécédent du pronom relatif

L'antécédent est le mot ou le groupe de mots que remplace un pronom relatif. On distingue deux cas.

- **1.** Le pronom relatif a **un antécédent** (nom, GN ou pronom) : la relative est alors **adjective**.

« Je forme une entreprise [**qui** n'eut jamais d'exemple], et [**dont** l'exécution n'aura point d'imitateur]. » (Rousseau)

Les pronoms relatifs « qui » et « dont » ont pour antécédent « une entreprise », les deux relatives caractérisent le nom « entreprise » comme le ferait un adjectif.

■ **2.** Le pronom relatif n'a pas d'antécédent : la relative est alors substantive. Elle joue le même rôle qu'un GN.

« [**Qui** ne voit pas la vanité du monde] est bien vain lui-même. » (Pascal)

Le pronom relatif « qui » n'a pas d'antécédent ici. La relative équivaut à un GN.

À NOTER

Une relative substantive peut être également introduite par ***quiconque*** ou par ***ce que*** ou ***ce qui*** : «… je ne puis refuser mon cœur à tout **ce que** je vois d'aimable » (Molière).

II Déterminer la fonction d'une subordonnée relative

1 Cas d'une subordonnée relative adjective

La relative adjective possède les mêmes fonctions que l'adjectif dans un GN.

Fonctions de la relative adjective

- **épithète** si elle détermine le nom et ne peut être supprimée
  « … il n'est point dans la nature de fuir les gens [**que** l'on aime] et [**qui** nous aiment] ! » (Dumas)
- **apposée** si elle a une valeur descriptive ou explicative, et peut être supprimée
  « En promenade, il causait avec le domestique, [**qui** était de la campagne comme lui]. » (Flaubert)

2 Cas d'une subordonnée relative substantive

La relative substantive possède les mêmes fonctions qu'un GN.
Elle peut donc être sujet, COD, COI, CC, etc.

« Choisis [**qui** tu voudras], Chimène, et choisis bien. » (Corneille)

La subordonnée relative est COD du verbe « choisis ».

III Étudier le mode dans la subordonnée relative

■ La relative est le plus souvent à l'indicatif.

■ Le subjonctif apparaît dans le cas où l'existence de la chose désignée n'est pas certaine. Ainsi, « Je cherche un endroit qui me plaît » suppose qu'un tel endroit existe, mais « Je cherche un endroit qui me plaise » indique qu'on ne sait pas si cet endroit existe vraiment.

63 La syntaxe des subordonnées conjonctives

En bref *Une proposition subordonnée conjonctive est introduite par une conjonction de subordination. Selon la fonction qu'elle occupe, elle est complétive ou circonstancielle.*

I Analyser une subordonnée conjonctive complétive

1 Reconnaître une conjonctive complétive

Une subordonnée conjonctive complétive est introduite par la conjonction de subordination ***que*** ou les locutions conjonctives ***à ce que***, ***de ce que***.

Il me semble parfois [**que** je n'existe pas vraiment].

Je m'attends [**à ce qu'**elle m'annonce une catastrophe].

2 Indiquer sa fonction

Comme son nom l'indique, la subordonnée conjonctive complétive est le plus souvent COD ou COI.

« Je sens [**que** des oiseaux sont ivres
D'être parmi l'écume inconnue et les cieux] ! » (Mallarmé)

La subordonnée est COD. On ne peut pas la supprimer, mais on peut la transformer en pronom personnel COD (« Je le sens ! »).

À NOTER
Une conjonctive complétive peut être aussi sujet (***Qu'****il vienne serait une belle surprise*.) ou complément d'une forme impersonnelle (*Il faut* ***que*** *tu viennes*.).

II Analyser une subordonnée conjonctive circonstancielle

1 Reconnaître une conjonctive circonstancielle

Une subordonnée conjonctive circonstancielle équivaut à un GN complément circonstanciel. Comme lui, elle peut être supprimée.

2 Préciser la circonstance exprimée

Circonstance	Conjonction de subordination	Exemple
temps	*quand, avant que…*	« Ah ! [**Quand** je vous parle de moi], je vous parle de vous. » (Hugo)
but	*pour que, afin que… de peur que…*	«… [**pour que** vous vous intéressiez à moi], il faut que je vous parle de vous. » (Duras)

Circonstance	Conjonction de subordination	Exemple
cause	*parce que, puisque, comme...*	« [**Parce que** vous êtes un grand seigneur], vous vous croyez un grand génie ! » (Beaumarchais)
conséquence	*de sorte que, si bien que, tellement... que,...*	« C'était **tellement** simple et probable [**que** tout le monde en fut d'accord]. » (Maupassant)
comparaison	*comme, autant que...*	« Il pleure dans mon cœur [**Comme** il pleut sur la ville] » (Verlaine)
opposition/ concession	*alors que, tandis que ; bien que, quoique...*	« [**Quoiqu**'elle fût dans une extrême jeunesse], l'on avait déjà proposé plusieurs mariages. » (Lafayette)
condition	*si, à condition que, à supposer que...*	« [**Si** mon ouvrage est bon], il vous fera plaisir ; [**s**'il est mauvais], il ne fera point de mal. » (Diderot)

CONSEIL

Distinguez la **conjonction *si*** introduisant une subordonnée CC de condition (***Si** elle vient, nous la verrons.*) et l'**adverbe interrogatif *si*** introduisant une interrogative indirecte (*Je me demande **si** elle vient.*).

III Étudier le mode dans une subordonnée conjonctive

- Le verbe d'une subordonnée conjonctive est à l'indicatif ou au subjonctif. Le subjonctif apparaît pour signaler que l'action est seulement envisagée.
- Pour justifier l'emploi du mode, on analyse – selon le type de conjonctive – le verbe principal ou le mot subordonnant.

Subordonnée	Mot observé	Exemple
conjonctive complétive	le verbe dont la subordonnée est complément	« Burrhus, dans ce palais je **veux** [qu'on la retienne]. » (Racine) [Le verbe principal exprime la volonté. → subordonnée au subjonctif]
conjonctive circonstancielle	le mot subordonnant	« Une minute plus tard, [**sans que** nous eussions échangé d'autres paroles], elle pleurait... » (Colette) [*Sans que* est suivi du subjonctif.]

64 L'interrogation

En bref *Une interrogation peut être directe ou indirecte (selon sa construction syntaxique), totale ou partielle (selon sa portée sémantique). Elle peut appeler une réponse ou non (quand on l'étudie sur le plan pragmatique).*

I Distinguer l'interrogation directe et l'interrogation indirecte

1 Reconnaître une interrogation directe

- On parle d'interrogation directe quand la phrase se termine par un point d'interrogation.
- Cette phrase présente alors souvent une inversion de l'ordre sujet-verbe.

Mais il faut distinguer deux types d'inversion :
– l'inversion simple (verbe + sujet inversé) ;

« Comment peut-on être persan ? » (Montesquieu)

– l'inversion complexe (sujet + verbe + pronom de reprise du sujet).

Comment Orgon peut-il être aveugle à ce point ?

À NOTER

On n'inverse pas le sujet :
– quand le pronom interrogatif *qui* est le sujet du verbe,
– avec la locution *est-ce que*,
– à l'oral, quand l'interrogation est simplement marquée par l'intonation.

2 Reconnaître une interrogation indirecte

On parle d'interrogation indirecte quand la question posée est rapportée sous la forme d'une proposition subordonnée. Celle-ci complète un verbe exprimant une demande d'information (*demander, ignorer, ne pas savoir*...).

Je me demande [**quelles** sont ses intentions].

II Distinguer l'interrogation totale et l'interrogation partielle

1 L'interrogation totale

- L'interrogation est totale lorsque la question porte sur l'ensemble de la phrase et que la réponse attendue est oui ou non.

Cet événement modifiera-t-il le cours des choses ?

- Formulée de manière indirecte, une interrogation totale devient une subordonnée interrogative indirecte introduite par l'adverbe interrogatif ***si***.

On ne sait pas [**si** cet événement modifiera le cours des choses].

2 L'interrogation partielle

- L'interrogation est partielle lorsque la question **porte sur un élément de la phrase**. Elle est toujours introduite par un mot interrogatif, que l'interrogation soit directe ou indirecte.

  « **Qu**'entends-je ? **Qui** remue là entre les branches ? » (Musset)
  Je me demande **ce que** j'entends, **qui** remue là entre les branches.

- Les **mots interrogatifs** peuvent être classés selon leur nature.

Nature	Mots interrogatifs	Exemple
pronom	*qui, que, quoi, lequel... ce qui, ce que*	« Pour **qui** sont ces serpents qui sifflent sur vos têtes ? » (Racine)
déterminant	*quel* (accordé avec le nom auquel il se rapporte)	« J'ignore **quel** conseil prépara ma disgrâce » (Racine)
adverbe	*où, quand, comment pourquoi, combien*	« Je ne sais **pourquoi**/Mon esprit amer/D'une aile inquiète et folle vole sur la mer. » (Verlaine)

CONSEIL
Distinguez bien le pronom interrogatif (*Je me demande **qui** parle.*) et le pronom relatif (*Je ne connais pas la personne **qui** parle.*). La relative peut être plus facilement supprimée.

III Étudier la dimension pragmatique d'une interrogation

Il faut se demander de quelle manière **l'interrogation agit** sur l'interlocuteur.

1 L'interrogation appelle une réponse

Une interrogation peut demander une **réponse de type oui/non** pour l'interrogation totale, ou une **précision** pour l'interrogation partielle.

2 L'interrogation n'appelle pas de réponse

- Dans la question rhétorique, une **déclaration** est déguisée en interrogation.

  « Ah ! Fallait-il en croire une amante insensée ?
  Ne devais-tu pas lire au fond de ma pensée ? » (Racine)

- Un **ordre** peut aussi se présenter, de manière indirecte, sous forme de question.

  « – Êtes-vous de la rue ? – Oui, pourquoi ? – Pourriez-vous m'indiquer le numéro 7 ? » (Hugo)
  [Le locuteur n'attend pas qu'on lui réponde « oui » ou « non », mais qu'on lui donne l'indication demandée.]

65 L'expression de la négation

En bref *Il faut distinguer la négation lexicale de la négation syntaxique et savoir comment chacune se forme.*

I Distinguer la négation lexicale et la négation syntaxique

1 La négation lexicale

Elle consiste à former le contraire d'un mot (antonyme), en utilisant :
- un préfixe privatif (apesanteur, déplaisant, illogique, malheureux...) ;
- l'adverbe non avec un trait d'union (la non-violence, le non-respect).

2 La négation de phrase (ou syntaxique)

Elle consiste à exprimer le contraire d'une phrase positive, à l'aide d'un adverbe négatif, associé ou non à d'autres mots.

Négation = un seul mot	adverbe ***ne*** dans des formules figées et avec les verbes *oser, pouvoir, savoir*... « Les vers chantent pour moi ce que dire je **n'**ose. » (Du Bellay)
	adverbe ***non*** utilisé comme noyau d'une proposition « VLADIMIR. – Et ce n'est pas fini. ESTRAGON. – On dirait que **non**. » (Beckett)
Négation = locution négative	*ne* + adverbe (*pas, point, plus, guère, jamais*...) « On **ne** naît **pas** femme : on le devient. » (Beauvoir)
	ne + pronom (*rien, personne*) ou déterminant (*aucun, nul*) « Mon oncle, il **ne** faut jurer de **rien**, et encore moins défier **personne**. » (Musset)
	ne + conjonction de coordination *ni* «... je **ne** me pique **ni** de fermeté, **ni** de philosophie ; mon cœur me mène et me conduit... » (Sévigné)

À NOTER

En langage soutenu, un ***ne*, dit explétif**, peut être employé sans valeur négative dans certaines propositions subordonnées.
*Je crains qu'il **ne** vienne. = Je crains qu'il vienne.*

II Indiquer la portée d'une négation (de phrase)

1 La négation totale

La négation est totale quand elle porte sur **l'ensemble** de la phrase.

« Va, je **ne** te hais **point**. » (Corneille)
[négation totale de la phrase « Je te hais. »]

2 La négation partielle

La négation est partielle quand elle porte sur **un des éléments** de la phrase.

Négation partielle portant sur...

- **un pronom**
  « Je **ne** demande **rien** à l'immense univers » (Lamartine)
  [négation de « Je demande quelque chose... »]
- **un déterminant**
  « **Aucun** homme **n'**a reçu de la nature le droit de commander aux autres. » (Diderot)
  [négation de « Certains hommes ont reçu... »]
- **un adverbe**
  « Rome **n'**est **plus** dans Rome, elle est toute où je suis. » (Corneille) [négation de « Rome est encore dans Rome... »]

3 La négation restrictive

Construite avec **ne... que**, elle permet d'exprimer une exception.

« On **n'**est heureux **que** par des goûts et des passions satisfaites. » (Du Châtelet)

III Étudier les valeurs de la négation

On distingue trois valeurs.

- La négation **descriptive** consiste simplement à nier quelque chose (valeur la plus courante).
- La négation **polémique** répond à une phrase positive implicite ou présupposée.
  « La démocratie, ce **n'**est **pas** la loi de la majorité, **mais** la protection de la minorité. » (Camus)
  La phrase nie la définition traditionnelle « La démocratie est la loi de la majorité ».
- La négation **métalinguistique** conteste l'usage d'un terme non pour le nier mais pour l'accentuer.
  « Non, je **ne** t'aime **pas**. [...] Je t'adore ! » (Rostand)

EXERCICES

Analyser des formes verbales

→ FICHE 60

1 Analysez le mode et le temps des verbes de cette phrase.

Il s'arrêta devant la troisième glace, frisa sa moustache d'un mouvement qui lui était familier, ôta son chapeau pour rajuster sa chevelure, et murmura à mi-voix, comme il faisait souvent : « Voilà une excellente invention. »

Guy de Maupassant, *Bel-Ami*, 1885.

LES CLÉS POUR RÉUSSIR

1 Repérez les verbes et indiquez leur mode

- Relevez les six verbes conjugués de cette phrase.
- Notez que tous ces verbes sont à l'indicatif, car l'action est présentée comme certaine.

2 Précisez le temps de chaque verbe et analysez sa valeur

- Dans ce passage narratif, quel est le temps des verbes rapportant les actions successives (donc bien délimitées) du récit ? Comment nomme-t-on cette valeur aspectuelle ?
- Quel est l'autre temps simple utilisé de manière complémentaire ? Quelle est sa valeur aspectuelle ?

Analyser une subordonnée relative

→ FICHE 62

2 Dans la phrase ci-dessous, relevez et analysez les propositions subordonnées relatives.

Elle se tourna, et vit un homme qu'elle crut d'abord ne pouvoir être que M. de Nemours, qui passait par-dessus quelque siège pour arriver où l'on dansait.

Mme de Lafayette, *La Princesse de Clèves*, 1678.

LES CLÉS POUR RÉUSSIR

1 Délimitez les subordonnées relatives

- Relevez trois pronoms relatifs.
- Citez les trois subordonnées relatives qu'ils introduisent, en indiquant leur verbe noyau.

2 Cherchez l'antécédent de chaque pronom relatif

- Indiquez quels GN représentent les deux premiers pronoms relatifs. Qu'en est-il du troisième ?
- Vous pouvez en déduire que deux relatives sont adjectives ; la troisième, substantive.

3 Précisez les fonctions des relatives

- Les subordonnées relatives adjectives sont-elles épithètes ou apposées ? Observez la ponctuation.
- Montrez que la troisième subordonnée relative joue le rôle d'un complément circonstanciel.

Analyser une subordonnée conjonctive circonstancielle

→ FICHE 63

3 Dans cette phrase, relevez et analysez une subordonnée circonstancielle.

Si, en entrant à Verrières, le voyageur demande à qui appartient cette belle fabrique de clous qui assourdit les gens qui montent la grande rue, on lui répond avec un accent trainard : *Eh ! elle est à M. le maire.*

Stendhal, *Le Rouge et le Noir*, 1830.

LES CLÉS POUR RÉUSSIR

1 Délimitez la subordonnée circonstancielle

- Autour de quel verbe est construite la subordonnée introduite par la conjonction de subordination *si* ?
- Citez-la en entier en tenant compte du fait qu'elle inclut deux autres subordonnées.

2 Précisez la circonstance

Cette subordonnée joue le rôle d'un complément circonstanciel : quelle circonstance exprime-t-elle ?

3 Commentez le mode et le temps du verbe

Le verbe est à l'indicatif présent. Déduisez-en sa valeur (potentiel, irréel du présent ou irréel du passé ?)

Analyser une interrogation directe

→ FICHE 64

4 Analysez la phrase interrogative ci-dessous.

Ainsi, toujours poussés vers de nouveaux rivages,
Dans la nuit éternelle emportés sans retour,
Ne pourrons-nous jamais sur l'océan des âges
Jeter l'ancre un seul jour ?

Alphonse de Lamartine, *Méditations poétiques*, 1820.

LES CLÉS POUR RÉUSSIR

1 Analysez le type de l'interrogation

Pour montrer que la phrase est une interrogative indirecte, observez la ponctuation et l'ordre sujet-verbe.

2 Analysez la portée de l'interrogation

- L'interrogation est-elle totale ou partielle ?
- Justifiez en indiquant quel type de réponse est attendu.

3 Commentez la forme interro-négative

Relevez la locution négative qui fait de cette interrogation une interro-négative. Analysez sa valeur pragmatique.

Analyser une interrogation indirecte

→ FICHE 64

5 Dans la phrase ci-dessous, relevez et analysez une interrogation indirecte.

Pangloss, qui était aussi curieux que raisonneur, lui demanda comment se nommait le muphti qu'on venait d'étrangler.

Voltaire, *Candide*, 1759.

LES CLÉS POUR RÉUSSIR

1 Repérez l'interrogation indirecte	Quel verbe exprime une demande d'information ? La proposition subordonnée qui le complète est une interrogative indirecte COD.
2 Analysez la portée de l'interrogation	▸ L'interrogative est-elle totale ou partielle ? ▸ Dans le cas d'une interrogation partielle, demandez-vous quelle est la nature du mot interrogatif.
3 Étudiez la concordance des temps	▸ Le verbe principal est-il au présent ou au passé ? ▸ À quel temps de l'indicatif est alors le verbe de la subordonnée pour exprimer un fait contemporain à celui exprimé par le verbe principal ?

Analyser l'expression de la négation

→ FICHE 65

6 Analysez l'expression de la négation dans les deux répliques ci-dessous.

ARGAN. – Angélique, tu ne veux pas m'arrêter cette coquine-là ?
ANGÉLIQUE. – Hé ! mon père, ne vous faites point malade.

Molière, *Le Malade imaginaire*, 1673.

LES CLÉS POUR RÉUSSIR

1 Distinguez négation lexicale et négation syntaxique	▸ Dans chacune des deux phrases, relevez une locution négative. ▸ Vous pouvez en déduire qu'il s'agit de négations syntaxiques et non de négations lexicales.
2 Analysez la portée de la négation	▸ La négation est-elle totale ou partielle ? ▸ Justifiez votre réponse en indiquant de quelle phrase positive la phrase négative exprime le contraire.
3 Étudiez la construction de la négation	▸ De quels mots est composée chaque locution négative ? ▸ *Ne* est un adverbe. Quelle est la nature du 2nd terme ? ▸ Commentez leur place dans la phrase.

CORRIGÉS

Analyser des formes verbales

1 Dans cette phrase, on relève **6 verbes** conjugués : « s'arrêta », « frisa », « était », « ôta », « murmura », « faisait », tous conjugués à la 3e personne du singulier.
Tous ces verbes sont **à l'indicatif**, car l'action est **présentée comme certaine**.

Quatre verbes (ceux se terminant par *-a*) sont au passé simple. Les deux autres – « était » et « faisait » – sont à l'imparfait. Le **passé simple**, par son **aspect borné**, permet de rapporter des actions formant la trame du récit, par opposition à l'**imparfait** (d'**aspect non borné**) qui évoque des faits d'arrière-plan.

Analyser une subordonnée relative

2 On relève **trois propositions subordonnées relatives** dans cette phrase :

- « **qu'**elle crut d'abord ne pouvoir être que M. de Nemours »
- « **qui** passait par-dessus quelque siège pour arriver »
- « **où** l'on dansait »

La première est introduite par le pronom relatif « qu' », qui représente le GN « un homme ». Cette relative est adjective, épithète du nom « homme ».

La deuxième est introduite par le pronom relatif « qui », qui représente le GN « M. de Nemours ». Cette relative est adjective, apposée au GN « M. de Nemours » (elle est séparée du GN par une virgule, et donc facultative).

La troisième est introduite par le pronom relatif « où », qui n'a pas d'antécédent. Cette relative est substantive, complément de lieu du verbe « arriver ».

Analyser une subordonnée conjonctive circonstancielle

3 Dans cette phrase, on relève **une subordonnée conjonctive** organisée autour du verbe « demande » et introduite par la conjonction de subordination *si* :
« **Si**, en entrant à Verrières, le voyageur demande à qui appartient cette belle fabrique de clous qui assourdit les gens qui montent la grande rue, ».
Elle dépend de la proposition principale : « on lui répond avec un accent trainard ».

Cette subordonnée exprime la **condition** : elle est CC de condition.

Le verbe de cette subordonnée est au **présent de l'indicatif** ; la condition est présentée comme pouvant se réaliser (valeur de potentiel).

À NOTER

Dans un **système hypothétique** avec la conjonction *si*, le **verbe de la subordonnée** est toujours à l'indicatif : au présent, à l'imparfait ou au plus-que-parfait selon que la condition est présentée comme pouvant se réaliser ou non réalisée (dans le présent ou le passé).

Analyser une interrogation directe

4 ▸ La phrase se termine par un **point d'interrogation** : il s'agit donc bien d'une interrogation directe. On observe également que **l'ordre sujet-verbe** est **inversé** selon une inversion simple : « pourrons-nous ».

▸ L'interrogation est **totale**. En effet, la réponse attendue est du type : ***Si***, *nous pourrons un jour...*/***Non***, *nous ne pourrons jamais...*

▸ Dans cette interrogation, le verbe est encadré par la locution négative *ne... jamais* : il s'agit d'une **interro-négative**.
La question n'appelle pas de réponse (pour le poète, il va de soi qu'elle est négative : « Non, nous ne pourrons jamais sur l'océan des âges jeter l'ancre un seul jour ») : il s'agit d'une **question rhétorique**.

Analyser une interrogation indirecte

5 ▸ Dans cette phrase complexe, le verbe principal « demanda » exprime une demande d'information ; il est suivi d'une subordonnée **interrogative indirecte COD**, introduite par « comment ». Celle-ci correspond à cette interrogation directe : *Comment se nomme le muphti qu'on vient d'étrangler ?*

▸ L'interrogation – **partielle** – porte sur le nom du muphti. Le mot qui l'introduit, « comment », est un adverbe interrogatif.

▸ Le verbe principal est au passé simple. Le verbe de la subordonnée est par conséquent à **l'imparfait** pour exprimer un **fait contemporain** à celui exprimé par le verbe principal : c'est ce qu'on appelle la concordance des temps.

Analyser l'expression de la négation

6 ▸ Les deux répliques sont des phrases négatives : on note dans chacune la présence d'une **locution négative** : *ne... pas* ou *ne... point*.
Il s'agit de **négations syntaxiques** et non de négations lexicales.

▸ Dans les deux cas, la négation est **totale**. Les phrases négatives expriment en effet le contraire de ces phrases positives :
- Angélique, tu veux m'arrêter cette coquine-là ?
- Hé ! mon père, faites-vous malade.

▸ La locution négative comprend dans chaque cas **deux mots** : l'adverbe *ne*... et l'adverbe *pas ou point*. Les deux mots encadrent le verbe conjugué.

À NOTER
On peut noter que la phrase interro-négative correspondant à la réplique d'Argan exprime un ordre déguisé.

Réussir les épreuves

15 Être à l'aise à l'oral

TEST

FICHES DE COURS

EXERCICES & CORRIGÉS

Pour vous situer et identifier les fiches à réviser 330

66 Se présenter devant un public 332

67 Retenir l'attention du jury 334

68 S'exprimer efficacement 336

MÉMO VISUEL 338

- Bien respirer 340
- Regarder le jury 340
- Être expressif 340
- Articuler 340
- S'exprimer de manière convaincante 341
- S'entraîner à la lecture oralisée 341

TESTEZ-VOUS

→ CORRIGÉS P. 347

Faites le point sur vos connaissances puis établissez votre **parcours de révision** en fonction de votre score.

1 Se présenter devant un public

→ FICHE 66

1. Avant d'entrer dans la salle…

☐ a. je vérifie une dernière fois mes notes.

☐ b. je pense aux questions qu'on va me poser.

☐ c. je respire profondément.

☐ d. je regarde mon téléphone.

2. Quand j'entre dans la salle…

☐ a. je me dirige vers mon siège.

☐ b. je souris et je salue l'examinateur.

☐ c. je serre la main.

☐ d. je demande où je dois me placer.

3. Lorsque je m'assois face à un interlocuteur…

☐ a. je pose mes mains sur la table.

☐ b. je prends mes notes dans les mains.

☐ c. je croise les bras.

☐ d. je laisse mes mains sous la table.

4. Lorsque je suis debout face à un public…

☐ a. je m'appuie sur une table ou une chaise.

☐ b. je mets les mains dans mes poches.

☐ c. je relève mes manches.

☐ d. je m'avance vers l'auditoire.

…/4

2 Capter l'attention de l'auditoire

→ FICHE 67

1. Lorsque je m'adresse à un auditoire…

☐ a. je fixe un point au fond de la salle.

☐ b. je regarde le premier rang.

☐ c. je regarde une personne en particulier.

☐ d. je regarde toutes les personnes.

2. Pour appuyer mon discours, je peux...

☐ a. garder les bras le long du corps.
☐ b. croiser les bras.
☐ c. faire des gestes parasites.
☐ d. faire des gestes expressifs.

3. Pour établir un bon contact avec son auditoire, il est important...

☐ a. de lire intelligiblement ses notes.
☐ b. de regarder les personnes auxquelles on s'adresse.
☐ c. de faire de nombreux gestes en tous sens.
☐ d. d'adopter une attitude positive et dynamique.

.../3

3 Se faire comprendre

→ FICHE 68

1. Lorsque j'hésite sur une formulation...

☐ a. je prends le temps de réfléchir.
☐ b. je meuble avec des interjections.
☐ c. je reformule autrement.
☐ d. j'abandonne ma phrase.

2. Pour bien se faire comprendre, il est nécessaire de...

☐ a. bien articuler.
☐ b. faire des pauses.
☐ c. garder le même rythme tout le temps.
☐ d. parler très lentement.

3. Quelle formulation est la plus convaincante ?

☐ a. « Je crois que Zola est un auteur naturaliste. »
☐ b. « Zola est sans conteste un auteur naturaliste. »
☐ c. « Zola est peut-être un auteur naturaliste. »
☐ d. « Zola est sans doute un auteur naturaliste. »

.../3

Score total .../10

66 Se présenter devant un public

En bref *L'entrée dans la salle et le premier contact avec le jury sont essentiels dans une situation de prise de parole. Avec de l'entraînement, vous pouvez apprendre à bien gérer votre corps et votre attitude de manière à ne pas trahir votre stress.*

I Gérer son stress

1 Comprendre le mécanisme à l'origine du stress

- Le stress est une réaction normale qui manifeste l'importance que revêt l'examen à vos yeux. Lors d'une épreuve orale, ce sentiment est renforcé par la peur d'être jugé(e).
- Votre cerveau interprète la situation comme un danger : il libère de l'adrénaline pour mettre le corps en alerte. Le rythme cardiaque et la respiration s'accélèrent, les muscles se contractent… Nos ancêtres étaient alors prêts à fuir ou à combattre !
- Votre objectif est de faire comprendre à votre cerveau que vous n'êtes pas réellement en danger. Pour cela, concentrez-vous sur votre respiration : respirer profondément revient à envoyer au cerveau un message de fin d'alerte. La libération d'adrénaline prend fin et les manifestations extérieures du stress disparaissent progressivement.
- Il ne faut pas, pour autant, chercher à supprimer totalement le stress : il permet de maintenir une pression qui vous aide à vous surpasser.

2 Se préparer efficacement

- Un oral se prépare comme une performance physique, à force d'entraînement. N'hésitez pas à répéter votre prestation devant une caméra ou un miroir en travaillant les postures, les gestes et la voix.
- Prenez la parole aussi souvent que possible en public : cela vous permettra de prendre confiance en vous et d'apprendre progressivement à maîtriser votre stress.
- Avant l'oral, isolez-vous et visualisez le déroulement de l'épreuve comme un film avec de nombreux détails. Ne vous laissez pas envahir par les pensées négatives.
- Ne révisez pas à la dernière minute et ne doutez pas de votre prestation dans les derniers instants. Détendez-vous, sortez vous aérer, faites du sport, écoutez de la musique…

CONSEIL
Pour éviter tout stress inutile, arrivez en avance, prenez le temps de vous installer confortablement et n'oubliez pas de prendre une montre pour gérer votre temps.

II Adopter la bonne attitude

1 Si vous devez rester debout

- **Centrez-vous** par rapport à votre public et posez vos notes à proximité. **Ancrez bien vos pieds au sol**, de manière à avoir une assise stable.
- Placez dès le départ **vos mains à hauteur de votre ventre**, sans les laisser pendre le long du corps. Vous pouvez les croiser devant vous et les dénouer lorsqu'il sera nécessaire d'appuyer le propos.
- **Évitez de vous balancer** de droite à gauche ou d'avant en arrière, de croiser et décroiser les jambes, etc. Si vous ressentez le besoin de bouger, il est préférable de vous déplacer de manière franche, soit en avançant vers le public, soit latéralement, et cela très doucement.

2 Si vous devez vous asseoir

- Attendez un signe de votre interlocuteur avant de vous asseoir. Prenez le temps de **positionner votre siège droit**, en face de la ou des personne(s) à qui vous vous adressez.
- **Posez vos notes et vos mains visibles sur la table**, ce qui vous permettra d'avoir les mains libres pour appuyer votre discours par des gestes.
- **Tenez-vous droit·e**, légèrement penché·e en avant, plutôt qu'en arrière, afin de faciliter les échanges. Au cours des différentes phases de votre intervention, **surveillez vos changements de position**, notamment ceux qui trahissent un relâchement de l'attention (recul, placement des mains sous la table, appui sur le dossier, les accoudoirs...).

CONSEIL
Avoir un stylo dans les mains peut vous donner une contenance, à condition bien sûr de ne pas jouer avec le bouchon ni de le faire tourner.

zoom

Éviter les gestes parasites

Apprenez à identifier les gestes parasites et les gestes d'auto-contact que vous effectuez pour vous rassurer en situation de stress : ils brouillent la communication et traduisent votre inconfort. Avec un peu d'entraînement, il devient facile de les éviter.

Passer la main dans ses cheveux

Remonter ses manches ou tirer dessus

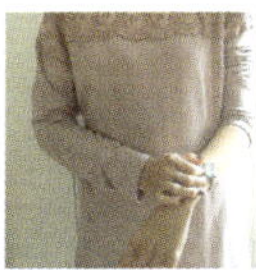
Toucher sa montre, ses bracelets, ses bagues

Se gratter frénétiquement

67 Retenir l'attention du jury

En bref *Une fois installé·e, il ne suffit pas de maîtriser son stress et son sujet, il faut aussi parler de manière efficace et convaincre le jury. Le visage et ses expressions, ainsi que la gestuelle, sont alors essentiels pour renforcer le propos.*

I Établir le contact

- Le premier contact est essentiel. Dès l'entrée dans la salle, donnez l'impression d'être ouvert à l'échange, avenant, sans être trop familier.
- Le sourire est l'atout indispensable pour détendre l'atmosphère et gagner la sympathie du jury. Il ne s'agit pas de rire faussement ou de sourire en permanence mais d'afficher une attitude aimable.
- La politesse est de mise, même si parfois le stress fait oublier les fondamentaux de la courtoisie : saluer vos interlocuteurs, remercier, attendre d'être invité à s'asseoir ou à partir avant de le faire.
- Montrez-vous à l'écoute des attentes du jury sans foncer tête baissée dans vos explications. Laissez à vos examinateurs le temps de s'installer et prenez le temps de disposer les documents dont vous aurez besoin.

II Communiquer efficacement

1 Regarder l'examinateur

- Se trouver face à face avec un ou des examinateur·s peut être impressionnant. Ne vous laissez pas déstabiliser par les regards portés sur vous : tentez d'en faire abstraction en imaginant que ce sont des professeurs que vous connaissez.
- Ne rédigez pas vos fiches pour ne pas être tenté·e de les lire et détachez-vous au maximum de vos notes, au moins dans les moments cruciaux de votre intervention.
- Regardez chacun de vos interlocuteurs. Ne les fixez pas, mais accordez-leur des regards réguliers, afin de capter leur attention.
- Évitez de regarder ailleurs, ce qui donnera l'impression d'être fuyant. Inutile donc de fixer vos pieds, le plafond, ou encore le mur au fond de la salle.

CONSEIL

Entraînez-vous avec des amis à faire une présentation en les regardant. Invitez-les à se placer dans des endroits différents d'une salle et demandez-leur de lever la main dès qu'ils se sentent regardés pendant votre prise de parole. Vous vous apercevrez rapidement que vous avez tendance à regarder toujours les mêmes personnes.

2 Soigner la gestuelle

■ Évitez de rester trop statique pendant votre intervention mais ne surchargez pas non plus votre intervention par des gestes répétitifs ou sans lien avec le propos.

■ Vos gestes doivent intervenir à des moments essentiels de votre prise de parole afin d'appuyer ce que vous dites. Ils doivent donc coïncider avec ce que vous cherchez à exprimer : enthousiasme, opposition, implication personnelle…

3 Éviter la monotonie

■ Variez les intonations pour donner de la vivacité à ce que vous dites et ne pas ennuyer votre jury.

■ Insistez sur les aspects essentiels en appuyant sur certains segments de phrases ; marquez les interrogations ou les exclamations par une intonation expressive.

■ Ayez l'air convaincu·e de ce que vous affirmez en adoptant une voix claire et en apparaissant sûr·e de vous.

zoOm

Appuyer son propos par des gestes signifiants

Il est important d'appuyer son discours par des gestes qui retiennent l'attention et soulignent les moments clés.

■ Mains tendues vers l'auditoire : impliquer le public.

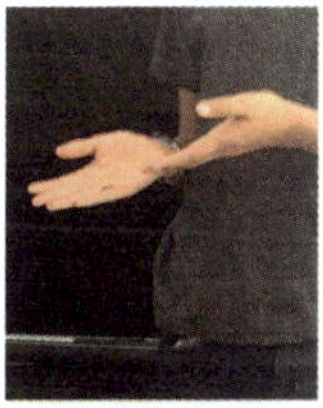

■ Mains à gauche puis à droite : souligner une opposition.

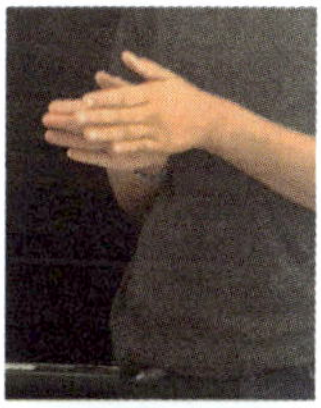

■ Compter avec ses doigts : énumérer.

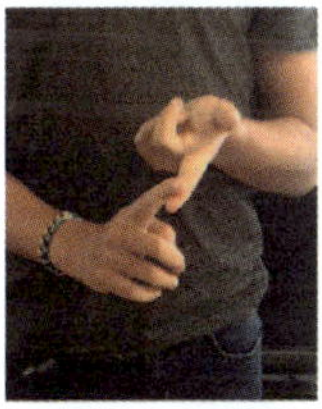

■ Mains écartées ou rapprochées : exprimer la désunion ou l'union.

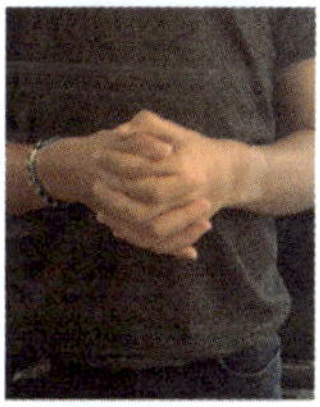

■ Lever ou baisser un doigt : exprimer un doute ou un questionnement.

■ Main sur la poitrine : montrer son implication personnelle.

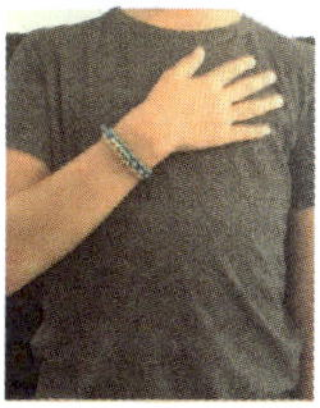

68 S'exprimer efficacement

En bref *Si une grande partie de la communication repose sur l'attitude non verbale, il ne faut évidemment pas négliger l'aspect verbal de l'échange. Articuler, faire des pauses, choisir les mots justes sont autant d'atouts dans la prise de parole.*

I S'exprimer correctement

1 Choisir ses mots

■ Vous êtes jugé·e sur la qualité de votre expression, d'où l'importance de bien choisir vos mots. Il est parfois difficile de trouver la bonne formulation : prenez le temps de chercher les termes les plus appropriés.

■ Évitez les contractions (« j'sais pas », « j'pense ») et prononcez correctement les négations incluant un « ne » audible. Si un terme familier vous échappe, reformulez dans un registre plus soutenu.

2 Bannir les tics de langage

Variables d'une époque à une autre, ces petits marqueurs de la communication sont à proscrire le jour de votre oral.

■ Commencez par repérer ceux que vous employez le plus souvent et entraînez-vous à vous en débarrasser dans vos conversations courantes ou lors de vos prises de parole en classe. Il peut s'agir :

- d'expressions en vogue (« genre », « carrément », « trop », « j'avoue »...) ;
- de mots de liaison (« donc », « alors », « et voilà », « en fait »...) ;
- d'onomatopées (« euh », « ben », « bah... »).

■ Bannissez également la mise systématique entre guillemets (geste à l'appui) qui vous sert à justifier que vous n'avez pas trouvé le mot juste pour vous exprimer.

II Soigner son élocution

■ Parlez distinctement en articulant pour être bien compris·e. Faites particulièrement attention à ne pas « avaler » les fins de phrases et les fins de mots.

■ Adaptez le volume de votre voix en fonction de la proximité avec votre auditoire. Ni trop fort, ni pas assez, vous devez trouver le juste équilibre. N'hésitez pas à demander si vous parlez suffisamment fort et si l'on vous entend.

CONSEIL
Parler face à un public ne s'improvise pas et, pour éviter de bafouiller, il est nécessaire d'exercer sa voix et de **s'entraîner**.

3 Répondre adroitement

■ Prenez le temps de vous assurer que vous avez bien compris la question posée et vérifiez que vous n'avez pas juste saisi un mot à partir duquel vous allez construire votre raisonnement.

■ Vous pouvez, ponctuellement, **reformuler la question posée** pour vous assurer de votre compréhension : « vous me demandez si », « vous voulez savoir comment ».

■ **Évitez les modalisateurs qui expriment le doute** : « je crois que », « peut-être », « éventuellement ». Ne commencez pas votre réponse par un segment de phrase qui vous fait perdre toute crédibilité : « Je ne sais pas, mais... », « Je ne suis pas sûr, mais... ».

III Adopter le bon rythme

■ Ne parlez **ni trop lentement**, pour avoir le temps de tout dire, **ni trop vite**, pour laisser au jury la possibilité d'intégrer ce que vous dites et de prendre des notes.

■ **Trouvez le juste équilibre** en accélérant ou en ralentissant le débit :
- ralentissez lorsque vous présentez le plan, lorsque vous abordez un aspect essentiel, lorsque vous voulez particulièrement retenir l'attention.
- accélérez au moment des exemples, des énumérations, des citations ;

■ N'hésitez pas à **reformuler** plusieurs fois un aspect important de votre intervention et à faire des pauses entre deux idées ou avant d'enchaîner sur un point important. On a souvent peur des silences à l'oral et pourtant, ils sont nécessaires.

zoOm

Varier ses expressions

L'examinateur appréciera que vous fassiez un effort pour varier les tournures que vous utilisez.

Varier les expressions utilisées

Donner son opinion : *à mon sens, pour ma part, il me semble, je suis d'avis que, je lis cela comme...*

Appuyer le propos : *clairement, aisément, évidemment, naturellement, nettement...*

Introduire une analyse : *on remarque, on constate, on peut souligner, il est à noter que...*

MÉMO VISUEL

ÊTRE À L'AISE

1 L'attitude

Gérer son stress

- Prendre le temps de **s'installer** confortablement.
- **Respirer** profondément.

Entraînez-vous à prendre la parole en public dès que vous en avez l'occasion : cela vous aidera à apprivoiser votre stress.

Établir un bon contact avec son auditoire

- **Saluer** l'examinateur en entrant dans la salle.
- Adopter une **posture dynamique** pendant toute la durée de l'oral.
- **Regarder** régulièrement l'examinateur.
- Se montrer **réactif** et **de bonne volonté** lorsque l'on vous interroge.

Ne rédigez pas vos fiches, pour ne pas être tenté·e de les lire !

2 La gestuelle

- Bannir les **gestes parasites** (se gratter, toucher ses cheveux…).
- Appuyer son discours de **gestes signifiants**.

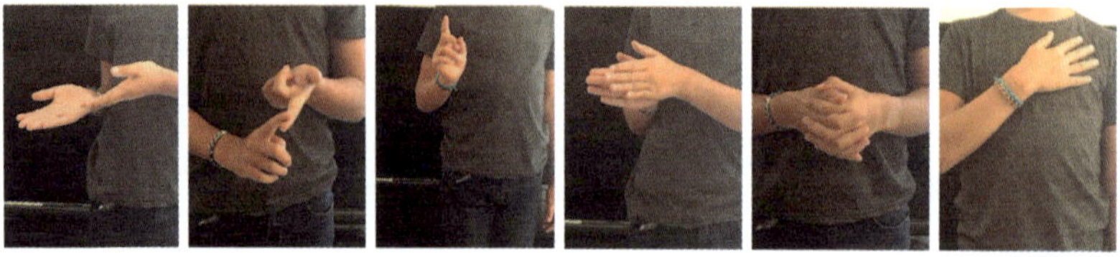

3 La voix et le langage

Soigner son expression

- Utiliser un **niveau de langue** courant ou soutenu.
- Chasser les **tics de langage** et les expressions à la mode.
- Éviter les **expressions négatives** qui vous font perdre en crédibilité (« Je ne sais pas, mais… »).
- Éviter les **contractions** (« j'sais pas »).

Utilisez un vocabulaire précis et n'hésitez pas à reformuler certaines phrases afin de clarifier votre propos.

Soigner son élocution

- Trouver le bon **volume** (mieux vaut parler trop fort que pas assez).
- Surveiller son **débit** de parole.
- Varier **l'intonation**, en particulier pendant la lecture.
- Faites des **pauses** pour mettre en valeur les moments clés.

Pensez à bien articuler, cela vous forcera à ralentir le rythme.

À L'ORAL

4 L'état d'esprit

- Penser **positif** et se faire **confiance**.
- Faire confiance à **l'examinateur** : il n'est pas là pour vous mettre en difficulté, vous pouvez compter sur sa bienveillance.
- **Relativiser** l'enjeu : ne cédez pas à la panique, vous ne jouez pas votre vie !

Ne partez jamais battu : vous avez toutes les cartes en main pour réussir.

EXERCICES

Bien respirer

→ FICHE 66

1 **1. Respiration abdominale**

Inspirez par le nez en gonflant doucement le ventre, puis expirez le plus lentement possible par la bouche.

2. Respiration par paliers

Prenez une grande inspiration en dirigeant beaucoup d'air dans l'abdomen, un peu moins dans la cage thoracique et une petite quantité dans la gorge. Puis, expirez en vidant les paliers dans l'ordre inverse.

CONSEIL
Mettez la main sur votre ventre pour le sentir se gonfler lorsque vous inspirez.

Regarder le jury

→ FICHE 67

2 **1. Entraînement à deux**

a. Circulez dans une pièce en regardant vos pieds, puis relevez les yeux en même temps. Croisez le regard de l'autre et continuez à circuler dans la pièce en ne vous lâchant pas des yeux.

b. Faites le même exercice en vous entraînant à dominer l'autre par le regard, puis en vous laissant dominer. Cet exercice, déstabilisant dans un premier temps, vous permettra de mieux gérer le face à face.

2. Entraînement seul·e

Au quotidien, exercez-vous à regarder dans les yeux les gens avec qui vous entretenez une conversation.

Être expressif

→ FICHE 68

3 **1. Prononcez la phrase suivante en jouant successivement les différentes émotions indiquées.**

« Les lapins sont morts et le jardin est dévasté par les taupes. »

a. la colère b. la tristesse c. la fascination d. la peur e. l'envie f. la joie

Vous pouvez ajouter autant d'émotions que vous le souhaitez.

2. Vous pouvez ensuite répéter la phrase avec une émotion donnée, en l'amplifiant progressivement.

Articuler

→ FICHE 68

4 **Exercez-vous à répéter, en articulant bien, les virelangues suivants.**

a. Ton thé t'a-t-il ôté ta toux tenace ?

b. Trois très gros, gras, grands rats gris grattent.

c. Mur gâté, trou s'y fit, rat s'y mit.

d. Six slips chics, six chics slips.

e. Didon dîna, dit-on, du dos d'un dodu dindon.

f. Tadalarana – tedelerene – tidilirini – todolorono – tudulurunu

CONSEIL
L'objectif n'est pas de les dire le plus vite possible mais d'exagérer l'articulation.

S'exprimer de manière convaincante

→ FICHES 66 à 68

5 Lisez plusieurs fois le texte ci-dessous pour vous en imprégner, puis suivez les consignes indiquées.

« En continuité avec le courant romantique, on retrouve dans ce poème les mêmes thématiques : la nature, l'isolement et le mal de vivre. Chez Baudelaire, cette mélancolie devient le Spleen. L'unique refuge de l'artiste se trouve dans l'art et le Beau.

Ici, Baudelaire oppose, d'une certaine manière, l'Idéal au Spleen. Il met en scène une vision pessimiste de la société, dans laquelle le poète ne trouve pas sa place. Toutefois, ne nous méprenons pas sur l'aspect novateur du texte : il reprend une image initiée par les Romantiques, puis développée par Verlaine, celle du poète maudit, incompris de ses contemporains, marginal dans la société. »

a. Soulignez les mots ou segments de phrases importants.
→ Lisez le texte à voix haute en insistant sur ces passages.

b. Notez par un trait les pauses nécessaires (la ponctuation peut vous aider).
→ Relisez le texte en insistant sur les passages soulignés et en marquant les pauses nécessaires.

c. Repérez les passages qu'il serait pertinent d'associer à des gestes.
→ Relisez une dernière fois le texte en prenant en compte les trois consignes précédentes : montrez-vous aussi convaincant·e que possible !

S'entraîner à la lecture oralisée

6 Préparez la lecture oralisée de ce poème grâce aux consignes données.

Le Dormeur du val

C'est un trou de verdure où chante une rivière,
Accrochant follement aux herbes des haillons
D'argent ; où le soleil, de la montagne fière,
Luit : c'est un petit val qui mousse de rayons.

Un soldat jeune, bouche ouverte, tête nue,
Et la nuque baignant dans le frais cresson bleu,
Dort ; il est étendu dans l'herbe, sous la nue,
Pâle dans son lit vert où la lumière pleut.

Les pieds dans les glaïeuls, il dort. Souriant comme
Sourirait un enfant malade, il fait un somme :
Nature, berce-le chaudement : il a froid.

Les parfums ne font pas frissonner sa narine ;
Il dort dans le soleil, la main sur sa poitrine,
Tranquille. Il a deux trous rouges au côté droit.

Arthur Rimbaud, « Le Dormeur du val », 1870.

a. Surlignez les [e] qui doivent être prononcés en fin de mots.

b. Comptez les syllabes de chaque vers pour vérifier que vous prononcez correctement les alexandrins. Marquez la ou les diérèse·s à l'aide d'un trait oblique (/).

c. Notez les enjambements à l'aide d'une flèche, afin d'effectuer une lecture fluide.

d. Soulignez les liaisons à ne pas oublier.

e. Lisez l'ensemble du poème à voix haute.

CONSEILS

- Respectez le rythme de chaque strophe : les deux premiers quatrains sont composés d'une phrase chacune, tandis que les deux tercets comportent des phrases plus courtes. Le ton se fait ainsi plus grave.
- Marquez une pause avant la dernière phrase, qui constitue la chute du poème.

LE CORRIGÉ

5 « En continuité avec le courant romantique, / **[ouvrir les mains]** on retrouve dans ce poème les mêmes thématiques /: la nature / l'isolement / et le mal de vivre. [compter sur les doigts] / Chez Baudelaire, / cette mélancolie devient le Spleen. / L'unique refuge de l'artiste / se trouve dans l'art et le Beau. / **[mains d'un côté, puis de l'autre]**

Ici, Baudelaire oppose, / d'une certaine manière, / l'Idéal au Spleen [geste d'opposition, balancement]. Il met en scène une vision pessimiste de la société, dans laquelle le poète ne trouve pas sa place. **[geste de négation]** / Toutefois, ne nous méprenons pas sur l'aspect novateur du texte **[geste de mise en garde : index levé]** : / il reprend une image initiée par les Romantiques, puis développée par Verlaine, / celle du poète maudit, /incompris de ses contemporains, / marginal dans la société. »

Plus de conseils en vidéo sur annabac.com.

6

Le dormeur du val

C'est un trou de verdure où chante une rivière,
Accrochant follement aux herbes des haillons
D'argent ; où le soleil, de la montagne fière,
Luit : c'est un petit val qui mousse de rayons.

Un soldat jeune, bouche ouverte, tête nue,
Et la nuque baignant dans le frais cresson bleu,
Dort ; il est étendu dans l'herbe, sous la nue,
Pâle dans son lit vert où la lumière pleut.

Les pieds dans les glaïeuls, il dort. Souriant comme
Sourirait un enfant malade, il fait un somme :
Nature, berce-le chaudement : il a froid.

Les parfums ne font pas frissonner sa narine ;
Il dort dans le soleil, la main sur sa poitrine,
Tranquille. Il a deux trous rouges au côté droit.

Plus de conseils en vidéo sur annabac.com.

Annexes

- Corrigés des tests 346
- Tableaux de grammaire 348

CORRIGÉS DES TESTS

1 La poésie : histoire littéraire et outils d'analyse → P. 16-17

1 **1.** **a** et **c** • **2.** **a.** Faux ; **b.** Vrai ; **c.** Vrai ; **d.** Faux

2 **1.** **a.** Gautier – Parnasse ; **b.** Lamartine – romantisme ; **c.** Hugo – romantisme ; **d.** Verlaine – symbolisme ; **e.** Baudelaire – symbolisme • **2.** **c** et **d** • **3.** **b** et **d**

3 **1.** **b** et **d** • **2.** **a** (« Y fleurit »), **c**, **e** (assonances en /en/) et **g** (sauf les vers 2-3, qui forment toutefois un alexandrin coupé en deux).

4 **b** (nombreuses métaphores et comparaisons), **c** (tonalité didactique : description précise et structurée) et **e** (champ lexical de la géographie).

2 Les recueils de poésie au programme → P. 38-39

1 **1.** **a.** Faux • **b.** Vrai • **c.** Faux • **d.** Vrai • **2.** **c.** 22 poèmes au total, mais seuls 12 sont des sonnets. • **3.** **a** et **c** • **4.** **c.**

2 **1.** **b.** • **2.** **c.** • **3.** **c.** • **4.** **a** et **b**

3 **1.** **b.** • **2.** **a.** Faux • **b.** Vrai • **c.** Faux • **d.** Vrai • **3.** **c.** • **4.** **c.** La nature permet un retour sur soi.

3 La littérature d'idées : histoire littéraire et outils d'analyse → P. 66-67

1 **1.** **c** • **2.** **a.** un genre inventé par Montaigne et **c.** un texte non fictionnel en prose à visée argumentative • **3.** **b.** un récit allégorique qui dispense une leçon au lecteur • **4.** **a**

2 **1.** **b** • **2.** **b.** les observateurs des mœurs • **3.** **a.** instruire, plaire et émouvoir

3 **1.** **b** • **2.** **b** et **c** • **3.** **b**

4 **1.** **c.** une position ou un point de vue que défend le locuteur • **2.** **a.** un argument d'autorité • **3.** **b**

4 Les œuvres de littérature d'idées au programme → P. 88-89

1 **1.** **c.** un humaniste de la Renaissance • **2.** **b** • **3.** **b** et **c** • **4.** **a.** une source de sagesse et **b.** science avec conscience

2 **1.** **b.** faire partie des moralistes classiques • **2.** **a** • **3.** **b.** est à l'image de la dispersion qui caractérise l'esprit humain • **4.** **c.** Rendre compte de la comédie sociale

3 **1.** **b** • **2.** **c.** un plaidoyer • **3.** **c.** une réécriture critique de la *Déclaration* de 1789 • **4.** **a**

5 Le roman et le récit : histoire littéraire et outils d'analyse → P. 110-111

1 **1.** **a** et **d** • **2.** **a**

2 **1.** **a.** Rabelais – XVIe siècle ; **b.** Mme de Lafayette – XVIIe siècle ; **c.** Montesquieu – XVIIIe siècle ; **d.** Chrétien de Troyes – Moyen Âge • **2.** **b**

3 **1.** **a**, **b** et **d** • **2.** Zola – naturalisme ; Balzac – réalisme ; Flaubert – réalisme ; Hugo – romantisme ; Stendhal – réalisme ; Maupassant – réalisme

4 **1.** **a.** *La Peste* – Camus ; **b.** *La Condition humaine* – Malraux ; **c.** *L'Écume des jours* – Vian ; **d.** *Nadja* – Breton • **2.** **b** et **c**

5 **1.** **a.** narratif ; **b.** au passé, à la 3e personne ; **c.** omniscient • **2.** **a**, **b** et **c**

6 Les romans et récits au programme → P. 132-133

1 **1.** **b.** une jeune femme entretenue • **2.** **a**, **b** et **c** • **3.** **c.** son goût du luxe • **4.** **a-h**, **b-e**, **c-f** et **d-g**

2 **1.** **a** et **b** • **2.** **b** un objet au pouvoir magique et **c.** une source d'angoisse • **3.** **a** et **c** • **4.** **a** et **c**

3 **1.** **a**, **c** et **d** • **2.** **a-f** ; **b-h** ; **c-g** ; **d-e** **3.** **b** et **c** • **4.** **a.** une abondance d'images et **c.** une grande précision lexicale

7 Le théâtre : histoire littéraire et outils d'analyse → P. 160-161

1 **1.** **a**, **b** et **c** · **2.** **a** · **3.** **a** et **b** · **4.** **c** · **5.** **b**

2 **1.** **a** · **2.** **c** · **3.** **a** et **b** · **4.** **a** et **b**

3 **1.** **a**, **b** et **c** · **2.** **b** · **3.** **c**

8 Les pièces de théâtre au programme → P. 182-183

1 **1.** **a.** · **2.** **c.** · **3.** **a.** Faux · **b.** Vrai · **c.** Faux. · **4.** **a.** Cliton : le valet de Dorante · **b.** Clarice : la promise d'Alcippe · **c.** Orphise : la prétendue femme de Dorante · **d.** Lucrèce : « la plus belle des deux » aux dires du cocher.

2 **1.** **a.** Vrai · **b.** Faux · **c.** Vrai · **d.** Faux · **2.** **c.** le dépit et **d.** l'orgueil · **3.** **a.** · **4.** **a**, **e** · **b**, **f** · **c**, **d**

3 **1.** **a.** Vrai · **b.** Faux · **c.** Vrai · **d.** Vrai · **e.** Faux · **2.** **a.** H. 1 : **d** · **b.** H. 2 : **c**, **e** et **f**
3. **a**, **b** et **c** · **4.** **b** et **c**.

9 Maîtriser les outils de l'analyse littéraire → P. 210-211

1 **1.** **c** · **2.** **b** · **3.** **c**

2 **1.** **d** · **2.** **c** · **3.** **a**

3 **1.** **a** · **2.** **a** et **c** : énoncé coupé de la situation d'énonciation ; **b**, **d**, **e** et **f** : énoncé ancré dans la situation d'énonciation

4 **1.** **a** · **2.** **a** et **d**

5 **1.** **b** · **2.** **b** · **3.** **a** · **4.** **a**

10 Construire un commentaire de texte → P. 228-229

1 **1.** **b** · **2.** **a** · **3.** **a**, **b**, **c**, **d**, **f**, **i** et **j**

2 **1.** **c** · **2.** **c** · **3.** **c** · **4.** **b**

3 **1.** **b** · **2.** **b** · **3.** **a** · **4.** **a**

11 Construire une dissertation

→ P. 248-249

1 **1.** **c** ·**2.** **b** · **3.** **a** et **b** · **4.** **b**

2 **1.** **c** · **2.** **a** · **3.** **c** · **4.** **b**

3 **1.** **a** · **2.** **c** · **3.** **c** · **4.** **a**

12 Améliorer ses écrits → P. 268-269

1 **1.** **c** et **d** · **2.** son refus du conformisme petit-bourgeois · **3.** **a** et **b**

2 **1.** *de même que* – comparaison ; *parce que* – cause ; *également* – addition ; *en revanche* – opposition ; *soit… soit* – hypothèse ; *bien que* – concession · **2.** **a** et **c**

3 **1.** **c** · **2.** **b**

4 **1.** **a.** un dilemme ; **b.** Le voila rasséréné. ; **c.** quand bien même · **2.** **a** (un arbre sans fruits) et **c** (un vélo sans roues) · **3.** **c** · **4.** **a.** dénoncé**es** ; **b.** exprimé**s** ; **c.** étudié**s** ; **d.** présenté**e** · **5.** Suzanne ~~ce~~ **se** caractérise par une grande perspicacité. Elle est la ~~seul~~ **seule** à voir clair dans le jeu du comte et ~~a~~ **à** deviner les intentions que ~~cachent~~ **cache** sa générosité.

13 Préparer et passer l'épreuve orale → P. 288-289

1 **1.** **a** et **c** · **2.** **a**, **c** et **d**

2 **1.** **a** et **d** · **2.** **a**, **b** et **d** · **3.** **c** et **d** · **4.** **c**

3 **1.** **a** et **c** · **2.** **b** et **d** · **3.** **a**, **b** et **d** · **4.** **a** et **c**

14 Répondre à la question de grammaire → P. 310-311

1 venge ; essuyât

2 **1.** **b** · **2.** **a** et **c**

3 **1.** **b** et **d** · **2.** *de sorte que* – sub. de conséquence ; *afin que* – sub. de but ; *quoique* – sub. de concession ; *étant donné que* – sub. de cause

4 **1.** **a**, **b** et **c** · **2.** **a.** quand, **b.** comment, **c.** où et **d.** pourquoi

5 **1.** **b.** ne… plus, **d.** ne… jamais et **f.** ne… aucun · **2.** **a** et **c**

15 Être à l'aise à l'oral → P. 330-331

1 **1.** **c** · **2.** **b** · **3.** **a** · **4.** **d**

2 **1.** **d** · **2.** **d** · **3.** **b** et **d**

3 **1.** **a** et **c** · **2.** **a** et **b** · **3.** **b**

Natures

La nature d'un mot, d'un groupe de mots ou d'une proposition désigne la catégorie à laquelle il ou elle appartient : la nature d'un mot est indiquée dans le dictionnaire.

I. Nature des mots

On distingue les **mots variables**, qui peuvent porter une marque d'accord, des **mots invariables**, dont l'orthographe ne change pas.

1. Les mots variables

NATURE	DÉFINITION	EXEMPLES
nom	permet de nommer un être, une chose ou une idée	Elsa, soleil, liberté
déterminant	introduit le nom et indique le plus souvent son genre et son nombre	un, la, cette, ses
adjectif qualificatif	qualifie, précise une qualité du nom ou du pronom auquel il se rapporte	beau, grande, difficiles
pronom	remplace un nom ou un groupe nominal	elle, lui, ceux, le vôtre
verbe	• exprime une action ou un état ; • se conjugue (selon le temps et le mode auxquels il est employé, le nombre et la personne du sujet)	manger, viendra, auront fini

2. Les mots invariables

NATURE	DÉFINITION	EXEMPLES
adverbe	modifie le sens d'un verbe, d'un adjectif ou d'un autre adverbe	très, vraiment, ici, dehors
préposition	relie un mot et son complément	à, dans, par, pour, en, vers, avec, de, sans, sous
conjonction de coordination	relie deux propositions de même nature	mais, ou, et, donc, or, ni, car
conjonction de subordination	relie deux propositions dont l'une est subordonnée à l'autre	comme, que, lorsque, quoique

II. Nature des groupes de mots

La nature d'un groupe de mots dépend de son noyau.

NATURE	DÉFINITION	EXEMPLES
groupe nominal	groupe dont le noyau est un **nom**	un spectacle ; un magnifique spectacle de danse qui vous bouleversera
groupe adjectival	groupe dont le noyau est un **adjectif**	Mon avis est proche du sien.
groupe verbal	groupe dont le noyau est un **verbe conjugué**	Marco n'est jamais à l'heure.
groupe infinitif	groupe dont le noyau est un **verbe à l'infinitif**	Obtenir ce poste est mon seul objectif.
groupe participial	groupe dont le noyau est un **participe** (présent ou passé)	Roulant à pleine vitesse, le train n'a pas pu éviter l'obstacle.

III. Nature des propositions subordonnées

NATURE	DÉFINITION	EXEMPLES
conjonctive	proposition introduite par une conjonction de subordination (ou locution conjonctive) : *que, puisque, parce que...*	Nous souhaitons que vous assistiez à toutes les réunions.
relative	proposition introduite par un pronom relatif : *qui, que, quoi, dont, où, lequel, duquel...*	La série dont tu parles est très populaire.
interrogative indirecte	proposition introduite par un mot interrogatif : *qui, quand, comment, pourquoi, quel, si...*	Je me demande quelle équipe va remporter la coupe du monde.
exclamative	proposition introduite par un mot exclamatif : *quel, comme, combien...*	Je sais combien c'est important pour toi.
infinitive	proposition sans mot introducteur, qui comporte un infinitif ayant son sujet propre	Les gagnants du loto voient leur vie changer du jour au lendemain.
participiale	proposition sans mot introducteur, qui comporte un participe (présent ou passé) ayant son sujet propre	L'année scolaire étant terminée, le lycée a fermé ses portes.

Fonctions

La fonction d'un mot correspond à son rôle dans la phrase.

FONCTION	DÉFINITION	EXEMPLES
sujet *(qui est-ce qui ? qu'est-ce qui ?)*	désigne l'être ou la chose qui fait ou subit l'action exprimée par le verbe ; commande l'accord du verbe	Le scandale du Watergate a éclaté en 1972.
complément d'agent	désigne l'être ou la chose qui fait l'action dans une phrase passive	Le scandale a été révélé par la presse.
COD *(qui ? quoi ?)*	complète directement le verbe et désigne son objet	Cette athlète a remporté plusieurs titres olympiques.
COI *(à qui ? à quoi ? de qui ? de quoi ?)*	complète indirectement le verbe (= par l'intermédiaire d'une préposition) et désigne son objet	Mon collègue vous a envoyé un email.
attribut du sujet	donne une caractéristique du sujet par l'intermédiaire d'un verbe (généralement un verbe d'état : *être, sembler, paraître*...)	Cette tarte semble délicieuse.
attribut du COD	donne une caractéristique du COD après un verbe exprimant un jugement, une opinion	Je trouve cette tarte délicieuse.
complément circonstanciel *(où ? quand ? comment ? ...)*	précise les circonstances de l'action (lieu, temps, manière ...) ; peut être supprimé ou déplacé ; répond à la question *où ?*, *quand ?*, *comment ?*, *dans quel but ?*, etc.	Les Américains ont débarqué en Normandie le 6 juin 1944.
complément du nom	expansion du nom le plus souvent introduite par une préposition	une brosse à dents, le chien de Paul
complément de l'adjectif	précise le sens de l'adjectif	Éva est déçue que tu ne sois pas là.
épithète (adjectif)	qualifie un nom ou un pronom, qu'il suit ou précède immédiatement	un moment agréable
apposition	apporte un complément d'information sur un nom ou pronom, dont il est séparé par une virgule	Paris, la ville-lumière, attire des millions de touristes chaque année.

CRÉDITS ICONOGRAPHIQUES

Rabat 1-h		Coll. Luc Viatour (lucnix.be) / Wikimedia commons
Rabat 1-b		Coll. Archives Hatier
Rabat 2		Coll. Musée Carnavalet / Wikimedia commons
Rabat 3		Coll. Hamburger Kunsthalle / Wikimedia commons
Rabat 4		Coll. François Émile Zola / Wikimedia commons
1	ph ©	pict rider – stock.adobe.com
3 -h	ph ©	Bridgeman images
3 -bg		1re de couverture, *Cahiers de Douai*, Rimbaud, Coll.Classiques & Cie Lycée © Éditions Hatier
3 -bm	©	Collection Poésie / Gallimard (n° 116), Gallimard
3 -bd	©	2023 Éditions Bruno Doucey
4 -h	ph ©	Josse / Bridgeman Images
4 -bg		1re de couverture, *Gargantua*, Rabelais, Coll. Classiques & Cie Lycée © Éditions Hatier
4 -bm		1re de couverture, *Les Caractères*, La Bruyère, Coll. Classiques & Cie Lycée © Éditions Hatier
4 -bd		1re de couverture, *Déclaration des droits de la femme et de la citoyenne*, Olympe de Gouge, Coll. Classiques & Cie Lycée © Éditions Hatier
5 -h	ph ©	Bridgeman images
5 -bg		1re de couverture *Manon Lescaut*, abbé Prévost, Coll. Classiques & Cie Lycée © Éditions Hatier
5 -bm		1re de couverture, *La Peau de chagrin*, Balzac, Coll. Classiques & Cie Lycée © Éditions Hatier
5 -bd	©	1973, Le Livre de poche
6 -h	ph ©	Michèle Laurent
6 -bg	ph ©	1re de couverture, *Le Menteur*, Corneille, Coll. Classiques & Cie Lycée © Éditions Hatier
6 -bm	ph ©	1re de couverture, *On ne badine pas avec l'amour*, de Musset, Coll. Classiques & Cie Lycée © Éditions Hatier
6 -bd	©	1re de couverture, *Pour un oui ou pour un non*, Sarraute, Coll. Folio théâtre, Éditions Gallimard
9	ph ©	Beau Lark / Fancy / Photononstop
13	ph ©	Bridgeman images
15	ph ©	akg-images
19	ph ©	Archives Alinari, Florence, Dist. RMN-Grand Palais / Fratelli Alinari
21	ph ©	Hervé Lewandowski / RMN-Grand Palais (musée d'Orsay)
23	ph ©	Nimatallah / akg-images © Salvador Dalí, Fundació Gala-Salvador Dalí, Adagp, 2024
25	ph ©	akg-images
28		1re de couverture *Les Fleurs du mal*, Charles Baudelaire, Coll. Classiques & Cie Lycée © Éditions Hatier
34	ph ©	Bridgeman images
37	Doc.	wikimedia
43	ph ©	Bridgeman Images
47	©	Adagp, Paris, 2024
51	Doc.	wikimedia
52 -h		1re de couverture, *Cahiers de Douai*, Rimbaud, Coll.Classiques & Cie Lycée © Éditions Hatier
52 -b	©	Collection Poésie / Gallimard (n° 116), Gallimard
53	©	2023 Éditions Bruno Doucey
63	ph ©	Josse / Bridgeman Images
65	ph ©	Éric Vandeville / akg-images
69	ph ©	Éric Vandeville / akg-images
71	ph ©	Bridgeman Images
73	ph ©	Droits réservés
78 -h		1re de couverture, *Gargantua*, Rabelais, Coll. Classiques & Cie Lycée © Éditions Hatier
78 -b		1re de couverture, *Les Caractères*, La Bruyère, Coll. Classiques & Cie Lycée © Éditions Hatier
79		1re de couverture, *Candide*, Voltaire, Coll. Classiques & Cie Lycée © Éditions Hatier
82	ph ©	Lison Daniel – Instagram @les.caractères
83	ph ©	G. Dagli Orti / De Agostini Picture Library / Bridgeman Images
87	ph ©	Josse / Bridgeman Images
91	Coll.	Archive Hatier
93	ph ©	Bridgeman images
95	©	2015 Ruby Films
96 -h		1re de couverture, *Gargantua*, Rabelais, Coll. Classiques & Cie Lycée © Éditions Hatier
96 -b		1re de couverture, *Déclaration des droits de la femme et de la citoyenne*, Olympe de Gouge, Coll. Classiques & Cie Lycée © Éditions Hatier
97		1re de couverture, *Les Caractères*, La Bruyère, Coll. Classiques & Cie Lycée © Éditions Hatier
107	ph ©	BnF
109	ph ©	Bridgeman images

Page			Crédit
113		©	*Le Rapport de Brodeck*, Manu Larcenet d'après Philippe Claudel © DARGAUD, 2019
115		ph ©	BnF
117		ph ©	Bridgeman Images
119		ph ©	Prod DB © Films Armorial – Sunchild productions / DR
122	-h		1re de couverture, *Gargantua*, Rabelais, Coll. Classiques & Cie Lycée © Éditions Hatier
122	-b		1re de couverture, *La Princesse de Clèves*, Mme de Lafayette, Coll. Classiques & Cie Lycée © Éditions Hatier
123			1re de couverture, *Madame Bovary*, Gustave Flaubert, Coll. Classiques & Cie Lycée © Éditions Hatier
124			1re de couverture, *La Princesse de Clèves*, Mme de Lafayette, Coll. Classiques & Cie Lycée © Éditions Hatier
125		ph ©	Prod DB © Cinetel – Silver Films / DR
126			1re de couverture, *Les Liaisons dangereuses*, Laclos, Coll. Classiques & Cie Lycée © Éditions Hatier
127		ph ©	Stéphane Maréchalle / RMN-Grand Palais (musée du Louvre)
131		ph ©	Bridgeman Images
137		Coll.	Christophel © 1962 Tatira-Hiller
139		ph ©	Luisa Ricciarini / Bridgeman Images
141		Coll.	Christophel © 1997 TF1 / ALYA
143	-hg	ph ©	Francois Boizot – stock.adobe.com
143	-hd	ph ©	ullstein bild / akg-images
143	-bg	ph ©	akg-images
143	-bd	ph ©	Roger-Viollet
145		ph ©	Bridgeman Images
146	-h		1re de couverture, *Manon Lescaut*, abbé Prévost, Coll. Classiques & Cie Lycée © Éditions Hatier
146	-b		1re de couverture, *La Peau de chagrin*, Balzac, Coll. Classiques & Cie Lycée © Éditions Hatier
147		©	1973 Le Livre de Poche
157		ph ©	Roger-Viollet
159		ph ©	Michèle Laurent
163		ph ©	Michèle Laurent
167		ph ©	Roger-Viollet
169		ph ©	Pascal Victor / ArtComPress via opale.photo
172	-g		1re de couverture, *Dom Juan*, Molière, Coll. Classiques & Cie Lycée © Éditions Hatier
172	-d		1re de couverture, *Hernani*, Victor Hugo, Coll. Classiques & Cie Lycée © Éditions Hatier
173			1re de couverture, *Oh les beaux jours*, Samuel Beckett © Les Éditions de Minuit
175		ph ©	Eric Garrault / Pasco
176		ph ©	Photo Josse / Leemage / Bridgeman Images
178		ph ©	Michèle Bellot / RMN-Grand Palais (musée du Louvre)
181		ph ©	Carole Parodi
185	-g		1re de couverture, *Le Menteur*, Corneille, Coll. Classiques & Cie Lycée © Éditions Hatier
185	-d		1re de couverture, *Dom Juan*, Molière, Coll. Classiques & Cie Lycée © Éditions Hatier
187			Affiche du *Menteur*, mise en scène de Julia Vidit, Théâtre de la Tempête, 2018, conception graphique © Néjib
189		ph ©	Carole Parodi
191			1re de couverture, *Le Jeu de l'amour et du hasard*, Marivaux, Coll. Classiques & Cie Lycée © Éditions Hatier
195		ph ©	Pascal Victor / ArtComPress via opale.photo
196	-h	ph ©	1re de couverture, *Le Menteur*, Corneille, Coll. Classiques & Cie Lycée © Éditions Hatier
196	-b	ph ©	1re de couverture, *On ne badine pas avec l'amour*, de Musset, Coll. Classiques & Cie Lycée © Éditions Hatier
197		©	1re de couverture, *Pour un oui ou pour un non*, Sarraute, Coll. Folio théâtre, Éditions Gallimard
207		ph ©	Thierry Thorel / CIT'Images
219		ph ©	https://www.marcchagall.net/the-concert.jsp © Adagp, Paris 2024
222		ph ©	ART Collection / Alamy Stock Photo
281		ph ©	Nasjonalmuseet, The Fine Art Collections
345		ph ©	Yellowj / Shutterstock

DR : Malgré nos efforts, il nous a été impossible de joindre certains auteurs ou leurs ayants-droits pour solliciter l'autorisation de reproduction, nous avons réservé en notre comptabilité les droits usuels